e

de

Métaphysique

et de

Morale

Secrétaire de la Rédaction : **M. XAVIER LÉON**

Extrait du numéro spécialement consacré à J.-J. ROUSSEAU

(Mai 1912).

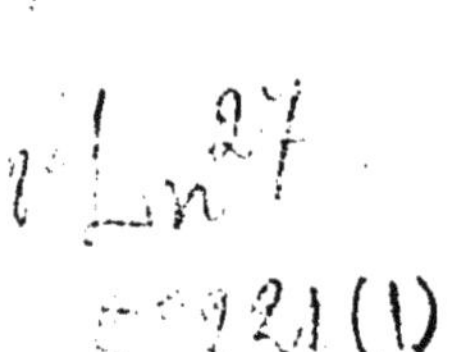

Librairie Armand Colin

5, rue de Mézières, Paris

Publication paraissant tous les deux mois. — Le numéro : 3 francs. — U[illegible] (6 numéros) : France et Colonies, 12 fr.; Union postale, 15 fr. [illegible]bonnements partent du 15 Janvier).

Revue
de
Métaphysique et de Morale

PARAISSANT TOUS LES DEUX MOIS

Secrétaire de la Rédaction : **XAVIER LÉON**

ABONNEMENT ANNUEL *(de janvier)*

FRANCE ET COLONIES. . . . 12 fr. » | UNION POSTALE. . . . . . 15 fr. »
Le numéro............................ 3 fr. »

Chaque année de la *Revue de Métaphysique et de Morale* (un fort volume in-8° raisin, broché) est mise en vente au prix de **18** fr., sous réserve des exceptions suivantes :

1° En raison des numéros exceptionnels qu'elles renferment : l'année 1900 est vendue 20 fr.; l'année 1901 est vendue 24 fr. 50; l'année 1905 et l'année 1906, chacune 20 fr.; l'année 1908, 23 fr.; l'année 1911, 22 fr. 50.
2° L'année 1893 (*Première année*) est *incomplète*, les Nos 2, 3, 5 étant épuisés.
3° L'année 1896 (prix 20 fr., en raison du numéro exceptionnel (*Descartes*) qu'elle contient), et l'année 1903, dont il ne reste qu'un très petit nombre d'exemplaires, ne peuvent être vendues qu'aux acheteurs de la collection.

Les Nos des années parues, non épuisés, peuvent être fournis au prix de 3 fr. chacun. — Sont épuisés les Nos 2, 3 et 5 de *1893*; 4 et 5 de *1895*; 4 de *1896*; 1 de *1900*; 4 de *1902*; 1 de *1903*.

La **Revue de Métaphysique et de Morale** s'est proposé de restaurer en France l'étude de la philosophie conçue dans son unité comme la discipline supérieure de la connaissance et de l'action.

L'idée même d'une telle discipline avait été oblitérée par suite des progrès de l'esprit positiviste qui démembre la philosophie en sciences spéciales, presque les plus spéciales de toutes, et partant les plus étrangères à la pensée spéculative.

Pour rétablir cette idée et pour rendre par là à la philosophie, autant que possible, la place qui lui appartient dans la direction de la vie pratique, la **Revue de Métaphysique et de Morale** a fait appel aux esprits spéculatifs qui pouvaient se rencontrer et mettre en valeur leurs méditations solitaires.

Chacun de ses numéros contient :

des *Articles de fond* consacrés à des problèmes de Psychologie, de Métaphysique, de Morale, de Sociologie, de Philosophie des Sciences, de Logique générale, d'Histoire de la Philosophie ;

des *Études critiques* relatives aux ouvrages récemment parus;

des *Discussions* relatives aux questions de l'Enseignement;

des *Questions pratiques* et un *Supplément bibliographique* consacré aux ouvrages soumis, aux analyses des revues et périodiques, aux échos et nouvelles, etc.

LES IDÉES PHILOSOPHIQUES ET RELIGIEUSES

REMARQUES SUR LA PHILOSOPHIE DE ROUSSEAU

I

Il est banal de remarquer les contradictions que présente à chaque pas l'œuvre de Rousseau. Systématique et passionné, mettant dans tout ce qu'il écrit sa personnalité puissante, instable et maladive, jaloux de forcer l'assentiment de son lecteur et de lui communiquer ses haines et ses enthousiasmes, il pousse à l'extrême chacune de ses pensées, il n'a nul souci de cette cohérence extérieure, qui s'obtient aisément en évitant les assertions tranchantes, en n'affirmant rien sans ménager quelque place à l'assertion contraire.

S'ensuit-il que l'on ne puisse trouver, chez Rousseau, les éléments d'une philosophie; que, seule, son individualité souveraine, son imagination débordante, sa sensibilité excessive, son génie propre, en un mot, s'exprime dans ses écrits? Pour savoir si un astre qui se meut dans le ciel y suit un cours déterminé, il ne suffit pas d'observer les caprices de sa marche apparente : il faut encore comparer entre elles toutes les positions qu'il traverse, et voir si ces positions n'oscilleraient pas autour d'une courbe régulière. Il semble que, si l'on considère suivant cette méthode l'œuvre de Rousseau, en rapportant chaque détail à l'ensemble, et en négligeant les exagérations accidentelles, on en dégage, sans artifice, une véritable philosophie, d'une consistance et d'une unité très réelles.

Cette philosophie n'est pas un système statique, c'est l'histoire théorique et mythique de l'humanité. Rousseau distingue dans cette histoire, trois phases principales, que l'on peut, symboliquement, caractériser par les mots : innocence, péché, rédemption.

Dans la première phase, l'homme est à l'état de pure nature; et cette nature consiste dans le libre développement de l'instinct, du sentiment, de l'individualité, sans lien social entre les individus, sans éveil d'une intelligence, dont le besoin ne se fait pas sentir.

On peut admettre que les hommes seraient demeurés dans cet état, si leur conservation ne s'était pas trouvée menacée par des obstacles auxquels, dans une telle condition, ils ne pouvaient faire face. Mais, de tels obstacles ayant surgi, les hommes se sont vus placés dans cette alternative, ou de périr, ou d'augmenter leur force de résistance. Comme ils ne peuvent, de par leur constitution, engendrer des forces nouvelles, mais seulement unir et diriger celles qu'ils possèdent, ils se sont agrégés, et, par ce moyen, ils ont pu tenir en échec les forces adverses, et subsister.

Rien, jusqu'ici, qui altère l'état de nature, et qui ressemble à une chute. Mais la faculté d'intelligence, qui, dans la condition de sécurité où les hommes se trouvaient primitivement, était demeurée rudimentaire, parce qu'elle ne s'exerçait que peu ou point, se développa sous l'influence du besoin et de l'usage, et se mit à jouer un rôle dans la vie humaine.

Naturellement, sinon nécessairement, les hommes employèrent d'abord leur intelligence, non à maintenir l'état de nature dans son intégrité, mais à combattre les obstacles qui menaçaient leur existence. Ils allèrent au plus pressé et se donnèrent tout entiers à la tâche actuelle. Alors se produisit un état qui n'était plus le développement, mais le renversement du premier. Tandis que, dans celui-ci, le sentiment avait la primauté, l'intelligence, si elle intervenait, ne le faisant qu'à son appel et comme son instrument, il advint que, l'accroissement de ses forces étant devenu, pour l'homme, l'intérêt prépondérant, et la science, produit de l'intelligence, étant la grande multiplicatrice de la force, l'intelligence prit le dessus dans l'âme humaine, et se subordonna le sentiment.

C'est la seconde phase, celle du péché, ou de la chute. Sous le règne despotique de l'intelligence se formèrent, à l'aventure, sans préoccupation des fins de l'individu, c'est-à-dire des fins naturelles de l'homme, et au mépris de l'égalité naturelle de tous, les groupes appelés sociétés. Dans ces sociétés se développèrent, sous le nom de lettres et d'arts, des créations où l'esprit dominait le cœur, et qui, par suite, n'étaient elles-mêmes que des instruments de corruption.

L'humanité, toutefois, n'est pas nécessairement condamnée à demeurer dans cet état de péché, d'inégalité et d'esclavage.

D'abord, l'énergie, la liberté et l'individualité premières ont bien pu être comprimées par la société issue de la conspiration de la force et de l'intelligence : elles n'ont pas été anéanties. Elles subsistent, avec la tendance à l'expansion et la puissance de se réaliser, qui est de leur essence.

Ce n'est pas tout. Le passage de l'état de nature à l'état de société, tout en privant l'homme de plusieurs avantages, lui en a conféré d'autres, d'une valeur considérable. Ses facultés se sont exercées et développées, ses idées se sont étendues, ses sentiments se sont ennoblis. L'être humain n'était guère, dans l'état de pure nature, qu'un animal stupide et borné : il est devenu un être intelligent et, proprement, un homme. C'est, en réalité, l'abus de la condition sociale, ce n'est pas cette condition même, qui a causé sa déchéance.

Il y a plus : la déchéance même a, pour l'homme, un bon côté, s'il sait en tirer partie. L'héroïne du grand roman de Rousseau, Julie, atteindrait-elle à un aussi haut degré de vertu, si elle n'avait traversé l'amour coupable? La conversion est supérieure à l'innocence, la pénitence est plus sanctifiante que la routine correcte. Le péché est passion intense, révolte, déploiement d'énergie et d'intelligence; comme tel, il accroît notre puissance d'être et d'agir.. L'expérience des misères humaines trempe les natures généreuses. Pour qui a perdu l'innocence, l'excès même du mal est un instrument de régénération.

L'humanité n'est donc nullement perdue parce qu'elle a péché. Il ne s'agit que de tirer parti de son péché.

C'est ce qui sera possible, si nous réussissons à rendre, en quelque manière, conforme à la nature cette société, où les hommes, pressés par les nécessités de leur conservation, se sont engagés à l'aveugle.

Cette révolution n'est autre que la transformation de la société en État.

L'État est la puissance que les hommes doivent nécessairement instituer, s'ils veulent rentrer, le plus complètement possible, en possession de la liberté et de l'égalité dont les a privés la société actuelle. Il repose sur un contrat idéal, par lequel l'homme se soumet à la puissance qu'il crée, à condition que celle-ci lui assure la jouissance des biens qui font à ses yeux le prix de la vie.

Le droit que le pacte social confère au souverain sur les sujets ne saurait, en aucune matière, aller au delà de l'utilité politique; et nul objet spécialement individuel n'est du domaine de la puissance législative.

C'est donc uniquement le décret universel de la volonté des individus que représente l'État. Sans doute, pratiquement, il est institué par la pluralité des suffrages, plutôt que par l'unanimité, laquelle ne se réalise qu'exceptionnellement. Mais la pluralité n'a cette puissance qu'en tant qu'elle est supposée indiquer la volonté proprement universelle et unanime des citoyens. Et l'État cesse d'exister, s'il accomplit un acte quelconque qui ne soit pas certainement voulu par la volonté vraie, profonde, immuable, de la totalité des individus qui le composent. En revanche, il est infaillible, lorsqu'il parle, en quelque sorte, *ex cathedra*, c'est-à-dire, véritablement, au nom et dans l'intérêt de la communauté tout entière. L'État impose légitimement aux individus toutes les obligations qui sont nécessaires à sa subsistance et à son fonctionnement propres. En les contraignant, en ce sens, à l'obéissance, il ne fait autre chose que les forcer à être libres.

L'État, en tant qu'il repose sur une convention conforme à la nature et au sentiment humain, est une chose juste et bonne; et la vie politique organisée d'après de tels principes est pour l'homme une source de dignité et de grandeur. Il serait d'ailleurs contradictoire que l'État prétendît dominer l'homme tout entier, puisqu'il n'est institué que pour permettre à l'individu de jouir le plus largement possible de son individualité, qui est son essence. L'État donne un corps à l'universalité du désir qu'ont les individus de s'appartenir à eux-mêmes; il est la condition de réalisation de ce désir même.

Dès lors, par delà les frontières de l'État, s'ouvre le champ, infini et entièrement libre, de l'activité individuelle.

Grâce à la sécurité que lui assure l'État, l'individu peut se proposer de reconstituer, en la conformant à la nature et aux puissances spontanées de l'âme humaine, cette société, qu'avait faussée la confusion du lien social et du lien politique, de l'individuel et de l'universel.

Le point de départ de cette régénération sociale, c'est l'éducation de l'individu. Comme cette éducation a lieu nécessairement au sein de notre société viciée, elle doit être surtout négative et tendre tout d'abord à écarter les influences sociales actuelles, de manière à laisser instruire l'enfant par la nature elle-même.

Viennent ensuite le mariage et la famille. Le péché de la société consiste à séparer le sentiment et l'institution, l'amour et le mariage, le bonheur et le devoir. Dans la vie conforme à la nature l'amour et le mariage ne font qu'un : on est, à la fois et constamment, amants et époux.

A la suite du mariage, la famille se reconstitue, appuyée désormais sur l'instinct, l'affection spontanée, la confiance et les bons offices mutuels. D'institution artificiellement légale et contraignante, elle devient une libre union d'individus, une forme d'existence à la fois naturelle et morale.

Et, de proche en proche, se crée, grâce aux conditions de subsistance et de développement que lui assure l'État, une société nouvelle, où l'individu déploie en liberté les facultés que la nature lui avait données, et que la pratique de la vie, avec les expériences, les luttes, les chutes mêmes qu'elle entraîne comme fatalement, a rendues incomparablement plus riches et puissantes.

Telle est, en raccourci, l'histoire de l'humanité. Elle se ramène à ces trois moments : 1° état de nature, ou règne de l'instinct; 2° état social, ou état de corruption, caractérisé par l'asservissement du sentiment à l'intelligence; 3° état politique et moral, ou régénération : c'est le rétablissement de l'ordre naturel, dans les conditions, à certains égards ineffaçables et salutaires, qui suivent de la chute; c'est la subordination de l'intelligence au sentiment, lequel, depuis la chute, n'est plus simplement l'instinct, mais est devenu, proprement, ce qu'on appelle le cœur.

II

L'influence prodigieuse des écrits de Rousseau prouve assez la valeur de ses doctrines. Mais il est clair qu'on ne peut chercher, de celles-ci, la signification véritable dans l'usage qui en a été fait. « Les mêmes pensées, dit Pascal, poussent quelquefois tout autrement dans un autre que dans leur auteur ». Jamais ne s'appliqua mieux cette parole, qui, au reste, semble exprimer, non un caprice, mais une loi de l'histoire. Il est très naturel, si le terrain de culture a son influence ainsi que le germe, qu'une idée, semée dans un monde peuplé de forces inconnues, produise des fruits différents de ceux qu'en attendait son auteur. Nos actions, disait Socrate, dépendent de nous, mais les dieux s'en sont réservé les suites.

Si l'on cherche à apprécier en elle-même la philosophie de Rousseau, on devra, semble-t-il, tenir pour profondément vraie, d'une manière générale, l'idée qu'il se fait du problème de la vie humaine. Il y a en nous deux puissances fondamentales : d'une part, la nature, l'instinct, le sentiment, le cœur, en un mot l'impulsion sensiblement immédiate; d'autre part, la réflexion, l'intelligence, l'art, la faculté d'interposer des idées directrices entre l'impulsion et la réaction. Ces deux puissances sont également essentielles à l'homme, et sont irréductibles l'une à l'autre. Quels sont les rapports qu'il convient d'établir entre elles? Telle est la question d'où dépend l'orientation de la conduite humaine.

On ne saurait trop insister sur la nécessité de croire, avec Rousseau, que le problème ne peut être judicieusement résolu par l'annihilation pure et simple de l'une de ces puissances au profit de l'autre. Il ne s'agit pas ici du rapport logique entre deux concepts contradictoires A et non-A, dont l'un, s'il est posé, supprime nécessairement l'autre. Il s'agit de deux réalités, contraires à certains égards, mais également irréductibles et nécessaires, qui ne vivront dans un état de paix que si elles sont reliées entre elles et harmonieusement unies.

Traçant, en théoricien, le plan d'une organisation rationnelle de la vie humaine, Rousseau place au commencement la constitution de l'État, non comme la pleine réalisation de la nature humaine, mais plutôt comme la condition extérieure de cette liberté.

Cette doctrine paraît très conforme aux enseignements de l'histoire. L'existence de l'État, ou puissance véritablement publique, a été jusqu'ici la protection la plus efficace des individus contre les diverses tyrannies qui menacent leur indépendance.

Et l'on remarquera, sans doute, en la jugeant très humaine et féconde, cette doctrine, si précisément énoncée chez Rousseau, que l'État ne peut, sans se renier, prétendre embrasser, dans chaque homme, l'homme tout entier, mais qu'il doit strictement limiter sa compétence aux choses qui importent à l'utilité publique, c'est-à-dire se borner à garantir la liberté morale, que tous les hommes, en tant qu'hommes, désirent naturellement conserver et exercer.

Il y a plus : les vertus politiques elles-mêmes supposent, selon Rousseau, les vertus morales et individuelles. C'est folie de prétendre maintenir l'État dans sa forme vraie, là où les hommes ont abdiqué leur fierté et leur dignité personnelle. La République ne fait des hommes libres que si elle-même est faite d'hommes épris de liberté.

Ainsi, tout en proclamant le rôle indispensable et l'autorité souveraine de l'État, Rousseau met ce dernier en garde contre la tentation qu'il peut avoir de s'agrandir aux dépens des individus et de la société, et de faire rentrer peu à peu l'homme moral et social dans l'homme politique. Il veut, au contraire, une libre et forte activité personnelle, religieuse, sentimentale et intelligente, non seulement parce qu'une telle activité est l'accomplissement de la nature humaine, mais aussi parce que c'est la raison d'être et le support de l'État lui-même. Les institutions, qui sont faites pour la vie, supposent la vie.

Est-ce à dire que le système de Rousseau soit à l'abri de toute critique?

On a, de tout temps, soit pour blâmer Rousseau, soit pour le louer, insisté sur la prépondérance qu'il donne à l'élément sentimental et individuel de la nature humaine sur l'élément intellectuel, social et universel. A l'individu, comme tel, appartient, selon lui, une existence absolue et naturellement indépendante. De ce côté, sans nul doute, se trouve la partie contestable du système. Rousseau a conçu la possibilité de séparer, en l'homme, la pure nature, les données immédiates de notre conscience, d'avec les formes, à ses yeux purement conventionnelles, qu'y ont superposées la vie sociale et le travail de l'intelligence. Et il a pensé que l'on pouvait trouver, dans les suggestions tout intuitives qui, selon lui, constituent ces données immédiates, les éléments de la loi qui doit régir l'activité humaine.

Mais lui-même n'a pu tenir cette gageure. L'homme une fois engagé dans la société, ce n'est plus précisément, estime-t-il, l'instinct tout seul, c'est le cœur, et ce que nous nommons la conscience, qui devient son guide infaillible. Or le cœur, c'est, de l'aveu de notre auteur, une certaine combinaison d'instinct et d'intelligence, d'intuition et de raison. La question, donc, se pose, de savoir si, en éliminant le plus possible l'acquis, le conventionnel, l'accidentel, l'extrinsèque, pour chercher ce qui fait le fond inné de la nature humaine, on réussit jamais à dégager un élément purement sensitif, exclusif de toute intelligence, ou si, tant qu'on a affaire à quelque chose d'humain, on ne reste pas en présence de quelque mélange de sensibilité et d'intelligence. Le problème qui s'offrirait au philosophe, dès lors, ce ne serait plus de séparer radicalement la sensibilité de l'intelligence, tâche vaine, mais de définir cette pénétration intime, cette sorte d'unité foncière de l'intelligence et de la sensibilité, qui est l'essence de l'homme, et de déterminer la manière dont ce principe doit se développer pour tendre vers sa perfection.

De la chimère d'un instinct humain, qui ne serait qu'instinct, et qui consisterait dans le sentiment purement individuel, résulte l'insuffisance dont souffre, semble-t-il, la doctrine morale et religieuse, que, si judicieusement d'ailleurs, Rousseau superpose à sa doctrine politique.

Le partage est, chez lui, très net. De l'État relève tout ce qui, universellement, est condition de la libre vie de l'individu ; à l'individu appartient, garantie par l'État, la jouissance de tout ce qui, en lui, est proprement individuel. La vie de sentiment, l'éducation, la religion proprement dite, rentrent dans ce domaine strictement privé.

Rousseau, cependant, à l'aide de ces éléments purement individuels, voit se former spontanément une société nouvelle, le sentiment et la liberté créant à leur tour des liens forts et stables.

Mais est-ce bien, comme le veut Rousseau, une existence purement individuelle, absolument indépendante de l'existence des autres êtres, que l'homme trouve en soi au delà du cercle de son existence politique, et dont il tente de poursuivre le développement à la faveur des lois de l'État? Le social n'est-il pas primordial dans l'individu, aussi bien que l'individuel lui-même? Question analogue, au fond, à celle de savoir si l'âme humaine, primitivement, n'est que sensibilité, ou est, à la fois, sensibilité et intelligence. Si l'homme, du moment qu'il est homme, est essentiellement intelligent en même temps que sensible, il poursuit naturellement le général comme le singulier, il ne peut ni ne veut isoler l'un de l'autre : il est sociable, au sens humain du mot, comme il est individu. Et la vie dont il demande à l'État de lui garantir la possibilité, c'est une vie solidairement individuelle et sociale, intérieure et extérieure, indépendante et commune. Il ne saurait, dès lors, considérer l'éducation et la religion comme choses purement individuelles. L'éducation ne doit-elle pas nous apprendre à vivre, membres dévoués, pour la société dont nous faisons partie, pour la patrie, pour la famille humaine? Et la religion a-t-elle toute son étendue, toute sa réalité, toute sa profondeur, si, contente de l'amour des individus pour les individus, elle omet cet amour des hommes en Dieu comme père universel, qui est l'âme du christianisme?

Ce n'est pas tout. Du dualisme radical que Rousseau professe touchant le rapport de l'individuel à l'universel, de la sensibilité à l'intelligence, résulte l'attribution à l'État d'un caractère purement formel et externe. Entre l'individu et l'État, il y aurait, selon ce système, une discontinuité absolue. L'État devrait considérer comme lui étant étranger tout ce qui ne regarde que l'individu, et l'individu devrait abdiquer toute liberté d'agir et de penser, quand il se trouve en face de l'État placé au point de vue de l'universel.

Mais la barrière que Rousseau voit se dresser entre le domaine politique, d'une part, et le domaine individuel ou social, d'autre part, réelle et nécessaire, sans doute, n'est pas, en fait, aussi impénétrable qu'il le suppose. Le social, qui, dans la nature humaine véritable, n'est pas, comme le croit Rousseau, une simple extension de l'individuel, mais un caractère essentiel et primitif, relie, comme une sorte de champ intermédiaire, l'universel à l'individuel, le politique au moral. C'est pourquoi il n'est pas absurde que l'État s'occupe de questions intéressant le cœur même et la conscience des hommes, et vise à avoir une valeur morale; de même qu'il est permis à l'individu et à la société d'exercer sur l'État une influence inspiratrice. C'est là, simplement, une question de mesure et d'opportunité. On peut concevoir, en ce sens, deux cas extrêmes : l'un où, les individus et les groupes sociaux étant extrêmement divisés quant à leurs opinions et à leurs tendances, l'État, protecteur, à titre égal, de tous les citoyens sans exception, doit éviter de prendre parti entre eux, et se renfermer, le plus possible, dans les attributions purement politiques que lui assigne Rousseau. Le second cas serait celui d'une société animée, en dehors même de la chose politique, d'un esprit commun, et spontanément une au point de vue moral. Dans de telles conditions, la pénétration réciproque de la vie sociale et de la vie politique se produit naturellement et légitimement, et se traduit, non par la domination oppressive d'un groupe sur les autres, mais par un déploiement plus large de la liberté de tous.

Telles sont, peut-être, les objections générales que soulève la doctrine de Rousseau. Celle-ci, toutefois, demeure capitale, parce qu'elle établit avec la plus grande force que la vie politique ne saurait suffire à l'homme, qu'il lui faut encore la vie individuelle et la vie sociale, et que sa vie politique n'a de valeur que si elle permet à la vie individuelle et à la vie sociale de se développer le plus librement et le plus largement possible.

ÉMILE BOUTROUX.

ROUSSEAU ET LA RELIGION

1. La conception psychologique de Rousseau est née de son expérience personnelle. Quand il écrivit ses *Confessions*, un de ses mobiles était le désir d'exposer sa propre vie intellectuelle et morale comme un exemple psychologique. Aussi voyons-nous — si tant est que nous puissions ajouter foi à son exposé [1] — que les conceptions psychologiques à l'aide desquelles il construit sa théorie, notamment en matière de religion, sont toutes des généralisations de faits tirés de sa propre vie, de son propre fond. Aux *Confessions* viennent s'ajouter les *Lettres* de Rousseau, la *Nouvelle Héloïse*, l'*Émile*, les *Dialogues* (Rousseau juge de Jean-Jacques) et les *Rêveries d'un promeneur solitaire*.

Un trait caractéristique, non seulement du Rousseau peint par lui-même dans son autobiographie, mais de l'homme tel que nous le montre sa vie tout entière, c'est le contraste entre le sentiment d'un côté et, de l'autre, l'intelligence et la volonté. Il a besoin de vivre en ligne droite. Les mouvements circulaires et combinés ne lui sont pas naturels. Les divers états d'âme naissent, gagnent du terrain et dominent l'esprit jusqu'au moment où leur énergie s'est épuisée, et l'énergie s'épuise d'autant plus vite qu'elle était plus vive. Alors, une disposition nouvelle, et souvent contraire, succédant à celle qui fut, la mémoire ne retient plus les pensées et les résolutions de l'état précédent et Rousseau peut passer d'un extrême à l'autre sans s'apercevoir de ses inconséquences. Les mouvements spontanés, et l'absorption complète qu'ils conditionnent, sont de la plus grande valeur, mais les résolutions auxquelles ils ont abouti ne sont pas toujours mises à exécution parce que, la volonté ayant donné toutes ses forces à la résolution, il n'en reste plus pour la réalisation des actions résolues. Rousseau retombe

1. Cf. mon livre *Rousseau og hans Filosofi.* Trad. allem. 3e éd., p. 16-25 (Traduction française en préparation).

dans cet état de rêverie, son état favori, qui fut tantôt une sorte de paresse, tantôt une exaltation poétique. Ce caractère passif de sa vie émotionnelle exposait Rousseau aux influences de son entourage. « Je suis ce qui plait aux hommes », a-t-il dit lui-même. Les autres pouvaient lui plaire, l'agacer, le taquiner : il n'avait pas la présence d'esprit nécessaire pour répondre et riposter. Pendant une seule période de sa vie, celle qui suivit sa découverte du problème de la civilisation et sa « réforme morale », quand il se sentait le prophète du monde contemporain, son indignation fut assez forte pour déterminer une conduite énergique, qui surprit fort tous ceux qui le connaissaient. Mais une fois qu'il eut quitté Paris, quand, dans la solitude des champs, il ne trouvait plus d'excitant à son courroux, l'énergie prophétique fut remplacée par l'extase. Les états absolus régnèrent de nouveau, et les résistances qu'on lui avait opposées, les ennemis qu'il avait eus (ou qu'il croyait avoir eus) étaient oubliés du coup. Retiré du monde, il s'adonnait tout entier au sentiment immédiat de la vie, à la joie enivrante d'exister, et quand il errait dans les forêts ou qu'il s'en allait à la dérive dans son canot, cette joie évoquait en lui des souvenirs riants, des rêveries agréables.

Est-il possible d'être conséquent? Il se le demande; il ne le croit pas, et, d'après ce que je viens de dire, nous comprenons pourquoi il en doute. Penser, comparer, c'étaient toujours pour lui des opérations pénibles et peu attrayantes. La réflexion suppose le maintien et la comparaison des idées engendrées par les divers états de l'âme, et cette comparaison, cette constatation des relations, Rousseau l'avait en horreur parce qu'elle empêchait l'absorption extatique par un seul et même état.

Mais tout en admettant qu'il n'est pas possible d'être entièrement conséquent, Rousseau était d'avis qu'on peut rester sincère, et il était fier de sa sincérité et de son repentir. Il écrit dans une lettre : « Voici ce qui me distingue de tous les hommes que je connais : c'est qu'au milieu de mes fautes, je me les suis toujours reprochées ». Or, sincérité, repentir, impliquent pensée, comparaison. Il a donc pu passer en revue ses états successifs, si contradictoires soient-ils, chez lui le sublime alterne toujours avec le plus bas; — ou bien, son repentir a eu un caractère passif, rêveur.

Et cependant Jean-Jacques était un brave. Il n'était pas fait pour vivre toujours de la vie militante du prophète, mais une fois qu'il se fut trouvé en face de son idéal : l'absorption entière et complète du moi par l'état immédiat de l'âme, il rechercha la solitude en dépit des railleries de ses amis et tuteurs bénévoles, qui n'admettaient pas qu'il y eût de salut en dehors de la vie des salons et s'efforçaient de l'y ramener. Il défendit son indépendance comme son trésor le plus précieux et la crainte de la perdre excitait quelquefois son imagination au point de dégénérer en délire de la persécution.

De sa solitude, Rousseau lança ses grands ouvrages hostiles aux tendances radicales du temps non moins qu'aux idées réactionnaires et qui, par conséquent, lui suscitèrent des inimitiés dans l'un et l'autre camp. A l'encontre de Voltaire, il publia ses livres sous son propre nom, bravant le péril, s'exposant à la persécution. Sur ce point encore, il fut sincère et brave. Quelque pénible que lui fût la réflexion, il sut profiter d'une série d'impulsions fécondes, pour approfondir ses premiers paradoxes sur le désaccord entre la Nature et la Civilisation et proposer à l'admiration de ses contemporains un grand idéal de Liberté et d'Originalité.

Enfin, malgré l'alternance continuelle de moments sublimes et de moments vils et abjects dans sa vie, il sut bien en reconnaître les apogées : les moments de grande ferveur où l'âme s'élevait dans une extase vertigineuse, où la pensée et la parole étaient également incapables d'exprimer ce qu'il sentait. Ces moments, pendant lesquels il se sentait en communion avec le Grand Tout, il les appelait ses moments religieux. Tant qu'ils duraient, la nature se manifestait une et continue, l'emportant sur la civilisation avec son dédoublement du moi, sa préoccupation des apparences. Ce sentiment de solidarité en face du Grand Tout, c'était la religion personnelle de Rousseau.

Nous allons voir que les qualités et les défauts de sa conception religieuse étaient dans le rapport le plus étroit avec la personnalité de Rousseau et les expériences qu'elle comportait.

2. Dans les *Lettres de la Montagne*, Rousseau dit que les professions de foi du vicaire savoyard et de Julie s'accordent assez pour qu'on puisse les expliquer l'une par l'autre et qu'elles ont toutes les deux la sympathie de l'auteur. En y regardant de plus près, on découvrira toutefois une certaine divergence entre les manières de voir de Julie, du vicaire et de Rousseau lui-même. Ce sont trois types, et il peut y avoir, psychologiquement, quelque intérêt à en préciser les différences.

Julie est avant tout la femme aimante, comme l'était sa prototype du moyen âge. De même que l'amour peut prendre, à son point culminant, les caractères de l'enthousiasme et de la dévotion religieuse, de même le sentiment religieux emprunte le langage de l'amour pour mieux se faire comprendre. Cette réciprocité de l'amour et de la religion témoigne d'une analogie que Rousseau a voulu nous faire saisir sous les apparences du caractère et du développement de Julie; il est vrai qu'il n'a pas réussi à nous en donner une peinture naturelle et vraisemblable. Julie aurait dû être la personnification de l'idée exprimée si magistralement par Platon dans son *Banquet*. Mais nous n'allons pas nous occuper ici de la critique esthétique de Julie. Telle que Rousseau nous la peint, c'est son besoin d'aimer qui la conduit à la religion, les choses terrestres et finies n'étant pas capables d'occuper entièrement ses « affections surabondantes ». Par ce trait elle nous rappelle sainte Thérèse, à cela près que son amour de Dieu n'exclut pas comme celui de sainte Thérèse l'amour des hommes : l'amour religieux et l'amour humain se renforcent mutuellement.

La profession de foi du vicaire est le résultat d'une recherche, d'une critique provoquée par l'opposition au dogmatisme positif de l'Église d'un côté, et de l'autre, au dogmatisme négatif des libres-penseurs. Il en appelle à la lumière intérieure, au témoignage du cœur. Il s'agit pour lui en première ligne de satisfaire le besoin du cœur, tout est là; les problèmes théologiques ultérieurs il les écarte de propos délibéré. Et pourtant il se sert de raisonnements philosophiques, il donne tout un système de « théologie naturelle, » en admettant consciemment l'analogie avec la volonté humaine pour expliquer la nature de Dieu. Sa religion exprime sa gratitude d'exister, gratitude qui le porte à admirer et à adorer la puissance suprême. « De mon premier retour sur moi naît dans mon cœur un sentiment de reconnaissance et de bénédiction pour l'Auteur de mon espèce, et de ce sentiment mon premier hommage à la Divinité bienfaisante. J'adore la puissance suprême, et je m'attendris sur ses bienfaits. Je n'ai pas besoin qu'on m'enseigne ce culte, il m'est dicté par la nature elle-même. N'est-ce pas une conséquence naturelle de l'amour de soi, d'honorer ce qui nous protège, et d'aimer ce qui nous veut du bien? » (*Emile*, livre IV).

En ce qui concerne Rousseau personnellement, sa religiosité est dans un rapport étroit avec son besoin d'indépendance et de solitude, son besoin de vivre par lui-même; — loin des hommes, au sein de la nature, sa vie intérieure se développait librement. De la nature et ses splendeurs il partait pour le monde idéal de l'imagination et, montant toujours — surtout quand le contraste de la réalité se faisait sentir, — il s'élevait jusqu'à l'idée d'un être infini qu'aucune pensée, aucune parole ne saurait exprimer. Son sentiment cosmique a eu son expression la plus caractéristique dans la troisième lettre à Malesherbes.

Les trois types religieux ont en commun la distinction qui caractérise la psychologie de Rousseau et qui se manifeste dans toute sa personnalité : celle de la « nature » et de la « culture ». C'est dans ses Dialogues (*Rousseau juge de Jean-Jacques*) qu'il en expose le mieux la différence. A cette différence correspond celle du sentiment absolu et du sentiment relatif, — des états auxquels nous nous abandonnons tout entiers et de ceux qui supposent des obstacles et des comparaisons. La théorie psychologique de Rousseau est fondée sur les expériences de sa propre vie, sur la différence très sensible entre les temps où il pouvait se livrer à l'épanouissement de sa riche nature et d'autres temps où il se sentait refréné et ennuyé par ses relations avec les hommes dont il ne pouvait pas se sentir solidaire.

En distinguant le sentiment absolu et le sentiment relatif, l'amour de soi et l'amour-propre, il avait pour prédécesseurs Vauvenargues et des cartésiens plus anciens. Le sentiment absolu se confond avec l'instinct de la conservation; c'est le besoin qui nous porte vers l'affirmation et l'expansion de notre être. Tant qu'il n'a pas de peine à vaincre les obstacles qu'il rencontre, il ne change pas de nature. Mais quand les résistances deviennent plus fortes, de manière à détourner l'attention du but primitif qui était l'affirmation de soi, alors nous voyons naître les sentiments relatifs tels que la colère, la haine, la crainte. Et supposé qu'à l'aide de l'imagination et de la réflexion, l'individu parvienne à faire des comparaisons entre lui-même et les autres, entre ses conditions et celles des autres, les sentiments relatifs s'en trouveront favorisés aux dépens du sentiment absolu. L'amour de soi se transforme en amour-propre. Les besoins deviennent plus nombreux, et plus nombreuses les causes de mécontentement, de crainte, de haine [1].

1. On pourrait peut-être regarder comme caractéristique ce fait que, dans son *Rousseau juge de Jean-Jacques*, l'auteur insiste sur l'influence excitante des obstacles, tandis que dans ses écrits antérieurs il laisse ordinairement l'imagination et la comparaison se développer, fonctionner sans stimulus externe.

Quand Rousseau parle de la comparaison comme cause des sentiments relatifs, c'est surtout de la perception des différences qu'il entend parler. Selon lui, notre ressemblance avec les autres êtres n'empêchera pas l'affirmation de soi. Elle nous permettra au contraire d'admettre les autres dans l'épanouissement spontané de notre moi, de nous mettre spontanément à leur place, de nous réjouir et de souffrir avec eux, de les secourir. Aussi trouvons-nous (dans les écrits postérieurs de Rousseau) la pitié et l'amour rangés dans le domaine du sentiment absolu : « La force d'une âme expansive m'identifie avec mon semblable ! » Et voilà comment la charité peut naître de l'instinct de la conservation.

Cette théorie des sentiments absolus et relatifs suppose une profonde connaissance psychologique. Chose étonnante ! nous la rencontrerons plus tard chez Nietzsche où il ne faut probablement pas l'attribuer à l'influence de Rousseau, qu'il méprisait beaucoup. Remarquons d'ailleurs que Nietzsche classe la pitié, la charité et le sentiment d'égalité parmi les sentiments relatifs, tandis que selon Rousseau les sentiments relatifs par excellence ce sont la crainte et la haine. Si Rousseau ne commet pas une inconséquence comparable à celle de Nietzsche qui fait l'éloge du sentiment de la distance (*das Pathos der Distanz*), entendez : la distance de haut en bas, — et surtout du mépris considéré comme caractéristique du grand homme, — il a lui aussi, son point faible, son inconséquence : il regarde tous les rapports de différence, et particulièrement les obstacles, comme nuisibles à l'affirmation de soi. Cette manière de voir est signe d'impuissance et d'isolement vis-à-vis de la réalité. Pourvu que les instincts de la conservation et de l'expansion aient assez d'énergie, ils pourront combler la distance et s'enrichir en pénétrant dans le monde des différences. Rousseau n'était pleinement lui-même, n'était ce que, selon lui, « la Nature avait voulu » qu'il fût, que lorsque dans ses promenades solitaires il se sentait libre de toute entrave (sans diversion, sans obstacle, *Rêveries*, II). Cela tient à ce que, chez lui, le sentiment était souvent en raison inverse de la pensée et de la volonté, ce qui lui donnait un caractère rêveur. Mais il arrive que les obstacles dégagent des forces nouvelles, des qualités qui étaient restées cachées, favorisant ainsi, indirectement, la vie émotionnelle, en même temps que l'intelligence et la volonté, et précisément, c'est grâce à une telle alternance avec les états actifs que les rêveries auront un contenu précieux. Cette importance de la contradiction, des contrastes, Rousseau la connaissait par lui-même, puisqu'il nous dit que c'est à ses adversaires qu'il devait les extases de ses promenades solitaires. Nous retrouvons ici sa première antithèse paradoxale de la nature et de la culture, et cette antithèse remontait elle-même à sa jeunesse romantique et vagabonde qui lui faisait voir, dans toute relation sociale, un lien insupportable.

Or, d'après Rousseau, le sentiment religieux, aussi bien que l'amour, est une manifestation spontanée de l'amour de soi. C'est cet instinct qui fait que nous croyons à la vie, que nous nous sentons solidaires de la nature « se fondre pour ainsi dire dans le système des êtres » ; à son apogée il nous ravit en extase religieuse (*Rêveries*, VII; 3e *lettre à Malesherbes*). Ce dernier état fait enfin disparaître toutes relations, toute possibilité de comparaison. Aucune pensée, aucune image ne saurait exprimer ce qui nous remplit pendant ces moments. Julie et le vicaire savoyard se prononcent là-dessus exactement comme Rousseau parlant en son propre nom. Les raisons qui expliquent l'insuffisance des pensées et des images sont au nombre de trois : l'abondance des impressions reçues; — l'impossibilité d'établir un rapport entre ce qu'on a senti et ce qu'on connaît par ailleurs; — la concentration absolue, de toutes les facultés, qui ne laisse pas d'énergie libre pour faire des comparaisons.

Pendant les dernières années de Rousseau, ces états extatiques prirent un caractère un peu différent de ce qu'ils avaient été d'abord. La force fougueuse avec laquelle les aspirations intérieures de l'âme s'élançaient autrefois, faisait alors défaut. En revanche ses méditations solitaires sont empreintes d'une résignation qu'avait longtemps exclue l'amour-propre. Maintenant que les relations extérieures n'existaient plus, ni les comparaisons auxquelles elles avaient donné lieu, l'amour-propre pouvait redevenir amour de soi. De là cette belle et douce résignation qui caractérise les *Rêveries d'un promeneur solitaire*.

Par l'opposition du sentiment religieux en tant que sentiment absolu à toutes les relations qui tendent toujours à le supprimer, la psychologie religieuse de Rousseau devient trop exclusive. Chez lui, le sentiment religieux n'est pas un sentiment comprenant en soi et exprimant le résultat de la lutte et des souffrances de la vie, de sa tragédie et de sa comédie; il est caractérisé au contraire par l'oubli de la vie et de ses contrastes. On y chercherait en vain ces éléments de vaillance et de sympathie qui ne sauraient faire défaut dans un sentiment fondé sur l'expérience totale de la vie.

Dans les cas où la pensée n'est pas un obstacle au sentiment, elle en est l'effet, selon Rousseau, — du moins il en est ainsi dans le domaine de la religion. Le vicaire savoyard borne sa recherche de la vérité aux questions qui l'intéressent pratiquement, laissant toutes les autres en suspens. Son idée de Dieu, il la fonde sur le sentiment que lui inspire le rapport où il est avec Dieu. Rousseau se rend bien compte qu'à la longue la raison prend « le pli que le cœur lui donne ».

De ce que je viens de dire, il résulte que le problème religieux ne pouvait pas se présenter à Rousseau sous sa forme la plus tranchante. La conception du monde purement objective n'a jamais été considérée par lui dans ses relations avec le besoin du cœur. Le conflit spirituel le plus angoissant il ne l'a pas connu. Le problème cosmologique ne lui est pas apparu comme distinct du problème religieux. Il n'a jamais douté. Dans sa remarquable lettre à M. de ***, datée du 15 janvier 1769, il écrit :

« Vous me marquez, Monsieur, que le résultat de vos recherches sur l'Auteur des choses est un état de doute. Je ne puis juger de cet état, parce qu'il n'a jamais été le mien. J'ai cru dans mon enfance par autorité, dans ma jeunesse par sentiment, dans mon âge mûr par raison ; maintenant je crois, parce que j'ai toujours cru ».

Il en est peut-être de même de la plupart des hommes. Ceux mêmes qui combattent le plus violemment les autorités de leur enfance et les sentiments de leur jeunesse, se laissent déterminer, directement ou indirectement, par continuité ou par contraste (qui est lui aussi une sorte de continuité) par les courants sous-marins de leur vie antérieure. Rousseau appartenait aux esprits « une fois nés ». Il opéra ses différentes conversions, — du protestantisme au catholicisme, et retour, et, ensuite, de tous les deux à son rationalisme émotionnel, — traversant les milieux les plus divers (cartésiens dévots et encyclopédistes anti-dévots), sans se laisser influencer par l'ambiance, écoutant la voix de « la Nature » qui parlait à son cœur. Tout en critiquant, comme nous le verrons, des points essentiels des doctrines de l'Église et tout en subissant dans ses idées religieuses l'influence de ses méditations sur le problème du mal, il n'a pas travaillé sérieusement à la solution, par la pensée, du problème religieux. Son mérite consiste à avoir compris que la question religieuse relève du sentiment et du besoin personnel; c'est déjà beaucoup, même si toutes les difficultés n'ont pas été écartées par là. Rousseau voit dans les idées de la religion dite naturelle l'expression adéquate et seule valable du divin, sans vérifier les analogies sur lesquelles se fondent ces idées. On s'aperçoit ici de l'influence exercée sur lui par la philosophie cartésienne et la tradition déiste. La religion de Rousseau contient des éléments qui ne se déduisent ni du sentiment immédiat ni de l'expérience que donne la vie.

3. Rousseau s'est construit toute une théologie « naturelle » qu'il oppose énergiquement à l'orthodoxie, d'une part, et au matérialisme, de l'autre.

Dieu, nous apprend le vicaire, est un être infini qu'aucune de nos notions, aucune image ne saurait exprimer. Le concept d'esprit même n'est pas adéquat, car Dieu et notre esprit ne peuvent pas être de même essence. Aux yeux de Dieu toutes les vérités se trouvent contenues dans une seule pensée; tous les lieux, en un point; tous les temps, en un seul instant. Sur la question de savoir s'il a créé le monde rien n'est acquis, mais l'indestructibilité de la matière et l'existence du mal témoignent en faveur de la négative, et le mot même de création, employé absolument, n'a pas de sens, en tout cas il est trop abstrait pour représenter une idée biblique. D'autre part, l'ordre qui régit les choses de ce monde et l'acheminement manifeste de tout vers des buts déterminés nous montre qu'il y a un premier moteur, un Dieu qui dirige la marche du monde.

A l'égard des matérialistes, Rousseau fait remarquer que nous concevons nécessairement toute cause de mouvement par analogie avec la volonté humaine. En commençant l'analyse de l'univers par l'étude de notre propre être au lieu de celle de la matière brute, nous trouverons en nous-mêmes la clef du système du monde. Que l'âme soit une essence différente de la matière, c'est ce que nous prouve la faculté que nous avons de penser, de comparer, qui ne peut pas être attribuée à la matière. C'est une puissance d'activité contrastant avec la perception passive que nous devons à l'influence du corps sur l'âme.

La distinction de deux principes, l'un actif, l'autre passif, que Rousseau avait été amené à faire par son analyse de l'univers, nous la retrouvons dans son attitude vis-à-vis du problème du mal, attitude qui exprime d'ailleurs également sa conception psychologique.

D'après ce que nous dit Rousseau lui-même, ce dernier problème ne l'a jamais beaucoup inquiété. Il ne se pose que lorsque nous voyons en Dieu le créateur tout-puissant sans nous rendre compte pour combien l'homme y est lui-même dans l'existence des maux. Pour sa part, Rousseau résout le problème en concevant Dieu comme un principe actif, dont l'action peut régler, modifier les processus matériels, mais qui se heurte souvent à la résistance de ces mêmes processus, — et aussi en alléguant la source de bonheur qu'est déjà notre sentiment immédiat de la vie si nous écartons toutes les comparaisons, tous les raffinements qu'ont introduit les hommes. Notre malheur consiste dans la disproportion entre nos besoins et nos moyens et si les besoins ont été excités à un point où les moyens ne pouvaient pas les satisfaire, la faute en est à l'imagination, aux comparaisons.

Dans sa célèbre *Lettre à Voltaire* (1756), écrite au sujet du poème de Voltaire sur le *Désastre de Lisbonne*, l'attitude de Rousseau à l'égard du problème religieux et notamment à l'égard du problème du mal est marquée d'une façon tout à fait caractéristique. Et la comparaison que cette lettre nous invite à faire entre les manières de voir respectives de Rousseau et de Voltaire est d'un intérêt considérable au point de vue de la psychologie religieuse.

Voltaire avait exprimé, dans son Poème sur le *Désastre de Lisbonne*, l'indignation que lui inspirait cette conception qui regarde le mal en ce monde comme compatible avec la création de l'univers par un Être tout-puissant et souverainement bon. Il y rejetait énergiquement les banales paroles de consolation et les façons de parler édifiantes auxquelles on a recours devant les grands malheurs; il critiquait en outre la contemplation esthétisante des désharmonies de ce monde qui est celle de beaucoup d'optimistes et que représentait surtout Leibniz à cette époque-là. L'exposition du problème est très nette, très sévère, et le poème tout entier a un caractère sombre et amer. Si Voltaire finit par déclarer, selon sa coutume, qu'une révélation peut seule nous donner le mot de l'énigme, cette affirmation n'est évidemment, dans sa bouche, qu'une phrase creuse. — Dans les éditions postérieures du poème, Voltaire, « instruit par la vieillesse », en a modifié la fin en ajoutant quelques vers exprimant l'espoir d'états meilleurs à venir :

Un jour tout sera bien, voilà notre espérance,
Tout est bien aujourd'hui, voilà l'illusion.

Mais ce n'est pas sous cette forme-là que le poème a été connu de Rousseau; pour saisir la portée de sa critique, il faut la reporter à l'édition primitive du poème.

Rousseau profite de l'occasion pour reprendre son thème favori : le désaccord entre la nature et la civilisation. Que de maux les hommes se procurent eux-mêmes; — par exemple, en se rassemblant dans les grandes villes! Un sinistre, comme celui de Lisbonne aurait moins de prise sur une population rurale, dispersée sur un plus grand territoire et n'habitant pas, par-dessus le marché, des maisons de six à sept étages. En ce qui concerne la question de la valeur de la vie, l'expérience nous apprend que les hommes préfèrent l'existence à la non-existence d'où il est permis de conclure que le sentiment immédiat de la vie a le caractère du plaisir. Ce « doux sentiment de l'existence » qui se rencontre, et surtout chez ceux qui vivent dans des conditions modestes, on oublie le plus souvent d'en tenir compte en faisant le bilan. Ajoutez : qu'on pose mal la question quand on veut conclure de la valeur de la vie et de l'existence à l'existence de Dieu. La conclusion doit se faire en sens inverse : qui croit en Dieu, a, en lui, le fondement d'un grand espoir; il attachera donc toujours du prix à l'existence. Rousseau prête à Julie, dans son « chant du cygne », l'explication suivante de ce fait : « Toutes les misères s'évanouissent devant un plus grand objet ».

Dans la lettre à Voltaire, la manière de voir subjective, personnelle, qu'introduisait Rousseau dans la discussion du problème religieux, a eu sa première expression énergique. Désormais il ne restait guère à discuter que les questions de savoir si le besoin allégué par Rousseau est commun à tous les hommes, — comment il naît, — s'il se manifeste toujours de la même manière et nous conduit aux mêmes postulats, — enfin, quelle est son importance pour la vie intellectuelle et morale des hommes. Et ces questions Rousseau n'entreprend pas de les résoudre, pas plus que Kant ne l'a fait plus tard.

Dans cette même lettre, nous rencontrons pour la première fois la conception théologique dont Rousseau s'est fait l'interprète : celle qu'il a exposée plus au long dans l'*Émile*, dans la *Lettre à l'Archevêque de Paris* et dans cette *Lettre à M. de* *** dont il a été question plus haut. Il reproche à Voltaire de ne pas préférer le sacrifice de la toute-puissance à celui de la bonté. « Si l'embarras de l'origine du mal vous forçait d'altérer quelqu'une des perfections de Dieu, pourquoi vouloir justifier sa puissance aux dépens de sa bonté? S'il faut choisir entre deux erreurs, j'aime encore mieux la première. » — Revenant dans la suite sur le même sujet en partant de l'hypothèse de deux principes de l'existence, l'un actif, l'autre passif, il arrive au même résultat. L'esprit divin a sans cesse une résistance à vaincre dans la matière; il ne peut donc pas toujours réaliser ses projets, et s'il y parvient c'est souvent par voie indirecte. Si Rousseau dit, dans sa *Lettre à Voltaire*, qu'au Dieu tout-puissant dont le Poème fait l'auteur de tous les maux, tout en admettant qu'il aurait pu les prévenir, il préférerait, lui, le manichéisme, sa *Lettre à l'Archevêque* expose plus tard que sa doctrine n'est pas du manichéisme puisqu'elle n'admet pas deux dieux, deux principes actifs, mais un principe actif et un autre, passif.

Quand il défendait Leibniz contre les attaques de Voltaire, Rousseau avait bien compris qu'au fond Leibniz admettait, lui aussi, deux principes, avec cette différence qu'avec Böhme il les considérait comme des éléments faisant partie de la divinité et représentant, l'un : la volonté choisissante, réalisatrice, l'autre : l'intelligence fournissant la multitude de possibles entre lesquels il faut choisir[1]. Aux yeux de Rousseau, le premier seulement de ces éléments est inhérent à l'essence de Dieu tandis que les possibles sur lesquels s'exerce son choix sont contenus dans la matière.

Le changement de point de vue théologique qu'indique Rousseau dans sa *Lettre à Voltaire* et qu'il accomplit plus tard dans l'*Émile* (1762) et dans sa *Lettre à l'Archevêque* (1763), Voltaire l'opéra à son tour dans son *Dictionnaire* philosophique (1764)[2]. Et ainsi les deux hommes qui étaient sous tant de rapports des antipodes, finirent par s'accorder en théologie. Ils soutenaient ensemble la lutte contre l'orthodoxie. Mais leur accord n'est pas très significatif, une même attitude négative pouvant fort bien réunir les points de vue les plus contraires. D'un autre côté, il y a un grand intérêt psychologique à voir quelles discordances person-

1. Voir mon *Histoire de la philosophie moderne*, trad. franç., t. I, p. 385.

2. La conception à laquelle aboutirent les spéculations de Rousseau et de Voltaire avait déjà été formulée par le poète et philosophe danois Ludvig Holberg, au sujet du problème du mal posé par Bayle. Parmi les penseurs postérieurs qui sont arrivés au même résultat, nous nommerons Stuart Mill, Charles Renouvier et William James. Voir pour la conception religieuse de ce dernier l'excellente caractéristique donnée par Th. Flournoy dans son livre intitulé *La philosophie de William James*, Sainte Blaise, 1911.

nelles peuvent se trouver comprises dans des conceptions religieuses identiques. Dans le cas qui nous occupe, les différences sont dues surtout au contentement qu'éprouve Voltaire à voir les progrès de la « civilisation » et les raffinements de l'époque, — sauf quand son indignation est réveillée par des réminiscences de brutalité moyenâgeuse de la part des gouvernants, avec lesquels il s'efforce d'ailleurs ordinairement de rester en bons termes —, tandis que Rousseau se rendait fort bien compte de tout ce que cette civilisation avait d'extérieur et de superficiel, de son manque d'originalité, de son peu de naturel. D'autre part Rousseau possédait dans son amour de la nature, et dans son enthousiasme, des sources de vie intérieure où il puisait toujours de nouvelles forces, et grâce auxquelles il se sentait soutenu pendant les périodes de maladie, de misère et de persécution. Sa religiosité gagna ainsi en profondeur et en originalité et le chemin fut frayé à une nouvelle manière de traiter le problème religieux. Par son exemple on a été amené à considérer les représentations religieuses comme dérivées par rapport aux impressions recues et aux expériences qui constituent le véritable fond psychologique.

4. La conception religieuse de Rousseau est fortement influencée par la tradition chrétienne. Pendant la période de sa vie où sa pensée hésitait le plus, deux actions se faisaient surtout sentir : celle des mystiques cartésiens du XVIIe siècle (Pascal, Fénelon) et celle du courant piétiste venant d'Allemagne, qui avait envahi la Suisse romande ; on sait que Mme de Warens, la mère adoptive de Rousseau, en avait reçu une très forte empreinte. Quand Rousseau se décida, après les migrations de sa jeunesse d'une confession à l'autre et son dernier raid à travers le purgatoire des encyclopédistes, à établir le bilan de ses croyances, il s'adjugea le droit de s'appeler chrétien tout en écartant des points essentiels du christianisme. Dans la lettre qu'il adressa à l'archevêque de Paris, il disait avec fierté : « Monseigneur, je suis chrétien, et sincèrement chrétien, non comme un disciple des prêtres, mais comme un disciple de Jésus-Christ. Mon Maître a peu subtilisé sur le dogme, et beaucoup insisté sur les devoirs ; il prescrivoit moins d'articles de foi que de bonnes œuvres ;... et il m'a dit.... que celui qui aime son frère a accompli la loi ».

Dans son *Émile* et les *Lettres de la Montagne*, il précise : Il croit à l'Évangile mais se refuse à soumettre sa foi aux autorités extérieures. Dès qu'on prétend s'appuyer sur des faits historiques, on est obligé de consulter les témoignages des hommes; c'est alors que les livres et les doctrines jouent un rôle important. Mais si vraiment il nous faut demander aux livres les connaissances essentielles pour la vie, comment a-t-on fait pour se renseigner là-dessus quand les livres n'existaient pas? Il n'est pas possible que Dieu punisse les hommes pour un savoir insuffisant. Aussi le vicaire a-t-il fermé tous les livres. Mais le grand livre de la nature et celui de notre cœur sont toujours ouverts devant nous. L'Évangile, le plus sublime des livres, en est toujours un, et la loi de Dieu n'est pas inscrite sur des feuilles mais dans le cœur des hommes. Que nous ayons bien compris l'Évangile et que c'est de son esprit que nous nourrissions nos cœurs, nous le sentons au sentiment de paix qui remplit notre âme.

Sur ce point, Rousseau devance la maxime célèbre de Lessing (émise au cours de sa controverse avec Götze) d'après laquelle les vérités historiques ne sauraient servir de preuve aux vérités nécessaires. C'est un trait caractéristique de l'esprit démocratique de Rousseau que son désir de délivrer les hommes de la dépendance de l'érudition. Avant lui, Locke avait fait remarquer qu'à ceux qui travaillent dur il ne reste pas de forces ni de temps pour étudier les sources. Il devait donc être possible d'arriver à la vérité par une voie plus simple. Le rationalisme débutant a un caractère démocratique, il veut émanciper le peuple de l'orthodoxie savante. Plus tard, dans l'âge romantique, l'orthodoxie renaissante fut animée de motifs semblables; devenu savant à son tour, le rationalisme eut le sort de l'orthodoxie savante.

En rejetant les dogmes spéciaux Rousseau se rend compte que son christianisme est du type de saint Jacques et non pas de celui de saint Paul. Il maintient que s'il fallait refuser le nom de chrétiens à tous ceux qui ne partagent pas la foi développée de l'Église, les premiers disciples du Christ ne pourraient pas non plus le réclamer. Pour son compte il s'en tiendra au caractère général de la doctrine et du maître, il s'ouvrira à son influence. « Nous reconnaissons l'autorité de Jésus-Christ, parce que notre intelligence acquiesce à ses préceptes et nous en découvre la sublimité. Elle nous dit qu'il convient aux hommes de suivre ces préceptes, mais qu'il était au-dessus d'eux de les trouver. » (*Lettres de la Montagne*, I.)

Quant aux miracles, Rousseau admet qu'ils ont dû impressionner beaucoup les personnes à l'intention desquelles ils eurent lieu. C'est là l'essentiel. A quoi cela nous servirait-il de savoir si c'étaient de vrais miracles ou non? A l'heure qu'il est, ils sont des obstacles au christianisme plutôt que des preuves en sa faveur. Otez les miracles de l'Évangile, et la terre tout entière viendra se jeter aux pieds de Jésus-Christ! — Impossible d'affirmer que dans tel cas particulier nous nous trouvions en présence d'un miracle, sans s'attribuer du coup l'omniscience. Car pour être sûr que l'événement considéré n'est pas régi par les lois de la nature, il faudrait les connaître toutes. Que les miracles existent ou non, il sera toujours impossible de se convaincre qu'un cas déterminé en fasse un.

On peut très bien adopter une doctrine sans admettre pour cela l'ensemble des arguments allégués à son appui. Les arguments ne sont que les moyens, leur fin c'est la foi. Et la foi je la possède dès qu'un seul argument a pu me convaincre.

La religion de Rousseau était donc un christianisme sans dogmes ni miracles. Le culte n'était à ses yeux que des cérémonies; sa raison d'être c'est de favoriser la communauté d'esprit parmi les hommes; et pendant son séjour à Neufchâtel Rousseau communia et sentit avec une profonde émotion qu'il était « avec ses frères ».

Les livres où Rousseau a exposé l'idée qu'il se faisait de la religion et du christianisme furent défendus et brûlés dans des pays protestants aussi bien que dans des pays catholiques, ce qui ne l'empêche pas d'avoir émis des pensées de la valeur desquelles dépendra et l'avenir de la religion en général et, particulièrement, celui du christianisme. Aussi les pensées de Rousseau ont-elles contribué à préparer le terrain pour une renaissance religieuse. C'est son excuse auprès des adversaires partisans de l'Église, son grand défaut aux yeux des adversaires anticléricaux. A considérer la chose au point de vue historique, l'apparition de Rousseau en elle-même et les conséquences qu'elle a eues portent témoignage qu'il a indiqué un côté de l'âme humaine qui, non satisfait par la culture intellectuelle et esthétique, demande une nourriture plus substantielle. Reste à savoir si la réforme du christianisme qu'il proposait aurait pu nous conduire au but. Le problème est plus fondamental que ne le comprenait Rousseau, fils du XVIIIe siècle; c'est déjà beaucoup s'il a pu voir ce qu'il a vu.

Un aspect du problème dont Rousseau a méconnu l'importance,

c'est son aspect historique. Il craint trop l'érudition. On sublimisera ou rationalisera tant qu'on voudra le christianisme, il restera toujours un phénomène historique dont l'origine et l'évolution sont justiciables de la recherche historique. On ne peut pas se contenter d'en prendre ce qui paraît utile et laisser le reste. Et ceci n'est pas douteux : ce n'est pas le christianisme du type de saint Jacques qui est devenu l'une des grandes puissances de ce monde. Au contraire, c'est l'apothéose de la figure du Christ, la mythologie grandiose qui s'est formée autour de cette figure, ce sont les élévations sublimes et les profondes émotions provoquées par son culte qui ont fait du christianisme un phénomène historique. Aussi, l'une des grandes tâches de l'histoire consiste-t-elle à nous expliquer l'origine et l'évolution de ce phénomène. Et à mesure qu'avancera cette recherche historique, les résultats obtenus par elle influeront sur l'avenir du problème religieux.

Il va sans dire que tout homme a toujours le droit de choisir dans une formation historique ce dont il a besoin pour sa gouverne personnelle. Ce qui caractérise le choix de Rousseau c'est que, d'après lui, son extrait de la doctrine chrétienne serait susceptible de réunir tous les hommes de la terre. Il se figure (dans sa *Lettre à l'Archevêque*) que, dégoûtés des querelles religieuses, les hommes (entendez : les juifs, les mahométans et les chrétiens) s'assemblent dans le but d'établir une religion commune. D'abord, cela ne marche pas : chacun des orateurs soutient que sa religion est la seule vraie et rejette par conséquent toutes les autres. Alors on a l'idée d'exclure tous les théologiens, ce qui active considérablement les délibérations. On finit par choisir d'un commun accord — la profession de foi du vicaire savoyard, tout en restant fidèles chacun à son culte national. — Cette solution rappelle le Colloquium heptaptomeres de Jean Bodin[1], qui, d'ailleurs, n'avait pas été publié du temps de Rousseau.

Il ne faut pas croire que les religions positives ont seules une histoire. La religion dite « naturelle » a bien la sienne, et particulièrement elle a son histoire des dogmes. Les idées religieuses de Rousseau procèdent de celles de déistes antérieurs aussi bien que de la philosophie cartésienne. Dans ce domaine encore il a pris ce qui lui paraissait utile. Dans la religion personnelle de Rousseau,

1. Voir mon *Histoire de la philosophie moderne*, trad. franç., t. I, p. 65-69.

nous devons distinguer entre les éléments qui sont dus à son expérience personnelle et ceux qui, à l'instigation de cette même expérience, ont été puisés dans la spéculation et la tradition. Grande ou petite, sa contribution expérimentale à la discussion du problème est celle qui offre le plus grand intérêt psychologique, et pour la caractériser nous allons faire un retour sur sa personnalité.

5. Quelques années avant l'apparition de l'*Émile* et des *Lettres de la Montagne*, David Hume avait publié (1757) sa célèbre *Histoire naturelle de la Religion* où il jetait les fondements de la psychologie religieuse moderne. Rien n'indique qu'en écrivant ses livres de philosophie religieuse Rousseau ait connu cet ouvrage. Entre les rapports de ces deux hommes avec la religion le contraste est intéressant. Hume se tient en observateur, en spectateur devant le drame que fait jouer la religion sur le théâtre de l'âme. Grâce à sa puissance d'observation psychologique et d'analyse, il sait mieux faire valoir les divers aspects et tendances de la religion que ne le peut Rousseau absorbé par la contemplation de ce qui se passe en lui, incapable de s'intéresser aux types qui diffèrent du sien. L'importance de Rousseau est due en partie à cette partialité.

Hume a démontré une double tendance de la conscience religieuse. D'un côté, elle accentue la distance qui sépare l'objet et le sujet, les dieux et les hommes; le monde divin est regardé comme étant élevé bien au-dessus de celui des hommes, à ce point que Hume se demande s'il est vraiment possible d'éprouver un sentiment sain et naturel à l'égard d'un objet aussi éloigné. D'un autre côté, la conscience religieuse tend à rapprocher de soi autant que possible l'objet divin, à se le rendre présent, à se le figurer sous la forme d'images matérielles, à y voir un être qui lutte et qui souffre avec nous.

Dans la conception religieuse de Rousseau, c'est la première des deux tendances que nous voyons surtout représentée. Chez lui, le sentiment religieux a le caractère expansif, c'est un enthousiasme qui monte, qui coule, qui déborde, au point qu'aucune pensée, aucune image ne saurait exprimer ce qu'on éprouve. Partout où Rousseau s'affranchit de l'influence cartésienne, son idée de l'infini n'est pas formée par voie purement intellectuelle pour déterminer ensuite le sentiment; au contraire c'est ce dernier qui, par son épanouissement, contraint la pensée à dépasser ses limites. Cette manière de voir me semble plus juste que celle de Hume qui pense que les hommes ont peur de délimiter l'être et la puissance de leur divinité, croyant plus sûr de lui adresser les plus grandes louanges; d'après lui, c'est ainsi qu'ils seraient amenés à élever leurs sentiments à la hauteur des grands mots, ce qui ferait naître l'affectation (affected ravishment and devotion).

L'autre tendance se fait très peu sentir chez Rousseau. La religion l'entraîne au delà du monde des choses finies : l'âme donne libre cours à ses aspirations et se sent ainsi délivrée des tensions et des restrictions qui gênent la vie dans le monde fini et surtout dans le monde des hommes. Rousseau sort du monde de l'expérience pour s'élever vers un monde idéal, mais le grand combat que se livrent ces deux mondes et les leçons qu'on en peut tirer n'ont pas exercé une influence directe sur la religion de Rousseau. Rien là qui exprime cette compréhension profonde des grands contrastes de la vie, qu'on trouve dans toutes les religions positives supérieures, et notamment dans leur culte, — contrastes entre l'élévation et l'avilissement, entre la lumière et l'obscurité, la vie et la mort. La religion de Rousseau n'est pas le résultat d'une synthèse des expériences contraires de la vie, synthèse qui les maintiendrait comme réelles tout en les dominant dans une résignation triomphante. Rousseau prend la tangente au cercle de la vie, et s'il s'en va ce n'est pas toujours en vainqueur.

En revanche, Rousseau a découvert, dans le problème religieux, un point essentiel qui n'avait pas reçu dans la psychologie de Hume la place qui lui était due, je veux parler de l'énergie concentrée que peut posséder la religion dans ses périodes classiques. C'est à ce point de vue que Rousseau trouve que le fanatisme peut avoir du bon; dans le cas général il le regarde, avec Bayle, comme plus nuisible que l'athéisme. Malgré tout, dit-il, le fanatisme est « une passion grande et forte qui élève le cœur de l'homme, qui lui fait mépriser la mort, qui lui donne un essor prodigieux, et qu'il ne faut que mieux diriger pour en tirer les plus sublimes vertus ». (*Émile; Profession de foi du Vicaire savoyard.*) Jointe à l'une des propositions principales de la pédagogie de Rousseau, énonçant que : « on n'a de prise sur les passions que par les passions » (proposition émise déjà en d'autres termes par Bacon et par Spinoza), cette observation nous montre que Rousseau n'était pas sans comprendre l'importance du principe de l'équivalence pour toute évolution morale. Appliqué au problème religieux cela revient à dire qu'un mode de vie aussi concentré que fut la religion pendant ses périodes classiques, ne saurait disparaître sans laisser un équivalent; la division, le démembrement de l'énergie qui serait la conséquence de l'entropie dans le domaine de l'âme entraînerait une diminution de valeur. Voilà un côté du problème religieux que négligeait trop le siècle des lumières et dont beaucoup de libres-penseurs méconnaissent aujourd'hui l'importance faisant preuve ainsi d'une vue trop étroite, d'une trop grande ignorance en matière de psychologie. Tant que l'évolution morale n'aura pas créé un nouveau mode de vie aussi concentré que celui que possédait le genre humain dans la religion, le problème ne sera pas résolu — et encore faudra t-il qu'on obtienne ce nouveau mode de vie à l'aide d'expériences laborieusement acquises sans avoir recours aux expédients transcendants dont la religion croyait pouvoir disposer. C'est le grand mérite de Rousseau d'avoir compris qu'il en était ainsi, même s'il n'a pas donné à cette manière de voir l'appui de son attitude personnelle.

Dans toute sa faiblesse, avec toutes ses contradictions, toutes ses oscillations entre le plus sublime et le plus bas, Jean-Jacques a été plus clairvoyant que tous ses contemporains dans l'un des domaines principaux de la vie intellectuelle et morale. En mettant le problème religieux en rapport étroit avec le problème de la civilisation en général, avec le grand problème de la division du travail, il l'a éclairé d'un point de vue central. Quel que soit le sort de ce problème, le nom de Rousseau restera inscrit à jamais dans son histoire.

HARALD HÖFFDING.

LA PHILOSOPHIE RELIGIEUSE DE J.-J. ROUSSEAU

On peut étudier les idées religieuses de J.-J. Rousseau de points de vue assez différents. Et d'abord, à travers elles, c'est Rousseau lui-même qu'on peut s'efforcer de mieux connaître : car il n'est pas douteux qu'elles constituent un des traits les plus originaux de cette physionomie complexe et déconcertante, si prodigieusement vivante qu'après un siècle et plus elle excite encore les enthousiasmes et les colères, et n'a pas cessé d'attirer la curiosité passionnée de tous les « amateurs d'âmes ». — Ou bien, d'un point de vue psychologique plus général, on peut vouloir y saisir une espèce et comme une nuance nouvelle du sentiment religieux, qui, après Rousseau, gagnera tant de cœurs et jouera un tel rôle dans l'histoire de la sensibilité moderne. — Mais la tâche que nous nous proposons est autre, plus modeste, et, à première vue au moins, plus ingrate. Ce n'est pas seulement la religiosité sentimentale de Rousseau qui a exercé sur les générations suivantes une sorte de contagion universelle, ce sont encore, soulevées et comme enflammées par elle, ses idées proprement dites en matière de religion; d'ailleurs, la pensée de Rousseau prétend aboutir à une doctrine véritable, bien qu'on en discute encore les tendances ou la signification essentielles et qu'on en conteste la cohérence. Le contenu même de sa philosophie religieuse ne saurait donc être négligé, et c'est elle que nous nous proposons de reconstituer, ne fût-ce que pour en mieux déterminer la place dans le système total, et voir si elle n'en éclaircirait pas quelque peu l'inspiration profonde.

*
* *

Pourtant, sans aborder la question ni proprement en historien ou en biographe, ni en psychologue, deux traits au moins nous paraissent essentiels à retenir, de tout ce que nous savons de la personnalité même de Jean-Jacques.

C'est, d'abord, la place que les croyances religieuses semblent avoir tenue, en fait, dans sa vie. Son père, nous dit-il, « avait beaucoup de religion, et lui avait inspiré de bonne heure les sentiments dont il était pénétré »; ses trois tantes étaient dévotes; puis, le pasteur Lambercier et sa sœur « cultivèrent les principes de piété qu'ils trouvèrent dans son cœur »; à six ans, déclare-t-il, « j'avais donc de la religion tout ce qu'un enfant de l'âge où j'étais en pouvait avoir. J'en avais même davantage, car pourquoi déguiser ici ma pensée? Mon enfance ne fut point d'un enfant, je sentis, je pensai toujours en homme[1]. » Au cours de son aventureuse jeunesse, les préoccupations religieuses passèrent sans doute au second plan, mais sans s'évanouir jamais tout à fait, et, si légère qu'ait été sa première conversion, elles furent avivées sans doute par les enseignements qu'il reçut à cette occasion, et dont il se souvenait tant d'années après, lorsqu'il écrivait la *Profession de foi du Vicaire savoyard*. Enfin, aux Charmettes, vient un moment où les problèmes métaphysiques semblent le posséder tout entier; ses idées morales et religieuses commencent sans doute alors à se préciser; il est encore pleinement croyant et catholique, il a peur de l'enfer; il se demande si, mourant à cet instant, il serait damné; et, dans d'admirables pages des *Confessions*, il nous dit comment il priait alors, et qu'il priait, — « plus rarement et plus sèchement dans sa chambre, » mais avec quelles extases et « quelle sincère élévation du cœur », le matin, dans ses promenades en pleine campagne, à l'aspect d'un beau paysage, qui l'émeut, « sans qu'il puisse dire de quoi! » — D'autres pages très curieuses des *Rêveries* nous apprennent que, plus tard, dans sa première période de vie parisienne, au moment de sa grande amitié pour Diderot et de sa liaison avec les Encyclopédistes, sa foi religieuse n'a pas tardé à se heurter aux négations de ces « ardents missionnaires d'athéisme et très impérieux dogmatiques », et qu'elle en a été quelque temps comme déconcertée : « ils avaient ébranlé toutes les certitudes que je croyais avoir sur les points qu'il m'importait le plus de connaître... Ils ne m'avaient pas persuadé, mais ils m'avaient inquiété... A leurs arguments je ne trouvais point de bonne réponse, mais je sentais qu'il y en devait avoir[2] ». Mais, dès ses premiers écrits, il s'est ressaisi; ses idées religieuses, qui transparaissent déjà dans le premier *Discours*, s'affirment avec

1. *Confessions*, liv. II.
2. *Rêveries d'un promeneur solitaire*, 3e promenade.

une netteté et une énergie croissantes jusqu'à l'*Émile*; et l'on ne conteste plus guère aujourd'hui que, quelle que soit la part à faire, dans sa rupture avec les Encyclopédistes, aux questions de personnes et aux circonstances fortuites, c'est, derrière et à travers elles, un profond dissentiment d'idées qui se révélait[1], le conflit sérieux et irréductible de deux manières de sentir et de penser, de deux types d'esprits, de deux philosophies; et l'on ne saurait douter que la question religieuse ne fût de celles qui séparaient le plus fortement Rousseau de ses amis d'hier. Par là apparait déjà l'importance indéniable de sa « religion naturelle » dans l'ensemble de sa doctrine : ce n'en est pas une pièce accessoire, spéciale ou surajoutée; elle nous mène très près sans doute de la source même de sa pensée et comme de son inspiration première. Aussi bien, c'est ainsi que les choses se présentent à l'esprit même de Rousseau, déjà dans l'*Émile*, où il se considère comme menant également la guerre contre le fanatisme et contre l'athéisme, comme soutenant avant tout, contre les philosophes, la cause de la morale et de la religion. Et c'est à bon droit sans doute qu'il pouvait écrire fièrement à M. de Beaumont : « Les philosophes, en me taxant d'hypocrite, ne me feront point professer l'incrédulité. Je dirai ma religion, parce que j'en ai une ».

Mais la vie de Rousseau ne porte pas seulement témoignage en faveur de la constance et de la sincérité de ses croyances religieuses : elle nous en explique aussi par avance certains caractères. Sa foi ne semble avoir eu, à aucun moment, la moindre précision dogmatique. On peut penser que sa conception d'une religion commune, dégagée de tous les credo particuliers, exprime simplement sa propre expérience religieuse, et la facilité avec laquelle il semble avoir passé lui-même, sans crises ni déchirements intérieurs, du protestantisme de sa première enfance au catholicisme grossier et tout extérieur du séminaire de Turin, au libéralisme de son maître l'abbé Gaime, prototype du vicaire savoyard, à la religion indulgente et accommodante de Mme de Warens. Il nous a dit comment sa singulière maman, chargée, semble-t-il, d'attirer à la foi romaine les transfuges genevois, ne croyait pas à l'éternité des peines, et se plaignait qu'on expliquât « trop littéralement et trop durement » l'Ecriture; elle pensait pourtant être bonne catholique; mais Rousseau remarque

1. Cf. sur ce point la très intéressante étude de M. Gastinel, *J.-J. Rousseau et la philosophie encyclopédiste* (*Athéna*, n° de mars 1912).

lui-même que « toute la doctrine du péché originel et de la rédemption est détruite par ce système, que la base du christianisme vulgaire en est ébranlée, et que le catholicisme au moins ne peut subsister[1] ». — Plus tard, il semble bien que sa seconde conversion et son retour au protestantisme n'ait été pour lui qu'une manière de souligner la signification de ses deux premiers écrits, et comme un geste nécessaire de son attitude de « citoyen », un simple complément de la dédicace du *Discours sur l'inégalité* à la République de Genève : il n'y a nulle indication, croyons-nous, ni dans les *Confessions* ni ailleurs, que des raisons de doctrine aient agi sur lui à ce moment.

Ainsi, la philosophie religieuse de Rousseau semble bien s'être formée au cours de sa vie même et en refléter fidèlement l'enseignement direct. Il est à prévoir, par cela seul, que, chez un écrivain aussi subjectif que Rousseau, elle tiendra une grande place aussi dans ses écrits. Si l'on songe, d'autre part, à la rapidité extraordinaire avec laquelle ses principaux ouvrages se sont succédé, et que tous ses grands livres ont été composés entre 1755 et 1762, il semble difficile de croire que les diverses thèses en puissent être simplement juxtaposées, qu'elles n'aient pas dû, de quelque façon, se concilier dans son esprit; lui-même affirme à chaque instant l'unité de sa pensée : « J'ai écrit sur divers sujets, mais toujours dans les mêmes principes : toujours la même morale, la même croyance, et, si l'on veut, les mêmes opinions[2]. » — Il importe donc de chercher d'abord comment ses idées religieuses apparaissent au milieu de ses autres doctrines, et comment elles se concilient avec elles.

*
* *

Le réquisitoire furieux contre la civilisation par lequel Rousseau bouleversa son temps, et vint faire entendre, en plein siècle des lumières, l'éloge de l'ignorance et de la simplicité naturelles, est sans doute, de toutes ses œuvres, la plus déclamatoire et la plus outrée. Mais on y trouve déjà, au moins en germe (surtout si l'on y joint les lettres écrites en réponse aux objections), toutes ses thèses essentielles. Et d'abord, le point de vue propre de Rousseau, le trait qui caractérisera d'une manière constante son attitude philosophique, s'y marque avec une force singulière : c'est dans

1. *Conf.*, liv. VI.
2. *Lettre à M. de Beaumont.*

l'intérêt de la vertu, c'est au nom de la conscience qu'il condamne les sciences comme les arts, c'est en moraliste qu'il parle exclusivement. A M. de Bordes qui rappelle tout ce que les sciences et les arts ont ajouté aux charmes et aux commodités de la vie, il répond aussitôt : « Voilà des vérités dont je conviens de très bon cœur, assurément. Mais considérons maintenant toutes ces connaissances par rapport aux mœurs. » Et plus loin : « Je vois qu'on me parle toujours de fortune et de grandeur : je parlais, moi, de mœurs et de vertu. » « Si quelque chose peut compenser la ruine des mœurs, je suis prêt à convenir que les sciences font plus de bien que de mal. » — Car, si l'inégalité des conditions a engendré le luxe et l'oisiveté, c'est l'oisiveté à son tour qui a engendré les sciences, et celles-ci, de leur côté, la nourrissent, et nous rendent par là « plus indifférents à la vertu. » Ce qui indigne Rousseau, c'est qu'on ne demande plus d'un homme s'il a de la probité, mais s'il a des talents; ni d'un livre, s'il est utile, mais s'il est bien écrit : « Je suis sûr qu'il n'y a pas actuellement un savant qui n'estime beaucoup plus l'éloquence de Cicéron que son zèle, et qui n'aimât infiniment mieux avoir composé les Catilinaires que d'avoir sauvé son pays. » Ce qui lui semble donc importer avant tout, c'est de faire « revenir les hommes cultivés sur l'importance de leurs productions », et de les persuader qu'un savant n'est, au fond, qu'un citoyen inutile. Et dans toute cette argumentation, Rousseau ne sépare jamais la morale des affirmations religieuses essentielles.

Mais, quand on cultive passionnément les sciences, on ne s'arrête pas à cette estime exagérée du savoir ou du talent, mis à plus haut prix que la vertu : on en vient à dédaigner ou à ridiculiser celle-ci. On n'a que mépris pour les sentiments simples et droits de l'humble honnête homme; on veut les expliquer, comme le produit même de son ignorance; la science devient un principe d'incrédulité et d'athéisme. Comment a-t-on pu le comprendre assez peu pour l'accuser de blâmer l'étude de la religion, lui qui ne blâme l'étude de nos vaines sciences que « parce qu'elle nous détourne de celle de nos devoirs[1] ! ». « Il n'y a de livres nécessaires que ceux de la religion, les seuls que je n'ai jamais condamnés[2]. » Et il est curieux de voir comme, dès ce moment, dans les années où il rédige les réponses aux objections soulevées par son premier discours,

1. *Réponse au roi de Pologne.*
2. *Réponse à M. de Bordes.*

c'est-à-dire longtemps avant sa rupture ouverte avec Diderot, Grimm et d'Alembert, déjà il est plein de défiance à l'égard de ce qui sera l'esprit de l'Encyclopédie, il n'emploie l'appellation de « philosophe » qu'avec défaveur, et combat là d'instinct une inspiration si profondément opposée à la sienne : « Le philosophe, qui se flatte de pénétrer dans les secrets de Dieu, ose associer sa prétendue sagesse à la sagesse éternelle : il approuve, il blâme, il corrige, il prescrit des lois à la nature et des bornes à la Divinité... Tandis que la savante Grèce était pleine d'athées, Élien remarquait que jamais barbare n'avait mis en doute l'existence de la Divinité. » « Les sciences sont florissantes aujourd'hui... quel profit en a tiré la religion? Demandons-le à cette multitude de philosophes qui se piquent de n'en point avoir [1]. » Et déjà il les accuse d'avoir deux morales, une qu'ils avouent, et l'autre, secrète, qu'ils ne révèlent qu'à leurs disciples, qui ouvre la porte à tous les débordements, et qu'ils pratiquent.

Ainsi se précise son attitude propre en philosophie, ce qu'on pourrait appeler son utilitarisme moral. Rousseau n'a qu'indifférence pour la science pure, celle qui n'aurait d'autre fin qu'elle-même; à ses yeux, toute science est pour en vivre; une connaissance ne vaut que par son utilité pour l'homme intérieur; ce qui le préoccupe, c'est de voir « les hommes plus heureux, et surtout plus dignes de l'être [2]. » Il ne raisonne et ne devient philosophe qu'à contre-cœur; avant tout, il est un être de sentiment. Il définira plus tard son point de vue dans les *Rêveries* avec une singulière intensité d'accent [3], mais c'était déjà l'esprit de son premier *Discours* : « J'en ai beaucoup vu qui philosophaient bien plus doctement que moi; mais leur philosophie leur était pour ainsi dire étrangère. Voulant être plus savants que d'autres, ils étudiaient l'univers pour savoir comment il était arrangé, comme ils auraient étudié quelque machine qu'ils auraient aperçue, par pure curiosité. Ils étudiaient la nature humaine pour en pouvoir parler savamment, mais non pour se connaître. » Lui, au contraire, n'est soucieux que de « connaître la nature et la destination de son être »; il n'a jamais demandé à la spéculation qu'une doctrine qui pût l'aider à

1. *Réponse au roi de Pologne.*
2. *Rép. à M. de Bordes.*
3. 3ᵉ Promenade.

vivre : « J'ai cherché, pour diriger l'emploi de ma vie, à connaître ma véritable fin. »

C'est par là qu'il est amené à concevoir dans l'homme quelque chose de plus intime et de plus sûr que l'intelligence proprement dite, telle qu'elle se satisfait dans la science. La conscience et la raison, comme une sorte d'instinct supérieur, nous révèlent avec une force persuasive tout ce qu'il nous est nécessaire de savoir pour être homme et nous conduire en homme. L'Évangile fut prêché par douze pauvres pêcheurs ou artisans, « on n'y voit pas un mot d'études ni de sciences », « si ce n'est pour marquer le mépris que Jésus faisait de tout cela ». N'avons-nous pas un guide intérieur, bien plus infaillible que tous les livres? « O vertu, science sublime des âmes simples, faut-il donc tant de peines et d'appareil pour te connaître[1]? »

L'idée de nature apparait donc ainsi, chez Rousseau, sous un double aspect : elle veut dire, d'une part, simplicité de vie, égalité sociale, absence de besoins, liberté et bonheur; mais elle veut dire aussi, d'autre part, vertu et obéissance à l'inspiration infaillible de la conscience. Une sorte de solidarité apparaît à chaque instant entre la religion et la nature; tout ce qui nous éloigne de l'état de nature risque de nous pousser vers l'immoralité et l'athéisme. Qu'est-ce à dire, sinon que l'idée de nature ne s'explique pas pleinement chez lui en dehors de l'idée religieuse? que la nature, c'est pour lui, sous forme d'instincts primitifs, l'expression de la volonté même de Dieu et de ses intentions sur nous? qu'il ne faut donc pas voir de simples formules oratoires dans ses invocations à « l'Auteur des choses », mais le fond même de sa pensée? Plus nous accumulons des connaissances, moins nous sommes capables de nous connaître nous-mêmes : car, nous ne retrouvons plus alors en notre âme cet être « agissant toujours par des principes certains et invariables, cette céleste et majestueuse simplicité dont son Auteur l'avait empreinte. » Le but qu'il se proposait en ses premiers ouvrages, c'était, en moraliste autant qu'en théoricien politique, « de séparer dans l'actuelle constitution des choses, *ce qu'a fait la volonté divine* d'avec ce que l'art humain a prétendu faire ». C'est donc parce que Rousseau postule une finalité accomplie, une parfaite adaptation originelle, parce qu'il admet déjà toutes les thèses de la

1. *Réponse au roi de Pologne.*

Profession de foi du Vicaire savoyard, qu'il peut écrire les deux premiers *Discours*; son apologie de l'état de nature ne s'explique pas sans sa philosophie religieuse; sa vue optimiste de la situation humaine primitive ne peut se séparer de sa foi en l'action bienfaisante et providentielle de l'Etre suprême; sa religion naturelle, qui est celle, au fond, de Mme de Warens, un christianisme moins le péché originel, est ainsi à la source de ses paradoxes anti-sociaux comme de son moralisme.

Et par là se mesure la profondeur de l'équivoque qui, après l'avoir rapproché un moment de Diderot et des Encyclopédistes, allait l'en séparer violemment et à jamais. Comme lui, ceux-ci parlent volontiers de la nature, et en appellent à elle pour critiquer l'état présent de la société : mais la nature n'est, pour les uns, qu'un jeu d'atomes ou de forces mécaniques, pour Diderot, que force aveugle et fécondité sans loi : pour Rousseau, elle est un ordre providentiel. D'où il suit que lorsque Diderot et les Encyclopédistes parlent de revenir à la nature, c'est pour en libérer les énergies spontanées, que contraignent encore d'absurdes préjugés ou de funestes superstitions; c'est pour en légitimer toutes les tendances propres, en approuver toutes les productions au cours des siècles, et exalter le génie de l'homme, qui a réalisé tous les progrès matériels, créé l'ordre social, les arts, le confort, la civilisation, par la seule puissance de sa raison scientifique et critique. Contre tout cela, au contraire, Rousseau proteste : c'est une complète transmutation de valeurs qu'il veut accomplir; c'est, en face des valeurs avant tout matérielles et humaines, les valeurs morales et religieuses qu'il prétend restaurer.

*
* *

Si telle est l'importance de sa philosophie religieuse dans la doctrine de Rousseau, quels en sont maintenant les moments principaux?

Ce qu'elle présente de plus essentiel peut-être, c'est la manière même dont elle pose la question et pensa la résoudre. Rousseau conçoit la philosophie, nous le savons, comme la recherche des croyances qui peuvent nous aider à vivre. Par deux fois, aux Charmettes d'abord, puis, semble-t-il, à Paris, lorsque ses relations avec les Encyclopédistes ont introduit certains doutes dans son esprit, il paraît s'être appliqué systématiquement à reviser ses opinions et à ordonner ses idées morales et religieuses; et lui-même a comparé son entreprise à celle de Descartes. Mais, bien vite, il désespère d'aboutir par là à des vérités évidentes, démontrables, que nul ne puisse contester; d'autre part, le doute lui apparaît comme un état pénible, violent, dont, d'une manière ou d'une autre, il faut sortir. Aussi, aux objections critiques de ses anciens amis les philosophes il ne prétend pas répondre victorieusement : il croit seulement que « d'autres objections non moins fortes dans le système opposé » viennent leur faire équilibre et en quelque sorte les annuler. « Quant à moi, je vous avouerai naïvement que ni le pour ni le contre ne me paraissent démontré sur ce point par les seules lumières de la raison, et que, si le théiste ne fonde son sentiment que sur des probabilités, l'athée, moins précis encore, ne me paraît fonder le sien que sur des possibilités contraires[1]. » Il s'agira donc de peser des probabilités, plutôt que de tenter des démonstrations abstraites : « Alors, est-il dit au début de la *Profession de foi*, repassant dans mon esprit les diverses opinions qui m'avaient tour à tour entraîné depuis ma naissance; je vis que, bien qu'aucune d'elles ne fût assez évidente pour produire immédiatement la conviction, elles avaient divers degrés de vraisemblance, et que l'assentiment intérieur s'y prêtait ou s'y refusait à différentes mesures. » L'intelligence spéculative et scientifique, éprise de preuves et de démonstrations, échoue ici, et son impuissance à guider l'homme éclate donc : « Les idées générales et abstraites sont la source des plus grandes erreurs des hommes : jamais le jargon de la métaphysique n'a fait découvrir une seule vérité ». — Il y a ainsi chez Rousseau un anti-intellectualisme très décidé, une révolte contre ce qui n'est que raisonnement pur et froide logique; il sent et proclame avec une netteté parfaite ce qui le sépare des Encyclopédistes : c'est qu'il n'a pas cet enthousiasme si marqué pour « les merveilles de l'entendement »[2], qui « leur fait compter pour rien » d'autres facultés plus sublimes.

Ces facultés, ce sont la raison et la conscience, qu'il oppose à l'entendement et présente presque toujours comme solidaires, sans d'ailleurs suffisamment en préciser les rapports. La raison semble être le plus souvent pour lui la faculté d'apprécier les vraisemblances, d'en juger la convergence ou le désaccord. Mais, la démonstration proprement dite étant impossible, le dernier mot reste à la

1. *Lettre à Voltaire sur le désastre de Lisbonne* (18 août 1756).
2. *Rép. à M. Bordes.*

conscience, à « l'assentiment intérieur » : ses principes fondamentaux, déclare-t-il, ont été « adoptés par sa raison, confirmés par son cœur, et tous portent le sceau de l'*assentiment intérieur*, dans le silence des passions[1] » : le mot revient avec persistance à travers toute l'œuvre de Rousseau. Qu'est-ce, aussi bien, que cet assentiment intérieur, sinon ce qu'il appelle parfois encore « l'instinct moral[2] », et ailleurs « la lumière naturelle », fondement de sa croyance en la bonté originelle de l'homme? Les passions, nées de l'amour-propre, sont anti-naturelles et artificielles; elles résultent de la réflexion sur nos intérêts, ou de notre attachement factice aux biens matériels et extérieurs, richesse, luxe, distinctions sociales; Rousseau leur oppose constamment l'amour de soi. L'amour de soi, lui, est naturel et bon, il inspire les premiers mouvements de la nature, qui sont toujours droits. C'est que l'homme est double, et qu'il y a en lui à la fois l'être raisonnable et l'être sensitif, dont les biens ne sont pas du même genre : l'amour de soi, pour l'être raisonnable, c'est l'amour de l'ordre, qui « développé et devenu actif, *porte le nom de conscience* ». L'amour de l'ordre, en tant qu'il va à produire l'ordre, c'est la bonté; en tant qu'il va à le conserver, c'est la justice[3]. Ainsi, la conscience est pour lui l'évidence intime, l'élan du cœur qui, en dehors de toute passion ou de tout intérêt d'égoïsme inférieur, se porte à son bien propre, l'ordre moral, et adhère aux croyances morales. Et cette confiance dans la révélation, intuitivement sentie, en présence des vraisemblances rationnelles, « est à l'âme de ce que l'instinct est au corps : qui la suit obéit à la nature ». — Aussi bien, cette obscure faculté qu'on appelle instinct mériterait elle-même, selon Rousseau, d'être réhabilitée contre les injustes dédains ou les négations arbitraires de la philosophie moderne « qui n'admet que ce qu'elle explique » : l'instinct aussi semble « guider les animaux sans aucune connaissance acquise ». — Après cela, cet appel à « l'assentiment intérieur » est parfaitement conscient et réfléchi chez Rousseau; il s'en fait, comme une sorte de méthode : « En suivant toujours ma méthode, je ne tire point ces règles des principes d'une haute philosophie, mais je les trouve au fond de mon cœur écrites par la nature en caractères ineffaçables[4]. »

1. *Rêveries d'un Promeneur solitaire*, 3e Promenade.
2. 4e Promenade.
3. *Profession de foi*, *Émile*, liv. IV.
4. *Émile*, liv. IV.

Mais Rousseau, plus ou moins explicitement et consciemment, semble aller plus loin encore. Parmi ces vraisemblances, qui se proposent au jugement de la raison et à l'acceptation de la conscience, il faudra sans doute compter l'accord plus ou moins complet de chaque thèse avec les intérêts moraux de l'homme et de la société, la mesure dans laquelle chacune répond aux exigences de la vie privée ou publique. Or, puisqu'il ne s'agit pas, en de telles matières, de démonstrations s'imposant avec une nécessité logique, mais seulement d'une appréciation où le sentiment a sa part et où intervient tout le côté pratique et actif de l'âme humaine, Rousseau en devait venir à présenter souvent le choix entre les idées comme une décision à prendre, qui reste en quelque mesure libre, et à l'exprimer souvent en termes de volonté. Non qu'il dépende de lui de croire ce qu'il veut : rien de plus spontané, il le déclare, que ses sentiments et ses intuitions intimes; pas plus qu'il ne dépend de lui d'empêcher, que, de l'immortalité de l'âme, par exemple, la raison puisse douter : mais, entre les affirmations de la conscience et les doutes de l'entendement, il dépend de lui de prendre un parti. Ce n'est qu'en le voulant qu'on sort du doute : « Fixons une bonne fois mes opinions, mes principes, et soyons pour le reste de ma vie ce que j'aurai trouvé devoir être après y avoir bien pensé. » Et encore : « Après les recherches les plus sincères qui jamais peut-être aient été faites par aucun mortel, je me décidai pour toute ma vie sur tous les sentiments qu'il importait d'avoir. » Aussi, dans ses derniers écrits, déclare-t-il se refuser à tout nouvel examen de ses croyances, à toute discussion nouvelle, même avec lui-même : « J'ai senti que remettre en discussion les mêmes points sur lesquels je m'étais ci-devant décidé, était me supposer de nouvelles lumières, ou le jugement plus ferme, ou plus de zèle pour la vérité que je n'avais lors de mes recherches... Tombé dans la langueur et l'appesantissement d'esprit, j'ai oublié jusqu'aux raisonnements sur lesquels je fondais ma croyance et mes maximes; mais... je m'y tiens désormais... Je me refuse ainsi à toutes nouvelles idées comme à des erreurs funestes, qui n'ont qu'une fausse apparence, et ne sont bonnes qu'à troubler mon repos[1] ». — Et ainsi Rousseau apparaît comme un des initiateurs des théories sentimentalistes et volontaristes de la croyance, et comme très près, par

1. *Rêveries*, 3e promenade.

moments, de la manière de philosopher de nos modernes pragmatistes.

*
* *

A quelles conclusions une telle méthode va-t-elle mener Rousseau? Si connues qu'elles soient, il n'est peut-être pas inutile de les rappeler brièvement, et comment il y parvient.

Le voilà décidé à borner ses recherches à ce qui l'intéresse immédiatement, à se reposer dans une profonde ignorance sur tout le reste, « sans se tourmenter à éclaircir ses autres opinions quand elles ne mènent à rien d'utile pour la pratique[1]. » Son point de départ, c'est sa propre existence, et qu'il a des sensations. Celles-ci s'imposent à lui malgré lui, donc elles ont une cause autre que lui; et quelle est la nature de cette cause, il n'importe; le débat entre matérialistes et idéalistes est vain : « quand les objets de mes sensations ne seraient que des idées, toujours est-il vrai que ces idées ne sont pas moi; et me voici déjà tout aussi sûr de l'existence de l'univers que de la mienne. »

Mais le sentiment lui fournit aussitôt une autre évidence, d'importance capitale : c'est qu'il y a en lui une faculté de comparer, et qu'il est donc doué d'une force active : « Apercevoir, c'est sentir; comparer, c'est juger : juger et sentir ne sont pas la même chose... Qu'on donne tel ou tel nom à cette force de mon esprit qui rapproche et compare mes sensations, qu'on l'appelle attention, méditation, réflexion, ou comme on voudra : toujours est-il vrai qu'elle est en moi et non dans les choses. Sans être maître de sentir ou de ne pas sentir, je le suis d'examiner plus ou moins ce que je sens. Je ne suis donc pas simplement un être sensitif et passif, mais un être actif et intelligent, et, quoi qu'en dise la philosophie, j'oserai prétendre à l'honneur de penser. » Mais cette même puissance se retrouve à la source de tous mes mouvements volontaires : « Je le sais parce que je le sens : je veux mouvoir mon bras et je le meus. » Or, c'est sur le type de cette action volontaire, déterminée par une décision libre, que se conçoit seulement toute causalité véritable. On parle des lois de la matière : mais ces lois ne sont pas des êtres ni des substances, elles ne sauraient donc par elles-mêmes servir de principes

1. *Émile*; *Prof. de foi*, liv. IV, t. II, p. 24 de l'édition de 1762.

de mouvement; elles expliquent peut-être comment sont déterminés les effets, mais sans en faire apparaître les causes : car supposer un progrès de causes à l'infini, équivaut à n'en point supposer du tout. « Que Descartes nous dise quelle loi physique a fait tourner les tourbillons, que Newton nous montre la main qui lança les planètes sur la tangente de leurs orbites ». — Ce qui est, sans doute, l'argument classique du premier moteur, mais avec, peut-être, quelque chose de plus, confusément entrevu : quelque chose comme la distinction que fera plus tard si nettement Cournot, entre les données premières que suppose toute explication scientifique, l'élément concret et historique, dont il faut bien partir comme d'une pure position, et les lois qui règlent ensuite le déroulement des phénomènes dérivés. — « Il n'y a point de véritable action sans volonté : voilà mon premier principe. Je crois donc qu'une volonté meut l'univers et anime la nature : voilà mon premier dogme ou mon premier article de foi. »

Mais, qui dit volonté dit action orientée vers une fin. Rien n'est plus vague, selon Rousseau, que l'idée chère à Diderot d'une force aveugle animant du dedans la nature. « Donner à la matière le mouvement par abstraction, c'est dire des mots qui ne signifient rien; et lui donner un mouvement déterminé, c'est supposer une cause qui le détermine », car comment comprendre qu'elle présente d'elle-même tel mouvement plutôt que tout autre? — En d'autres termes, Rousseau conçoit encore la loi comme une impulsion et presque un commandement imprimé ou imposé du dehors à la matière pour lui faire prendre une certaine direction : un univers soumis à des lois, c'est un univers où éclate partout de la finalité, et les merveilles de la nature lui apparaissent comme une évidence supérieure à toute discussion. Qu'on consacre un livre à les prouver par le menu, c'est pour lui comme un scandale, tant c'est une tâche inutile; et une maladresse en outre : car, « sitôt qu'on veut entrer dans les détails, la plus grande merveille échappe, qui est l'harmonie et l'accord du tout. » D'où son second article de foi : « Si la matière mue me montre une volonté, la matière mue selon de certaines lois me montre une intelligence. » Dieu s'aperçoit partout dans ses œuvres.

Il faut maintenant revenir à l'homme, et au sentiment premier dont nous sommes partis, celui de sa faculté de comparer et de juger, c'est-à-dire de sa liberté. C'est la liberté, on le sait, qui, plus encore que l'intelligence, fait pour Rousseau la distinction spécifique de l'homme parmi les animaux [1]; mais, ce qu'on signale moins souvent, Rousseau fait résider surtout cette liberté dans la puissance de juger, « de donner un sens au mot : *est* ». De là résulte d'ailleurs la possibilité de l'erreur, qui découle de notre faculté d'acquiescer ou de résister. Et par là surtout se découvre la spiritualité de l'intelligence, car « dans le sentiment de cette puissance on ne trouve que des actes spirituels, dont on n'explique rien par les lois de la mécanique [2] ». Ainsi, la liberté et la spiritualité de l'âme sont deux idées qui ne se séparent pas, ni l'une ni l'autre, de la faculté de penser : « Une machine ne pense point; il n'y a ni mouvement ni figure qui produise la réflexion... On a beau me disputer cela : je le sens ». Il y a plus : les matérialistes croient établir leurs négations en ne reconnaissant plus dans l'homme que des sensations, et dans la nature, que des êtres sensitifs; il leur semble par là rapprocher les êtres pensants de ce qui ne pense pas : or, ne s'abusent-ils pas? La matière est toujours divisible, tandis que la pensée suppose une force active et unifiante : mais n'en est-il pas de même du sentiment? « Je ne sais comment l'entendent nos matérialistes : mais il me semble que les mêmes difficultés qui leur ont fait rejeter la pensée, leur devraient faire aussi rejeter le sentiment... Les parties sensibles sont étendues, mais l'être sensitif est indivisible et un; il ne se partage pas, il est tout entier ou nul : l'être sensitif n'est donc pas un corps [3]. » Et, avec l'activité spirituelle et libre, nous atteignons le principe premier au delà duquel il est absurde de vouloir remonter : « Quand on me demande quelle est la cause qui détermine ma volonté, je demande à mon tour quelle est la cause qui détermine mon jugement : car il est clair que ces deux causes n'en sont qu'une; et, si l'on comprend bien que l'homme est actif dans ses jugements, que son entendement n'est que le pouvoir de comparer et de juger, on verra que sa liberté n'est qu'un pouvoir semblable, ou dérivé de celui-là... La cause déterminante est en lui-même : passé cela je n'entends plus rien... Ou il n'y a pas de première impulsion, ou toute première impulsion n'a nulle cause antérieure, et il n'y a pas de véritable volonté sans liberté. L'homme est donc libre dans ses actions, et comme tel animé d'une substance immatérielle : c'est mon

1. Cf. *Discours sur l'Inégalité.*
2. *Ibid.*
3. *Prof. de foi*, p. 49 note.

troisième article de foi. » — L'argumentation est toute semblable, et à peine plus précise, chez un Renouvier par exemple.

Si l'homme est libre, il est capable de vice en même temps que de vertu, il peut se tromper, il peut pécher. De là les désordres qu'il introduit dans le monde, et toutes les aberrations de l'organisation sociale, par lesquelles le sain amour de soi primitif se transforme en amour-propre, ou attachement à tous les biens extérieurs et artificiels que l'homme considère comme lui appartenant individuellement, source par suite de l'inégalité, du luxe, de l'injustice et de la haine C'est de là que naissent, au fond, les seuls maux véritables de l'homme, dont il est donc responsable, et auxquels il n'est exposé que parce qu'il a la dignité de l'être pensant et moral : en comparaison, les causes de souffrance extérieures à lui sont peu de chose. La conception que Rousseau se fait de la nature et de ses harmonies est trop profondément finaliste pour ne pas aboutir à l'optimisme métaphysique; c'est par toutes les fausses délicatesses de la vie sociale que l'homme lui-même affaiblit sa vigueur native et se rend chétif et malade; en se créant des besoins factices, il s'expose à la misère; par une vaine prévoyance et l'abus de la réflexion, il se rend la mort redoutable; et si Voltaire peut s'indigner du désastre de Lisbonne, c'est à la condition d'oublier que « la nature n'avait point rassemblé là vingt mille maisons de six à sept étages [1] ». — « Ôtez nos funestes progrès, ôtez nos erreurs et nos vices, ôtez l'ouvrage de l'homme, et tout est bien. »

Mais, dès lors, l'amour de l'ordre, qui est en nous, ne saurait en fin de compte être trompé. Il autorise et exige donc la croyance au bonheur final de l'homme vertueux : « Plus je rentre en moi, plus je me consulte, et plus je lis ces mots écrits dans mon âme : sois juste, et tu seras heureux. » « Le désordre moral, qui dépose contre la Providence aux yeux des philosophes, ne fait que la démontrer aux miens » : car, si l'âme est immatérielle, elle peut survivre au corps; et si elle lui survit, la Providence est justifiée. « N'imaginant pas comment elle peut mourir, je présume qu'elle ne meurt pas. Puisque cette présomption me console et n'a rien de déraisonnable, pourquoi craindrais-je de m'y livrer? Quand je n'aurais d'autre preuve de l'immatérialité de l'âme et de son immortalité que le triomphe du méchant et l'oppression du juste en ce monde, cela

1. *Lettre à Voltaire*, du 18 août 1756.

seul m'empêcherait d'en douter. » Puisque l'entendement ne peut pas établir qu'il n'y ait là qu'illusion, c'est comme à son bien le plus cher que Rousseau va pouvoir s'attacher à cette croyance; c'est une affirmation décidée, raisonnée et volontaire; le genre d'adhésion qu'il lui accorde ne saurait faire de doute, et les éloquentes paroles qui terminent sa lettre à Voltaire ne laissent subsister aucune équivoque : « Non, j'ai trop souffert en cette vie pour n'en pas attendre une autre. Toutes les subtilités de la métaphysique ne me feront pas douter un moment de l'immortalité de l'âme et d'une Providence bienfaisante. Je la sens, je la crois, je la veux, je l'espère, je la défendrai jusqu'à mon dernier soupir; et ce sera, de toutes les disputes que j'aurai soutenues, la seule où mon intérêt ne sera pas oublié. » — C'est bien là déjà, dans toute sa précision, la manière de philosopher de Kant et de Renouvier, avec ses deux moments essentiels : 1° les postulats moraux ne sont pas déraisonnables, ils restent rationnellement possibles; 2° la conscience les exige, donc il faut y croire.

Ainsi, la conscience morale, en dernière analyse, assure la foi religieuse. Rousseau n'admet pas un seul instant que la morale puisse s'établir et subsister en dehors de la religion. Sans un Dieu témoin et juge de nos actes, la vertu devient inintelligible et absurde : or, ce serait « une trop abominable philosophie que celle où l'on serait embarrassé des actions vertueuses, où l'on serait forcé d'avilir Socrate et de calomnier Régulus. » « Les mœurs d'un gueux et la morale d'un athée » sont inséparables; et il reste d'accord avec ses théories lorsque ses rancunes ou ses soupçons le poussent à attribuer à ses ennemis les philosophes une doctrine secrète, fille légitime de leur athéisme, celle qu'ils pratiquent contre lui, et qui n'est que débordements, abandon à toutes les passions, haine, injustice et perversité. — Rousseau, d'ailleurs, ne s'explique jamais bien clairement sur les raisons qui lui font poser comme nécessaire cette solidarité entre la moralité et la religion, entre le vice et l'athéisme. On ne saurait la réduire pourtant, malgré certaines phrases équivoques, à l'idée grossière que la peur du châtiment ou le calcul d'une récompense soient les seuls motifs de l'action vertueuse. Mais l'amour de l'ordre, qui n'est que la forme la plus haute de l'amour de soi, suppose à ses yeux la confiance que cet ordre peut être réalisé, et doit l'être, et le sera. Ajoutez que seule l'idée de Dieu fonde la croyance en un ordre absolu, un ordre total de l'Univers, c'est-à-dire tel que tout s'y organise autour d'un centre, et que les parties se subordonnent et se sacrifient à l'ensemble : au lieu que, sans Dieu, l'Univers n'ayant plus de centre, on en peut concevoir l'ordre d'autant de façons que l'on voudra, également légitimes et équivalentes les unes aux autres, et chacun peut dès lors tromper son besoin naturel de l'ordre en ordonnant toutes choses par rapport à soi, et en se faisant centre de tout[1]. — C'est, en somme, « le postulat de l'ordre moral », que réclamera plus tard Renouvier, la nécessaire affirmation des fins et des destinées morales de l'univers.

Là s'arrêtent les articles de foi de la religion naturelle. Ils sont à la portée de tout honnête homme qui consulte son cœur : « Quand tous les philosophes prouveraient que j'a tort, si vous sentez que j'ai raison, je n'en veux pas davantage ». « Grâce au Ciel, nous voilà délivrés de tout cet effrayant appareil de la philosophie : nous pouvons être hommes sans être savants! » — Comment peut-on en vérifier le caractère naturel? En cherchant les croyances raisonnables et communes aux hommes sincères de toutes les religions. Supposons qu'on assemble les représentants des différents cultes, en ayant soin toutefois d'exclure les théologiens; qu'on leur demande ce qu'il est le plus utile aux hommes de croire : « en procédant d'interrogations en interrogations sur la Providence divine, sur l'économie de la vie à venir, et sur toutes les questions essentielles au bon ordre du genre humain, on obtiendra de tous des réponses presque uniformes[2]. » On pourra former ainsi de ce petit nombre d'articles une religion universelle qui sera, pour ainsi dire, la religion humaine et sociale que tout citoyen devra admettre : ce sera la religion de la *Profession de foi du Vicaire savoyard*, ou la religion civile du *Contrat social*.

*
* *

Une telle philosophie religieuse, en somme, découle de deux sources : d'une part, des exigences spontanées de la conscience morale, lumière naturelle qui nous fait distinguer le bien du mal; d'autre part, du spectacle de l'ordre et de la beauté de la nature. De là, les deux aspects de l'optimisme de Rousseau, qui s'établit à la fois en rejetant la responsabilité de tout mal sur la perversité libre de

1. Cf. *Prof. de foi*, p. 83.
2. *Lettre à M. de Beaumont*.

l'homme et sur son œuvre néfaste, la société, et en s'exaltant à la pensée des harmonies naturelles. Nous la trouvons donc, après examen, telle que nous l'avaient fait prévoir son propre témoignage et ce que nous savions de son caractère et de sa vie, comme reflétant sa vision propre des choses, comme l'expression de son expérience totale, ou, selon la formule de W. James, de son tempérament intellectuel. Rien d'étonnant, dès lors, à ce que cette philosophie se traduise et s'incarne en un sentiment religieux qui apparaît chez Rousseau avec une sincérité et une intensité particulières, et toujours plus marquées jusqu'aux écrits de sa dernière période. Ce qui en définit la nuance originale, c'est qu'il ne se sépare jamais de l'admiration de la nature extérieure, du sentiment de sa beauté, de son ordre, de son calme, de son équilibre. « Je comprends, lit-on dans les *Confessions*[1], comment les habitants des villes, qui ne voient que des murs, des rues et des crimes, ont peu de foi; mais je ne puis comprendre comment des campagnards, et surtout des solitaires, peuvent n'en point avoir. Comment leur âme ne s'élève-t-elle pas cent fois le jour avec extase à l'auteur des merveilles qui les frappent? » Dieu, pour lui, se découvre à chaque instant à travers la création : « Où le voyez-vous exister, m'allez-vous dire? — Non seulement dans les cieux qui roulent, dans l'astre qui nous éclaire, non seulement dans moi-même, mais dans la brebis qui paît, dans l'oiseau qui vole, dans la pierre qui tombe, dans la feuille qu'emporte le vent. » De là des effusions, des méditations, des élévations, des contemplations, des recueillements, des harmonies poétiques et religieuses, où le mysticisme romantique se découvre déjà tout entier. « La méditation dans la retraite, l'étude de la nature, la contemplation de l'univers, forcent un solitaire à s'élever incessamment vers l'Auteur des choses... »

Or, autant les idées de la *Profession de foi*, fondées sur les exigences de la conscience, supposent la personnalité de Dieu, autant cette intuition du divin immanent aux choses doit rester indéterminée, vague et de tendance panthéistique : « Bientôt, de la surface de la terre j'élevais mes idées à tous les êtres de la nature, au système universel des choses, à l'être incompréhensible qui embrasse tout. Alors, l'esprit perdu dans cette immensité, je ne pensais pas, je ne raisonnais pas, je ne philosophais pas : je me sentais, avec une

1. Liv. XII.

sorte de volupté, accablé du poids de cet univers, je me livrais avec ravissement à la confusion de ces grandes idées... » et, « dans l'agitation de ses transports, » il s'écriait parfois : « O grand Être! ô grand Être! » Sans pouvoir dire, ni penser rien de plus [1]. C'est dans cette fusion avec la création, dans cette identification mystique avec son auteur, que Rousseau goûte seulement le bonheur : « Je sens des extases, des ravissements inexprimables à me fondre, pour ainsi dire, dans le système des êtres, à m'identifier avec la nature entière. » C'est bien d'ailleurs une extase religieuse, c'est pleinement la joie mystique : « De quoi jouit-on dans une pareille situation? De rien d'extérieur à soi, de rien, sinon de soi-même et de sa propre existence; tant que cela dure, on se suffit à soi-même, comme Dieu [2] ».

Mais, justement parce que dans ces extases toute pensée distincte s'évanouit, on peut à la réflexion, et sans trop de peine, parvenir à les juger concordantes avec les croyances plus distinctes qu'on s'est, par ailleurs, définies. Des psychologues contemporains nous ont montré, chez tous les grands mystiques chrétiens, cette persuasion qu'ils restaient orthodoxes, et cette identification après coup, mais pleinement sincère, du Dieu de l'intuition intime avec le Dieu de la tradition et du dogme. De la même façon, Rousseau ne sent nul désaccord entre ses effusions panthéistiques et naturalistes, et les articles précis de la *Profession de foi du Vicaire savoyard*, de la religion naturelle.

*
* *

Celle-ci, réduite à elle-même, ne comporte pourtant qu'un minimum d'affirmations. Fidèle à son dédain pour la spéculation pure, Rousseau en a exclu toute détermination de dogmes positifs; les théologiens lui paraissent aussi haïssables que les philosophes, au fond de la même famille d'esprits, également préoccupés de faux problèmes, embarrassés dans des abstractions du même genre, infatués d'eux-mêmes, dogmatiques et intolérants; fanatisme et athéisme sont deux sortes d'aberrations qu'il met constamment en parallèle, pour les dénoncer avec la même colère. « Quant aux incrédules intolérants qui voudraient forcer le peuple à ne rien croire, je ne les

1. 3e *Lettre à Malesherbes.*
2. *Rêveries*, 5e Promenade.

bannirais pas moins sévèrement que ceux qui le veulent forcer à croire tout ce qui leur plait : car on voit, au zèle de leurs décisions, à l'amertume de leurs satires, qu'il ne leur manque que d'être les maîtres pour persécuter tout aussi cruellement les croyants qu'ils sont eux-mêmes persécutés par les fanatiques[1]. » Seule la religion naturelle, raisonnable et morale, parce qu'elle se fonde sur la libre acceptation de la vérité et sur la consultation directe de la conscience, exige vraiment la tolérance : « ôtant tout pouvoir humain sur les consciences, elle ne laisse plus de ressource aux arbitres de ce pouvoir[2] »...

Seule aussi elle peut sauver le sentiment religieux. Les théologiens aboutissent à ruiner la religion sous prétexte de la défendre : « Les mystères entassés ne coûtent plus rien à personne : les termes en sont tout aussi faciles à prononcer que d'autres. Une des commodités du christianisme moderne est de s'être fait un certain jargon de mots sans idées, avec lesquels on satisfait à tout, hors à la raison[3] ». De là les hardiesses de la seconde partie de la *Profession de foi* ou des *Lettres de la Montagne* : sa philosophie religieuse est fondée sur le jugement de la conscience, donc sur une foi toute spontanée et personnelle s'il en fut : « Que d'hommes entre Dieu et moi ! » — « Ils ont beau me crier : soumets ta raison. Il me faut des raisons pour soumettre ma raison. » — Ce sont d'ailleurs des arguments du même ordre que ceux de Voltaire, des arguments de bon sens et de claire logique, qu'il fait valoir contre l'idée de miracle ou contre la conception commune de la prière : mais l'accent est, même sur ces points, tout différent; c'est ici une indignation généreuse, une flamme de prosélytisme moral, aussi capable d'ébranler les cœurs que l'ironie voltairienne pouvait l'être de troubler les esprits. Et c'est un appel constant à l'esprit de l'Évangile, auquel il prétend s'en tenir; de l'Évangile qui, « sans art et sans appareil dogmatique », s'est étendu par tout l'univers; de l'Évangile, véritable source de toute notre morale, qui « était chrétienne avant d'être philosophique »; de l'Évangile enfin qui, en morale, se révèle « toujours sûr, toujours vrai, toujours unique et toujours semblable à lui-même[4] ».

Lorsqu'il polémique ainsi contre les théologiens, catholiques ou

1. *Lettre à Voltaire*, *loc. cit.*
2. *Confessions*, liv. XI.
3. *Lettre à M. de Beaumont.*
4. *Lettres de la Montagne*, lettre III.

protestants, Rousseau exprime les idées religieuses qui lui appartiennent, en quelque sorte, comme particulier. Mais sa pensée présente d'ailleurs un autre aspect. La religion a une fonction sociale, en même temps que personnelle. Justement parce qu'il ne conçoit pas de morale sans religion, ni d'intérêts plus hauts et plus pressants que ceux de la moralité, Rousseau ne considère pas comme possibles des relations stables et sûres entre citoyens sans une acceptation commune des principes de la religion naturelle : de là le fameux chapitre du *Contrat social*. Aussi bien, il ne perd jamais de vue les républiques antiques et les petites républiques suisses, et pas plus dans la cité du *Contrat social* qu'à Lacédémone, à Rome ou à Genève, il ne conçoit que l'État puisse se désintéresser des croyances. La religion est donc chose trop essentielle, la cité ne pouvant subsister sans elle, pour que l'on puisse se fier à la loyauté d'un athée : on l'exilera donc de la cité. Rousseau va plus loin encore : sans doute, aussi ardemment que Voltaire, il a été l'apôtre de la tolérance au XVIIIe siècle; il pense qu'on « ne saurait attaquer trop fortement la superstition qui trouble la société, ni trop respecter la religion, qui la soutient[1] ». Mais, d'autre part, il admet qu'on complète la religion naturelle; l'obscurité qu'elle laisse délibérément dans les grandes vérités qu'elle nous enseigne, il veut bien qu'on la corrige par des dogmes révélés[2]; et par exemple, il concède quelque part que le pur christianisme évangélique peut apparaître insuffisant, voire dangereux à des hommes politiques, car « il inspire l'humanité plutôt que le patriotisme[3] ». C'est donc au Souverain de régler la religion de l'État; « la forme du culte est la police des religions et non leur essence, et c'est au Souverain qu'il appartient de régler la police dans son pays ». Sans doute, sur ce point, sa pensée peut paraître parfois assez arbitraire; mais, en somme, la tolérance qu'il réclame n'est qu'en faveur des cultes existants, et il accorde qu'embrasser une religion nouvelle est « punissable » : « On ne doit ni laisser établir une diversité de cultes, ni proscrire ceux qui sont une fois établis... Je conviens sans détour qu'à sa naissance la religion réformée n'avait pas droit de s'établir en France malgré les lois[4] ». — Ici encore, la doctrine de Rousseau n'a pas

1. *Lettre à Voltaire*, *loc. cit.*
2. Cf. *Émile*, p. 105.
3. *Lettres de la Montagne*, p. 178.
4. *Lettre à M. de Beaumont*.

varié, de ses précédents écrits au *Contrat social*, et ce n'est pas dans le *Contrat* qu'elle nous paraît le plus paradoxale et le plus outrée.

Pourtant, si elle n'a pas varié dans ses thèses fondamentales, la philosophie religieuse de Rousseau semble bien ici aboutir à une contradiction. D'une part, fondant la religion sur l'intuition de la conscience morale, sur la lumière naturelle, ne paraissait-elle pas en faire quelque chose de tout intime et d'absolument personnel? Mais, d'autre part, comme il y reconnaît une condition nécessaire du bon ordre social, il la fait rentrer dans les conditions communes de l'organisation publique, il la soumet aux conséquences du contrat, par lequel chacun, ayant renoncé à la totalité de ses droits naturels pour devenir membre du souverain, ne possède plus de libertés légitimes que celles que le souverain lui confère. Mais ces conséquences, jusqu'à un certain point opposées, découlent d'une idée commune : celle de l'importance primordiale de la religion, aussi bien pour la vie collective que pour la vie individuelle, celle de l'impossibilité de fixer les rapports entre les hommes autrement que par des règles de moralité et de justice, dont les croyances religieuses sont la garantie naturelle.

*
* *

Par là se vérifie, une fois encore, la place tout à fait centrale qu'occupe l'idée religieuse dans l'ensemble de la pensée de Rousseau. Sans elle, nous a-t-il semblé, ni son optimisme, ni son exaltation de la nature ne peuvent être compris pleinement : la nature n'est pas seulement pour lui l'état primitif de l'homme, c'est son état providentiel; elle comporte cette exacte adaptation de l'être à son milieu, ce parfait équilibre entre les besoins et les moyens de les satisfaire, qui constitue la puissance, la liberté et le bonheur. La civilisation est néfaste, parce qu'elle a troublé l'harmonie naturelle des choses, qu'elle y a introduit un élément de désordre; et déjà par son origine seule, représentant l'intervention humaine dans le chef-d'œuvre divin, elle a quelque chose de sacrilège : elle est l'équivalent de la notion de la première désobéissance et du péché dans le récit biblique.

Mais, peut-être, dans ses idées religieuses pourrait-on trouver encore un moyen d'éclaircir l'autre aspect de la pensée de Rousseau, son œuvre positive et réformatrice, celle qui aboutit au *Contrat social*.

On sait assez qu'il n'a cru possible, à aucun moment, et pas même au temps de son premier *Discours*[1], de revenir à l'état de nature, et qu'il ne prétend nullement ramener les hommes à la vie sauvage : qu'il regrette ou non la simplicité primitive, il se doute bien que nous ne sommes plus capables de nous en contenter désormais. Le problème qui se pose à lui est, dès lors, d'instituer, à force d'art et de raison, un état tel qu'il assure à l'homme individuel, par l'éducation, à l'homme social, par un contrat juste, l'équivalent au sein de la société même, des libertés et du bonheur naturels. Cet état est difficile à déterminer, encore plus difficile à réaliser : il sera le rare et délicat chef-d'œuvre d'un législateur de génie et de haute vertu. Mais qu'est-ce qui permet à Rousseau d'augurer malgré tout qu'il puisse et doive être réalisé jamais? Peut-être est-ce, ici encore, son finalisme essentiel, inséparable de sa foi religieuse. Rousseau est porté à croire qu'un nouveau système d'équilibre entre les besoins des hommes et leur satisfaction, entre leurs droits à tous en conflit, peut exister, doit être cherché et doit être trouvé, parce que, pour lui, l'idée de loi équivaut à l'idée d'ordre et d'harmonie assurés par une pensée créatrice et bonne; et que la diversité confuse des passions et des intérêts humains doivent admettre une loi, c'est-à-dire pouvoir se composer, se concilier, s'harmoniser. Ils constituent comme les données d'un problème posé à la raison et à la libre conscience humaine par la Providence, et qui comporte donc une solution. L'homme est né avec des facultés, qui doivent pouvoir s'exercer puisqu'elles ont été formées pour cela; et il a des droits, qui doivent être respectés, pour que l'ordre moral, et normal, où il est destiné à trouver le bonheur, puisse s'établir. Il est vrai qu'on pourrait admettre que cette harmonie ne soit désormais réalisable qu'après la mort, dans une autre vie : mais il n'est pas déraisonnable pourtant de l'espérer ou d'en tenter la réalisation approximative dès ici-bas; en tout cas, d'en concevoir et d'en affirmer l'idée, puisqu'en fin de compte, tôt ou tard, ici ou ailleurs, il faut que l'ordre soit, et que le règne de la justice, « le règne des fins », le règne de Dieu, arrive. C'est là seulement ce qui permet de spéculer sur un état de

1. Cf. déjà dans la *Réponse au roi de Pologne* : « C'est avec douleur que je vais prononcer une grande et fatale vérité :.. On n'a jamais vu de peuple une fois corrompu revenir à la vertu... les cœurs une fois gâtés le seront toujours... Laissons donc les sciences et les arts adoucir en quelque sorte la férocité des hommes qu'ils ont corrompus... Cherchons à faire une diversion sage, et tâchons de donner le change à ses passions... »

nature, qui n'a peut-être jamais existé intégralement en fait, comme sur un état de droit, qui dans sa perfection n'existera peut-être jamais en fait.

*
* *

Il serait trop long, et d'ailleurs inutile, de suivre l'influence de la pensée religieuse de Rousseau, tant elle apparaît manifeste. Sans doute, si on le réduit à ses affirmations positives, le credo du *Vicaire savoyard* sera jugé assez court et banal, et on peut ne vouloir y reconnaître qu'un christianisme appauvri, desséché, dépouillé de ses dogmes, de ses mystères, de sa puissance d'intériorité mystique, comme de la poésie de ses légendes et de ses rites ou de la force de ses traditions; un christianisme où manque le mystère profond du péché originel; en somme, quelque chose d'assez voisin du déisme étriqué de Voltaire, et qui deviendra bien vite l'abstraite et froide théodicée des éclectiques, voire le « Dieu des bonnes gens » d'un Béranger. — Mais, peut-être, n'y voir que cela, n'est-ce qu'en considérer les articles ou les formules finales, et en méconnaître l'accent, la flamme de sincérité, l'ardeur d'éloquence, l'inspiration morale, tout ce qui en a fait la force persuasive. Aussi bien, et malgré la similitude de certaines formules, l'esprit est tout différent, de la religion naturelle de Rousseau au déisme voltairien : c'est véritablement, chez celui-ci, un souci de bonne police et de sécurité sociale qui domine; si le patriarche de Ferney tient à la croyance en Dieu, c'est qu'il pense que « sa femme en sera plus fidèle et son valet moins fripon ». Il y a autre chose chez l'auteur des *Lettres de la montagne* et des *Rêveries*; il ne s'agit plus, chez lui, de récompenses et de châtiments au sens vulgaire du mot, de calcul et de peur : il s'agit, pour l'homme de bien, du besoin de ne pas se sentir dupe, d'avoir le droit de se fier à cet ordre et à cette justice que sa conscience conçoit, et de pouvoir s'attribuer sans absurdité une destinée digne de sa liberté, et pleinement humaine. Et c'est par cette inspiration désintéressée et cet accent direct que Rousseau a fait passer quelque chose de sa foi morale dans les générations qui l'ont suivi; c'est par là qu'il a contribué à communiquer sa nuance propre à la religiosité romantique, si indifférente aux dogmes, au finalisme d'un Bernardin de Saint-Pierre comme au sentimentalisme esthétique d'un Chateaubriand, aux effusions panthéistiques de Lamartine comme aux velléités de croyances secourables et au besoin d'espérance de Musset, ou au Dieu justicier, au Dieu de la conscience, d'un Victor Hugo.

Mais pourrait-on oublier que ce n'est pas dans la littérature seule qu'on retrouve l'action manifeste de la pensée religieuse de Rousseau? Que c'est encore chez les philosophes, et chez les plus grands? Son originalité, d'ailleurs, consiste moins dans les résultats auxquels il aboutit, que dans la méthode par laquelle il les obtient : son influence à cet égard sur la doctrine de Kant le prouve assez. Rien n'est plus voisin des divers articles de la *Profession de foi* que les *postulats de la Raison pure pratique*, et non seulement on n'aurait pas de peine à montrer qu'ils se correspondent un à un chez les deux penseurs, mais en outre, et surtout, qu'ils ont en commun leur caractère même de postulats. Et pour la première fois, peut-être, avec Rousseau, l'affirmation religieuse semble franchement suspendue à l'affirmation morale; avec lui encore on commence à avouer nettement, sans les abandonner pour cela, que les règles pratiques et les notions qui les étayent ne s'appuient pas sur des démonstrations proprement dites, rationnelles et apodictiques, mais sur des vraisemblances d'un genre spécial et des croyances. Par là la place de Jean-Jacques Rousseau est toute marquée, et centrale, dans la lignée des philosophes qu'on a appelés plus tard les philosophes du moralisme, du pari, de la décision volontaire, de la certitude morale, et qui va de Pascal à Renouvier, à William James et au pragmatisme contemporain.

Une telle action ne s'expliquerait peut-être pas suffisamment par des raisons uniquement historiques, et peut-être y a-t-il, outre l'éloquence et l'accent, quelque vertu intrinsèque dans la pensée de Rousseau qui peut servir à en rendre compte. Et c'est d'abord, croyons-nous, un sentiment vif et clair de ce qu'avait d'étroit l'intellectualisme du XVIIIe siècle, de superficiel son sensualisme, de grossièrement extérieur son matérialisme, et de médiocre son utilitarisme politique et moral. — C'est aussi le pressentiment, dont l'exactitude ne devait se découvrir que beaucoup plus tard, dans la seconde moitié du XIXe siècle seulement, que si les idées nouvelles de réforme sociale, de justice politique et de rationalisme démocratique s'étaient trouvées alliées à l'inspiration matérialiste ou purement empirique et positiviste en philosophie générale, c'était là une alliance toute fortuite, ruineuse et équivoque; qu'au fond, de la philosophie du fait brut, négatrice de l'idée et dédaigneuse de la raison pure, pouvait découler aussi bien, et peut-être plus légitimement l'acceptation des réalités sociales telles qu'elles sont à un moment donné, avec leur injustice traditionnelle ou leur irrationalité foncière; au lieu que les principes démocratiques, l'affirmation des droits imprescriptibles des individus ou des peuples, impliquaient logiquement un idéalisme plus hardi, et une affirmation intrépide de la puissance constructive de l'esprit.

Par là enfin se découvre peut-être l'intuition la plus profonde de Rousseau : il a eu, presque seul de son temps, le sentiment net et vivace de la liberté spirituelle, de la primauté de l'esprit; par là il s'est révélé, de loin en loin sans doute, mais fortement, comme un penseur véritable. Sans doute, l'hésitation subsiste souvent chez lui entre l'apologie du sentiment pur, impulsif et aveugle, et la grande idée de la spontanéité de la raison vivante, telle qu'elle fait le fond de tous les grands systèmes idéalistes. Mais il suffit que la religion de Rousseau apparaisse parfois comme une religion de l'esprit pur, de la liberté rationnelle et créatrice : c'est dans la faculté de juger qu'il fait résider, nous l'avons vu, la liberté de l'homme, et dans sa liberté, sa spiritualité. « Selon moi, écrit-il dès les premières pages de la *Profession de foi*, la faculté distinctive de l'être actif ou intelligent est de pouvoir donner un sens à ce mot : *est.* » A l'homme qui a écrit cette phrase on ne peut plus dénier, dans toute sa plénitude, nous semble-t-il, le titre de philosophe.

D. PARODI.

LES

IDÉES POLITIQUES ET SOCIALES

LES IDÉES POLITIQUES DE ROUSSEAU

> J.-J. Rousseau est un ancêtre en tout : il a créé le voyage à pied avant Töpffer, la rêverie avant René, la botanique littéraire avant George Sand, le culte de la nature avant Bernardin de Saint-Pierre, la théorie démocratique avant la révolution de 1789, la discussion politique et la discussion théologique avant Mirabeau et Renan, la pédagogie avant Pestalozzi, la peinture des Alpes avant de Saussure.
>
> Amiel, fragments d'un *Journal intime*, 2e série, 1905, t. I, p. 219.

Il y a un aspect du génie de Rousseau qu'en Angleterre du moins les critiques les plus distingués, y compris l'auteur de sa biographie classique, n'ont que très imparfaitement mis en lumière.

La littérature relative à Rousseau et destinée au lecteur vulgaire ne fournit à ceux qui étudient les théories politiques et sociales rien de satisfaisant au sujet de l'action de Rousseau dans cet ordre d'idées. La raison en est simple : un grand homme, presque nécessairement, prête à une double interprétation, on lui attribue deux influences. D'une part il est au-dessus de son propre temps, et au jugement de ce temps il est un ennemi, un négateur : ce n'est pas à tort qu'on compte son influence parmi les influences destructives. D'autre part, il appartient essentiellement à une époque ultérieure, époque où on lui rend justice; on le considère comme une force productive et positive, et on reconnait enfin dans son influence la continuité des grandes idées du monde. Il suffit de citer Socrate et le Fondateur du Christianisme. Mais je crois qu'il n'y a peut-être jamais eu un grand génie original auquel cette observation ne puisse être appliquée.

A présent les écrivains qui ont parlé de Rousseau d'un point de vue général, tentant de le replacer dans son contexte historique, se sont attachés au premier type d'interprétation, et insistent sur son premier mode d'influence. Carlyle, en vérité, a bien fait en nous prévenant contre les bousilleurs qui ont confondu « the ill-cut serpent of eternity with a common poisonnous reptile[1] ». Mais de même Carlyle[2], et je crains qu'il n'y ait aucun doute là-dessus, a si superficiellement parcouru le *Contrat social* qu'il s'imagine que Rousseau prenait le pacte social pour une convention entre un peuple et un souverain qui gouverne ce peuple; c'est une forme bien connue de la théorie du contrat, adoptée momentanément par Rousseau dans le second *Discours*, mais qu'il se met à réfuter lui-même dans le *Contrat social* avec raison et avec un succès triomphal. On ne trouvera pas chez Carlyle plus de lumière sur les deux fameux *Discours*, qu'on ne peut en retirer d'une phrase comme celle-ci : « Ses méditations à moitié délirantes sur les misères de la vie civilisée, la préférence de la barbarie à la civilisation et ainsi de suite, contribuent puissamment à produire dans toute la France un délire radical[3] ». Il ne rentre pas dans mon sujet d'examiner ce que vaut pareille assertion. Mais il est certain que, quelle qu'ait pu être la première interprétation, et la première influence des deux *Discours* et du *Contrat social*, il y a dans ce *Discours* quelque chose de beaucoup plus humain que la frénésie d'un esprit en guerre avec la société; il y a quelque chose de beaucoup plus profond dans le *Contrat social* qu'une fiction inapplicable, dont le seul but serait de donner aux individus la faculté de défaire l'État selon leur bon plaisir[4]. Il faut bien avouer que les critiques portées contre le *Contrat social* en particulier, — et qu'on a quelquefois présentées comme des critiques sans réplique possible — sont souvent de l'espèce la plus inintelligente et superficielle.

1. *Sartor Resartus*, liv. II, ch. x.
2. *Histoire de la Révolution française*, liv. II, ch. VII.
3. *Le livre des héros*, V.
4. L'idée est indiquée par Carlyle, *Histoire de la Révolution française*, liv. V, ch. 1er, et *Vie de Rousseau*, par Morley, vol. II, ch. III, p. 155.
5. Voir *Biographie de Morley*, vol. II, ch. III. La biographie soutient les idées de Filmer contre Locke et Rousseau.

Il est vrai qu'il y a en Angleterre plus d'un philosophe qui a fait amende honorable à Rousseau. Mais comme, après tout, personne ne lit les ouvrages de ces philosophes, le jugement général n'a pas été modifié, et c'est pourquoi je suis heureux d'avoir eu cette occasion d'essayer, si imparfaitement que ce soit, deux choses. Je vais chercher à redresser une sérieuse injustice commise à l'égard de Rousseau, et je vais aussi essayer de montrer en passant que ceux qui se sont occupés en Angleterre de philosophie politique ne sont pas tout à fait sans perspicacité et sans sympathie. Et pour confirmer le point de vue anglais, je vais me référer avant de conclure à l'importance de Rousseau pour le mouvement kantien[1] et post-kantien en Allemagne, mouvement auquel, naturellement, les chercheurs anglais en question doivent beaucoup.

« La volonté non la force, telle est la base de l'État. » Voilà quel est, suivant moi, le principe fondamental de la philosophie politique moderne, que l'on peut, en un sens, faire remonter jusqu'à Locke, mais qui ne devient profitable pour la pensée constructive qu'après la transformation des formules défectueuses de Locke dans la doctrine de la « Volonté générale » de Rousseau. Et c'est en rapport immédiat avec un examen de la théorie de Rousseau que T. H. Green d'Oxford, le fameux professeur de métaphysique et de philosophie des droits civiques, formula le principe en question en l'an 1879[2], rompant par là avec la doctrine mécanique courante sur le droit et la souveraineté telle qu'elle est enseignée par John Austin et ses successeurs. Et d'autres chercheurs ont suivi son exemple en appelant l'attention sur la valeur des idées de Rousseau.

II. Avant d'aborder les problèmes du *Contrat social*, il serait bon de considérer en manière d'introduction la réelle signification des deux fameux *Discours*. Un petit fait révèle bien l'attitude caractéristique des critiques de Rousseau, même de premier rang : le sujet du premier essai — une question proposée par l'Académie de Dijon — est rarement citée avec précision[3]; on ne fait pas attention

1. Ceci a été mentionné par des écrivains français auxquels je dois beaucoup. MM. Lévy-Brühl et Duproix, que je cite plus bas. Il est très possible qu'il y ait en France une littérature plus étendue à ce sujet que celle dont je peux avoir connaissance.

2. *Leçon sur les principes de l'obligation politique* (1879) publiées dans les *Œuvres complètes* en 1886, et en volume séparé en 1895 (Longmans et Cie). Voir aussi Œuvres, III, 116, 123.

3. Par exemple, Saintsbury, Encycl. Brit., art. : *Rousseau*. La Biographie de

par conséquent au problème auquel il se référait manifestement. Voici le texte : « Si le rétablissement des Sciences et des Arts a contribué à épurer les mœurs ». Le sens est clair : le rétablissement de la culture, c'est-à-dire la renaissance, a-t-elle contribué à l'amélioration des mœurs?

Étant posée au milieu du XVIIIe siècle, une question pareille soulève tout d'abord le problème de la décadence, l'un des problèmes les plus difficiles et les plus intéressants de toute la philosophie de l'histoire. La façon dont Rousseau traite le problème montre qu'il en comprenait pleinement l'importance, et le plan qu'il suivit, était en grande partie juste et raisonnable, quoiqu'il ait étendu son argumentation au delà des faits historiques précis, auxquels elle se rapportait. Certainement il serait difficile à un homme sain d'affirmer que ce progrès qui a conduit la renaissance d'abord à son apogée, puis à sa décadence, ait contribué à la purification des mœurs. Rousseau, sans doute, comme tous ceux qui apportent de tels actes d'accusation contre la civilisation, depuis Platon, nous semble confondre l'usage de la civilisation avec son abus. Mais un homme qui, dans le feu de son éloquence accusatrice, parle de Newton, Descartes et de Bacon comme « d'éducateurs de la race humaine », n'est pas un homme dont la disposition de cœur serait beaucoup à craindre pour la cause de la véritable science.

De telles paroles, des paroles comme nous en trouvons dans Platon, Carlyle et Ruskin doivent être pesées avec soin, comprises et interprétées avec sympathie. Certainement, quiconque est sincèrement ami des Arts se joindra à Rousseau pour dénoncer le sophisme qui rattache l'art au luxe; et lorsqu'il insistait sur ce que le premier besoin social est la simplicité de la vie, au rebours de ce que le public comprend par « art et culture », il disait simplement ce que les plus sincères amateurs d'art viennent de prêcher pendant un demi-siècle.

Traiter la civilisation comme une maladie [1], est tout à fait conforme à l'esprit du XIXe et du XXe siècle; et si l'assertion tend à devenir maintenant un de ces paradoxes qui sont des platitudes, néanmoins nous ne pouvons pas refuser de reconnaître le génie qui

Morley, I, v, reproduit la question, mais, je l'avoue, il me semble qu'il n'en a pas vu le véritable sens.

1. Cf. par exemple, Carpenter. *La civilisation, sa cause et son remède.* Je montrerai ci-après que Rousseau lui-même fait la réserve nécessaire.

le premier a fixé notre attention sur ce qui nous semble évident à un haut degré. Peut-être ne sera-t-il pas sans intérêt, pour quelques lecteurs, que je rappelle en peu de mots, à quelle occasion, pour la première fois, j'ai véritablement subi l'influence de Rousseau telle qu'elle s'est exprimée dans le *Discours sur les sciences et les arts*.

Il existe à Londres comme ailleurs, des sociétés d'Éducation populaire qui chaque dimanche soir organisent des cours à l'adresse des ouvriers. Un soir, il y a une trentaine d'années, sur l'invitation de l'une de ces sociétés, William Wallace, successeur de Green comme Whyte's professor of moral Philosophy à l'Université d'Oxford, vint dans une modeste salle de conférences située dans l'East End de Londres pour faire une leçon sur « Nos droits naturels ». Sans aucune note, dans sa main un petit livre qui contenait les principaux manifestes de la Révolution française, ce grand érudit, ce grand philosophe, surtout connu pour ses expositions de la logique et de la psychologie hégélienne, parla avec enthousiasme pendant une heure à un auditoire fasciné, sur le caractère et les œuvres de Rousseau. Certes je souhaiterais, mes lecteurs, pouvoir reproduire ici au lieu d'autres observations personnelles son discours en entier; mais je veux à tout risque reproduire son appréciation caractéristique du premier *Discours* [1].

« Le premier précepte que Rousseau avait à apprendre à sa génération, était, comme presque tous ses ouvrages, un paradoxe pour son siècle. Toute vérité, à sa première proclamation, est forcément un paradoxe, un scandale pour l'opinion existante; « pour « le savant une pierre d'achoppement et pour le monde une folie [2] ». L'opinion courante des cercles littéraires de son temps, leur opinion depuis le temps où Bacon et Descartes avaient plaidé pour la liberté de pensée, pour le développement des lumières, pour l'accroissement de la science, était que l'extension de notre connaissance des lois de la nature fournit la panacée pour tous les maux du monde. Multipliez la science, et vous hâtez la venue du millénaire. Contre ce jugement, Rousseau, dans son premier ouvrage, s'inscrivit en faux, et il continua jusqu'à la fin à défendre la thèse alors établie.

1. Voir *Leçons et Essais de Théologie naturelle et de Morale*, par W. Wallace, p. 213. « Nos droits naturels », *Clarendon Press*, 1878 (publié après sa mort).

2. Saint Paul, I, *Corinthiens*, chap. I, V, 23 : « Mais nous, nous prêchons Christ crucifié, scandale pour les Juifs, et folie pour les Grecs. »

Cette thèse n'est pas que la science et la philosophie sont pernicieuses, que la civilisation entendue comme une culture croissante est une erreur, mais qu'ils ne sont pas l'absolu, qu'ils sont des moyens et non pas des fins, que la vie est plus que l'art et la science. La science seule n'est qu'une chose de peu de valeur. Ce que Burns met dans ces simples mots :

« It's no in books, its no in lear[1]
To make us truly blest,
If happiness has not her seat
And centre in the breast. »

ou ce qui est impliqué dans les mots de l'évêque Butler « l'art de « perfectionner le caractère et de rendre le cœur meilleur » est le thème du premier essai de Rousseau. C'était ce que Kant voulait dire quand il affirmait que Rousseau fut le premier à lui apprendre que la suprême valeur et la suprême gloire des arts et des sciences se trouvait dans le service de l'humanité, non dans le simple contentement que fait éprouver aux savants la découverte et la création[2]. »

Et, en vérité, le mouvement présent du monde philosophique, qui prend pour ses mots d'ordre : vie, sentiment, pratique, et est en conflit permanent avec ce qu'il stigmatise du nom d'intellectualisme, est né, qu'on le trouve bon ou mauvais, de ce nouveau point de vue et de cette passion démocratique, que Rousseau sentit le premier, et qu'il exprima avec force.

Si le premier discours attaqua la civilisation sous l'aspect de l'intellectualisme, le second l'attaqua sous l'aspect de la servitude sociale.

Dans le *Discours sur l'origine de l'inégalité parmi les hommes*, le nerf consiste dans la phrase : « le sauvage vit en lui-même : l'homme sociable, toujours hors de lui, ne sait que vivre dans l'opinion des autres, et c'est pour ainsi dire de leur seul jugement qu'il tire le sentiment de sa propre existence ». Dans le tissu artificiel de la société, il a perdu son moi réel. La même opinion est répandue aujourd'hui, et indique indubitablement une formule de faillite, à laquelle notre civilisation n'est que trop exposée. Comme chez Rousseau, chez M. Tarde, dans un passage qui ressemble étrangement au langage de Rousseau[3], cette faillite est considérée

1. Learning (dialecte écossais).
2. Kant, *Werke* (Rosenkranz), XI, 240, observations faites entre 1765 et 1775.
3. *Les lois de l'Imitation*, p. 83. « L'État social, comme l'état hypnotique, n'est qu'une forme du rêve, un rêve de commande et un rêve en action. N'avoir que

comme normale. Je me borne à noter simplement ici, la persistance d'une telle idée, avec le dessein d'observer plus loin la doctrine plus vraie et plus compréhensive à laquelle de plus profondes méditations l'ont conduit subséquemment.

« L'inégalité », ceci doit être noté, l'inégalité morale ou sociale, qui opposée à la loi naturelle, annihile l'inégalité de la nature, il la conçoit comme résultant d'un inévitable procès ; et il ne suggère pas que l'état primitif de l'homme, qu'il construit de son propre aveu par une fiction déductive, ait jamais existé[1]. Il affirme encore bien moins que ce soit la condition préférable de l'humanité. Il a pleinement conscience que pour l'état souhaitable de l'homme, il doit admettre quelque chose comme une résidence, une famille et une moralité : aucune de ces choses n'appartient à la condition hypothétique primitive, mais elles apparaissent à mi-chemin entre celle-ci et la civilisation proprement dite. Et il a encore pleinement conscience, que la civilisation telle qu'elle est, est l'inévitable résultat de causes qui ne pouvaient manquer d'agir, quoique nous puissions tenter, pour des desseins théoriques, de les imaginer comme n'ayant pas agi. Ceci constitue un lien important entre ses premières vues et ses vues ultérieures. Un pessimisme qui admet l'inévitabilité de l'évolution qu'il déplore est déjà miné.

Il est remarquable, pour une même raison, que dans ce *Discours* il n'emploie jamais l'expression littérale « égalité naturelle »[2]. D'un bout à l'autre du *Discours* il se borne lui-même à insister sur les limites étroites de « l'inégalité naturelle ou physique qui consiste dans la différence des âges, de la santé, des forces du corps et des qualités de l'esprit ou de l'âme » qui seule, dans son contraste avec « l'inégalité morale ou politique, » est due à la nature. Ainsi il se réserve une issue, et se réserve pour plus tard la possibilité de consi-

des idées suggérées et les croire spontanées; telle est l'illusion propre au somnambule et aussi bien à l'homme social. »

1. Rousseau ne met jamais en avant comme faits historiques les constructions hypothétiques qu'il emploie dans ses déductions, l'État de nature ou le pacte social par exemple. Voir Ed. Garnier, p. 56 et p. 240 (vol. contenant le *Contrat social* et les *Discours*).

2. Ce qui se rapproche le plus de cette formule, est le passage où il parle de « l'égalité que la nature a mise entre les hommes » (p. 24, Ed. Garnier frères) et quand il dit : « ils sont naturellement aussi égaux entre eux que l'étaient les animaux de chaque espèce avant que diverses causes physiques eussent introduit dans quelques-unes les variétés que nous y remarquons ». Dans la note S il emploie l'expression littérale ; il ne semble guère remarquer qu'il ne l'a pas employée dans le texte, et on observe pareille tendance dans le *Contrat social*, par exemple, livre I, chap. IX, fin.

dérer l'inégalité comme la condition naturelle et l'égalité comme la condition sociale.

Sa véritable intention est de montrer la nécessité dans une société civile d'adapter l'inégalité conventionnelle ou morale, à l'inégalité naturelle, c'est-à-dire aux différences réelles des mérites, plutôt que d'insister sur les limites étroites de ces dernières dans l'état fictif de la nature [1].

La vérité, nous le verrons, la voici : lorsqu'il arrive à soutenir, dans un sens philosophique, que les hommes sont nés libres et égaux, il se repose [2] sur des raisons parfaitement solides et substantielles, indépendantes de toute hypothèse historique sur les pouvoirs semblables, ou dissemblables, d'individus humains dans un état imaginaire primitif. Il a dû forcément sentir que la conclusion formelle du *Discours*, conclusion suivant laquelle l'inégalité conventionnelle était injustifiable quand elle différait de l'inégalité physique et naturelle, — par exemple, quand un enfant se trouve commander un homme âgé — est quelque chose de vraiment peu satisfaisant. Évidemment cela peut impliquer une intensification oppressive des pouvoirs inégaux conférés par des avantages naturels, et il y a des signes, nous l'avons vu, que de pareilles difficultés l'ont conduit à raisonner plus profondément sur l'espèce d'égalité impliquée dans la liberté rationnelle et dans l'ordre social.

En un mot, comme nous l'avons dit plus haut, la question du *Discours sur l'origine de l'inégalité*, est de savoir si, dans le monde des valeurs sociales, qu'il traite comme artificielles et conventionnelles, l'homme se trouve ou se perd, et c'est jusqu'alors la conviction de Rousseau, qu'en somme, bien que l'évolution soit inévitable, l'homme tend à se perdre, et cela sans l'espoir de se retrouver. C'est un soupçon qui toujours nous assaille; et les raisons par lesquelles on peut le justifier ont à peine perdu de leur force depuis l'époque de Rousseau.

3. Tous ces paradoxes sont donc des suggestions qui ont un fond considérable de vérité, des suggestions qui depuis l'époque de

1. Voir la note *S* qui montre que l'égalité pure devient dans la société un principe d'injustice comme opposée à l'ordre du mérite. Ainsi, chose curieuse, Rousseau penche à affirmer que les valeurs sociales sont légitimées : ce qu'il exprime dans le *Contrat social* sous cette forme que la société apporte l'égalité, c'est-à-dire la loi et l'ordre, I, IX, fin.

2. L'argument pour l'égalité est formulé vers la fin du second *Discours*. L'argument inspiré du *de Cive* de Hobbes est parfaitement correct. Voir la note qui précède et voir ci-dessous.

Rousseau sont arrivées à acquérir une importance de plus en plus considérable en littérature et en philosophie. Mais en outre, il y a un point de vue plus puissant et plus compréhensif pour lequel elles représentent non pas notre destinée, mais seulement certains dangers. Et cette doctrine plus complète, renversement et reconstruction remarquables de ses théories antérieures, Rousseau l'exprime quoiqu'avec une certaine hésitation dans le *Contrat Social*.

Nous avons vu que l'essence du *Contrat social* se trouvait dans la doctrine : « La volonté, non la force, est la base de l'État », doctrine qui est le fondement de la philosophie politique moderne. La première phrase du premier chapitre de l'ouvrage, quand on la lit avec le souvenir des écrits antérieurs de Rousseau, empêche le lecteur ordinaire de comprendre à quel point est complet son changement d'attitude [1]. « L'homme est né libre et partout il est dans les fers [2]. » Nous attendons une tirade anti-sociale, mais lisons trois lignes plus loin : « Comment ce changement est-il fait? je l'ignore. Qu'est-ce qui peut le rendre légitime? Je crois pouvoir résoudre cette question. »

Il en résulte clairement deux choses. D'abord aucune fiction historique ne va être alléguée comme un fait. En second lieu, les obligations sociales de l'homme, bien loin d'être dénoncées, vont être justifiées.

La liberté et l'égalité, « droits innés à l'homme [3] », sont réalisées, nous allons le voir maintenant, dans l'état d'organisation et non ailleurs. La liberté est le propre de l'homme. « Renoncer à sa liberté, c'est renoncer à ce qui caractérise l'homme [4]. » Phrase magnifique [5] qu'Hégel, dans un passage sur lequel nous reviendrons, considère comme le premier mot de la vraie philosophie politique parmi les modernes. Un être pensant par sa nature est libre en principe. Et l'égalité, comme Rousseau l'avait déjà fait voir vers

1. Le professeur D. G. Ritchie montre combien le *Contrat social* semble être peu lu (« Droits naturels », Sonnenschein, 1895, p. 49 ff.). Comparez l'édition du *Contrat* de M. Dreyfus-Brisac; introduction, p. 1.

2. Métaphore favorite dans les premiers ouvrages, que Rousseau s'est ici permise bien qu'elle s'accordât difficilement avec son dessein actuel.

3. Tous les chercheurs savent combien la pensée glisse facilement de l'expression « né libre », à l'expression « né pour la liberté », et encore de l'expression « naissance » à celle de « droit inné » et inversement.

4. *Contrat Social*, L, IV.

5. C'est vraiment une objection banale à cette vérité fondamentale de dire qu'un enfant mourrait s'il était abandonné à lui-même. Morley, *Vie de Rousseau*, II, 125.

la fin du second *Discours*, repose sur le même fondement. Les hommes sont égaux, non en ce sens qu'ils sont tous doués de la même façon (Rousseau reconnaît comme nous l'avons dit que, de ce point de vue, ce qui est naturel n'est pas l'égalité mais l'inégalité) mais en ce sens que des êtres intelligents ne peuvent pas être asservis sûrement. On peut avoir la chance de tenir un homme en esclavage, mais en principe on n'est ni à l'abri de la vengeance de l'être intelligent, ni garanti contre son évasion[1]. Les chapitres qui réfutent brièvement des objections contre la liberté naturelle tirées de la famille, du droit du plus fort, et des faits d'esclavage, sont des chefs-d'œuvre d'une raison indignée qui détruit un sophisme à chaque paragraphe[2].

Les obligations sociales de l'homme, le fait qu'il est « dans les fers », sont donc justifiés parce qu'en elles, et pas autre part, sa liberté et son égalité sont réalisées.

Car le pacte social n'est pas une convention entre le peuple et le gouvernement. C'est l'expression fondamentale de cette unité raisonnable « par laquelle un peuple est un peuple[3] ». « Un acte », comme l'appelle Rousseau se conformant au langage de la vieille fiction historique. Mais il est clair qu'il le considère non pas comme un acte qui est arrivé en un moment du temps, mais comme une essence ou une qualité. Car ce pacte a un caractère universel. Il n'est pas arbitraire. Les détails en découlent inévitablement de la nature de l'acte[4]. « Cet acte d'association produit un corps moral et collectif, composé d'autant de membres que l'assemblée a de voix, lequel reçoit de ce même acte son Moi commun, sa vie et sa volonté. » « Acte » merveilleux pour avoir pu « produire » toutes ces choses! Mais tout est simple si par l'acte en question (il n'est pas indiqué un seul instant que cet acte ait jamais eu lieu[5]), Rousseau ne fait plus que traduire l'inévitable nature d'un corps poli-

1. Voir Hobbes *de Cive* (cité par M. Dreyfus-Brisac, édition du *Contrat social* p. 45).

2. Voyez par exemple ce passage qui s'applique à la discussion du droit du plus fort. « Sitôt que c'est la force qui fait le droit, l'effet change avec la cause; toute force qui surmonte la première succède à son droit. Sitôt qu'on peut désobéir impunément, on le peut légitimement. » Il n'y a pas à cela de réponse possible.

3. *Contrat social*, I, V.

4. *Id.*, t. VI.

5. Kant évidemment suit Rousseau dans ce mode de recherche. Werke, IX, 161 (Rosenkrantz).

tique. Comme il y insiste d'ailleurs, tout dépend aussi bien pour la théorie que pour la pratique de savoir si nous croyons réellement au « moi commun, à sa vie et à sa volonté », ou si nous le considérons comme une abstraction négligeable. Telle est la pierre de touche et la ligne de démarcation entre la saine philosophie et la vraie foi civique d'une part, et l'abstraction atomistique, le « philistinisme » social d'autre part.

Car en vérité, l'État est par-dessus tout une réalité, et sa volonté, la « volonté générale », peut être définie comme la volonté vraie de l'individu [1]. Si bien que, comme Rousseau l'a montré, il est impliqué dans la nature de la société que la force peut être employée pour imposer l'obéissance à la volonté générale, et une telle contrainte peut être définie de la façon suivante : forcer l'homme à être libre, c'est-à-dire obéir à sa volonté vraie. Et voilà sans aucun doute, à prendre les choses en gros, la véritable théorie de la contrainte sociale [2].

Avec la condition civile fondée sur l'acceptation de l'État comme d'une réalité supérieure à l'individu, et sur la foi civique, et sur le loyalisme envers la volonté générale, apparaît la moralité et la liberté morale comme opposée à la liberté naturelle [3].

Et de là suit, « qu'au lieu de détruire l'égalité naturelle le pacte fondamental substitue au contraire une égalité morale et légitime à ce que la nature avait pu mettre d'inégalité physique entre les hommes et que, pouvant être inégaux en force ou en génie, ils deviennent tous égaux par convention et de droit [4] ».

Et ici faisons attention à la note : elle établit un lien avec les vues antérieures de l'auteur, elle nous montre avec quelle hésitation, avec quelle répugnance, Rousseau accepte ses nouvelles conclusions. « Sous les mauvais gouvernements, cette égalité n'est qu'apparente et illusoire, etc. » Exactement comme tout à l'heure, l'exposé même des avantages de la condition civile est qualifié par la phrase que

1. C'est ainsi que le définit Hegel dans son langage technique. Nous savons tous qu'autre chose peut être ce que nous voulons vraiment, autre chose le but de notre action.

2. Il est remarquable qu'un individualiste aussi résolu que J. S. Mill et un partisan de la liberté personnelle tel que lui admette l'éventualité de cas où l'on peut dire que c'est vraiment la force sociale qui soutient la volonté vraie de quelqu'un à l'encontre de sa volonté passagère. Voir ma *Théorie philosophique de l'État*, 2e éd., p. 69 et 96.

3. C. S. 1, VIII.

4. *Ibid.*, 1, IX, fin.

voici : « Si les abus de cette nouvelle condition ne la dégradaient souvent au-dessous de celle dont il est sorti ».

Mais il reste clair que nous sommes revenus pratiquement aux vues d'Aristote, à savoir que la condition sociale est l'état naturel de l'homme. Rousseau ne le dit pas en propres termes; mais ce qui reste latent chez lui, Burlamaqui, un contemporain de Rousseau, l'écrit expressément, « la liberté civile l'emporte de beaucoup sur la liberté naturelle, et par conséquent l'état civil qui l'a produit est de tous les états de l'homme le plus parfait, et à parler exactement, le véritable état naturel de l'homme[1]. »

Bien que l'expression de Rousseau « la Volonté générale », rappelle le langage d'auteurs antérieurs, notamment d'Hobbes et de Locke, il est nécessaire d'observer à quel point la valeur philosophique, ou, ce qui revient ici au même, l'efficacité pratique de l'idée, date du jour où Rousseau l'a transformée. L'histoire de l'expression « Volonté générale » est bien connue; rappelons-en seulement un ou deux points. Hobbes d'une part, identifiait la souveraineté à une volonté positive ou en acte. Par cela, il entendait une volonté qui existait dans le sens terre à terre; la volonté d'un homme ou d'un groupe d'hommes qu'il faut accepter comme la volonté gouvernante du corps politique, mais qui d'aucune façon n'est assujettie à considérer ou à respecter les sentiments et les souhaits des membres de ce corps en général. C'était une volonté positive ou en acte, mais non une volonté générale. C'était pratiquement despotique. Locke, d'autre part, soutenait qu'au corps entier des citoyens appartenait un pouvoir suprême (il ne parlait pas de « souveraineté ») de révoquer la délégation confiée à un parlement ou à un gouvernement qui trahirait manifestement le bien public. Mais il ne spécifiait pas un mécanisme politique qui donnerait à ce pouvoir suprême le moyen de s'exercer. Et c'est pourquoi la volonté qu'il identifiait avec le pouvoir suprême, était générale, mais non positive ou en acte. Dans la pratique elle serait révolutionnaire, ou elle ne serait pas.

Avec la conception philosophique de Rousseau, maintenant, le problème change de niveau, et apparaît la seule solution pratiquement possible. Il fallait insister sur la réalité supérieure de quelque chose qui n'est pas un individu humain visible, mais qui est l'esprit

1. Cité par M. Dreyfus-Brisac, *Contrat social*, p. 50.

ou la pensée sous-jacente d'un corps d'individus, pour qu'une volonté à la fois positive et générale pût être pensée.

Quand Hobbes insistait sur « l'Unité réelle » ou la « personne » ou la « représentation » du corps politique, il voulait seulement dire qu'il est tenu d'agir comme unité par la volonté du Roi, ou du groupe auquel il a donné le droit légal de le représenter. Rousseau entendait quelque chose d'un ordre tout différent que ni Hobbes ni Locke à aucun moment n'eurent en vue; quelque chose de réel et de singulier : Esprit, vie et volonté véritablement présents dans et à travers les différents esprits particuliers, séparés en apparence, qui appartiennent aux membres, séparés en apparence, du Tout social. Dans la pratique cela impliquerait le gouvernement constitutionnel.

La souveraineté donc pour Rousseau, est l'exercice de la volonté générale, et ses actes, concernant seulement les intérêts universels de la Société, sont des lois[1] procédant de l'assemblée législative, tandis que les actes administratifs procèdent de la magistrature ou du gouvernement qui n'est pas le souverain mais son subordonné.

De par la nature, la volonté générale qui est essentiellement la volonté vraiment réelle — la volonté qui est dirigée vers le bien public — son but est toujours droit, et elle ne peut être aliénée, représentée ou divisée. Ce qui est exactement dire, qu'elle est vraiment une volonté, *quidquid petitur, petitur sub specie boni*.

Évidemment, en outre, je puis par acte spécial, charger une autre personne d'un mandat défini, mais il est inconcevable que je puisse lui déléguer l'exercice de ma volonté dans tous les cas. Ce serait abdiquer ma personnalité en sa faveur.

Comme Green le montre dans son exposé si précis et si judicieux de la théorie de Rousseau, sa « souveraineté » ne se confond à aucun degré avec le pouvoir suprême de coercition siégeant dans une personne définie ou un groupe de personnes auxquelles des écrivains antérieurs (et même quelques-uns dans la suite) ont donné le nom de souveraineté.

1. Je considère que cette conception d'une loi est exacte en principe, c'est-à-dire qu'une loi ne peut agir qu'en conformité avec les intérêts universels de l'État. On apporte contre cette conception des objections aussi banales que celle tirée de la désignation de personnes particulières dans *Act of Settlement*, qui en Angleterre a défini l'ordre de succession dynastique. Mais alors, ces personnes, je suppose, sont d'une importance universelle pour l'État. La même observation s'applique aux actes privés du Parlement.

Un contemporain de Hobbes a dit, écrit Green :

« There's on earth a yet auguster thing. Veiled though it be, than Parliament or king. »

C'est à cette chose plus auguste et non pas à un pouvoir suprême, dont les juristes anglais avaient investi « le parlement et le Roi » que la conception du souverain chez Rousseau est vraiment applicable [1]. Mais ce n'en est pas moins un fondement essentiel pour une théorie vraie et pratique de l'État, pratique, car aucune autre doctrine ne peut expliquer qu'un homme se soumette à une force qui lui répugne personnellement par cette raison qu'il la considère comme représentant en principe le Droit. La pure force ne peut expliquer ce fait. Le pur consentement, manifestement, n'est pas pertinent. Rien ne peut l'expliquer que la reconnaissance d'une volonté qui a le droit de s'imposer à notre volonté propre parce qu'elle la contient [2]. Et c'est pourquoi aucune théorie ne peut expliquer le « self government » moderne, si ce n'est celle qui prend ce fait pour point de départ.

Les défauts inhérents à l'idée, si l'on s'attache à la lettre de l'exposition de Rousseau, apparaissent clairement dans ses efforts qui, en somme, restent infructueux pour distinguer la « Volonté générale » de la « Volonté de tous ». La distinction, à la vérité, est claire en principe. Il est facile de voir qu'un millier ou un million de personnes peuvent être d'accord sur une mesure proposée parce que sur un point spécial, par exemple un avantage pécuniaire qu'on en peut recueillir, il se trouve qu'elle sert les intérêts privés de chacun. En pareil cas son acceptation peut n'être pas due au sentiment profond d'un intérêt public commun, d'une cause ou d'une politique qui lie ensemble, sur plus d'un seul point, des citoyens qui ont un souci sincère du bien commun. Cet accord tout accidentel qui est en principe une coïncidence fortuite de volontés privées, chacune mue par ses motifs distincts particuliers, c'est ce que Rousseau appelle « la Volonté de tous ». « La Volonté générale » est rendue générale non par le nombre des votes, mais par la communauté de l'intérêt public qui la motive.

Cependant, il faut convenir qu'il y a des impossibilités absolues

1. Green, *Principes du devoir politique*, sect. 68.

2. Pour une confirmation et une extension de l'idée d'une volonté générale par la notion légale moderne de *Genossenschaftsrecht*, voir Introduction de Maitland à sa traduction anglaise des *Théories politiques du moyen âge*, de Gierke. La vérité, c'est que partout ou deux où trois hommes sont réunis ensemble, il y a une volonté générale.

dans le système politique que Rousseau a formulé en employant la terminologie de la Volonté générale. S'il contient le principe de l'organisation constitutionnelle et représentative presque universelle parmi les nations modernes, il reste que sous la forme où il l'a annoncé, ce système est entièrement inapplicable. Selon la lettre de sa doctrine aucune loi ne serait valide qui n'eût pas réellement pour but le bien public; aucune loi d'un état européen ne se conformerait aux conditions d'un acte valide de souveraineté, si ce n'est peut-être, comme Bentham le disait avec mépris, ceux de la République de San Marino[1]. En raison de certains préjugés provenant de la source inspiratrice de ses idées, presque tous les signes caractéristiques, presque toutes les précautions de méthode auxquelles il essayait de recourir au moins pour distinguer entre les actes vrais et faux de souveraineté, étaient faits pour déjouer ses intentions. En un mot il croyait que le parti sûr à prendre était d'obtenir le jugement séparé, autonome de chaque citoyen individuel, sans gouvernement représentatif, sans groupement de partis, sans organisation de propagandes, sans discussions laborieuses et prolongées. Mais l'organisation, la discussion, échange d'informations et de convictions, sont la vie même de l'opinion publique, qui lorsqu'elle se cristallise et prend forme, est la volonté générale. L'esprit de Rousseau était plein de Sparte, de Genève et de la Rome républicaine. Les méthodes mêmes qui sont essentielles dans une grande nation moderne pour façonner et appliquer la volonté générale, sont celles qu'il censure et répudie, il considère qu'elles doivent la corrompre à sa source[2].

C'est un fait de grand intérêt qu'au moins deux des Déclarations des Droits lancées pendant la Révolution française, tout en empruntant à Rousseau la définition de la loi, comme expression de la volonté générale, ajoutent une phrase pour spécifier la part que les représentants du peuple peuvent prendre à sa rédaction; ainsi se trouve apportée, par l'ensemble des hommes politiques actuels, une amélioration considérable à la théorie de Rousseau[3].

1. Il s'agit réellement des cantons suisses, et peut-être des Provinces-Unies, Green, *op. cit.*, sect. 78.

2. Ici encore, il signalait un danger. Il existe, tout au moins en Angleterre et aux États-Unis, ce qu'on appelle « the party machine, » (*Contrat social*, II, IV). « Quand il se fait des brigues... la volonté de chacune de ces associations devient générale par rapport à ses membres et particulière par rapport à l'État. »

3. Il peut être intéressant de donner ici quelques particularités relatives aux

Car en vérité, le seul et véritable moyen pratique de découvrir et de formuler la volonté générale est indiqué par Rousseau lui-même dans ses paragraphes très suggestifs sur le législateur; paragraphes au sujet desquels, à ce qu'il me semble, les critiques ont commis d'extraordinaires contre-sens[1]. La substance de ces paragraphes est que le législateur a pour tâche paradoxale de découvrir pour le peuple et de lui apprendre ce qu'est sa véritable volonté. Il a, pour ainsi dire, à produire l'esprit social qui doit résulter des lois, à présider à leur naissance. Cette manière de définir le devoir du législateur est parfaitement exacte, et il est absurde de vouloir ne pas comprendre qu'en se représentant le législateur comme un personnage divin accomplissant un miracle, Rousseau enveloppe sa conception réelle sous des figures de rhétorique et des symboles empruntés à l'antiquité légendaire.

Voici précisément quelle est, dans un gouvernement moderne, représentatif et constitutionnel l'œuvre du législateur. Le corps législatif est un comité élu par le peuple pour constituer, pour for-

deux textes français et américains. Nous trouvons dans la Déclaration des Droits de l'homme et du citoyen (1789) inhérente à la Constitution française du 3-14 septembre 1791, article 6, ces lignes : « La loi est l'expression de la volonté générale. Tous les citoyens ont droit de concourir personnellement ou par leurs représentans à sa formation. » La même phrase presque se trouve dans la Déclaration inhérente à la Constitution du 5 fructidor, an III (22 août, 1795), proclamée loi fondamentale le 1er vendémiaire an IV (23 septembre, 1795) article 6 : « La loi est la volonté générale exprimée par la majorité générale des citoyens ou de leurs représentans. »

Dans la Déclaration inhérente à la Constitution du 24 juin 1793 le mot « représentans » ne se trouve pas. La loi est identifiée avec l'expression de la volonté générale (art. 4) et l'article 29 dit que « chaque citoyen a un droit égal de concourir à la formation de la loi et à la nomination de ses mandataires et de ses agens ». (Je suppose que cela signifie « les mandataires et les agens de la loi », c'est-à-dire les mandataires et les agents officiels de l'exécutif non « les représentants et les agents des citoyens » mais je n'en suis pas sûr).

Les Déclarations des Droits américains sont de date un peu plus ancienne et parlent la langue de Milton, de Locke et de Blackstone (le légiste anglais) plus que de Rousseau (Morley 1, 3, semble se tromper sur ce point. Voir Ritchie, *Droits Naturels*, p. 6).

On nous parle dans ces deux déclarations de « liberté et d'indépendance naturelle » (Déclaration des Droits de Virginie, 1776) et des « droits naturels et des libertés des sujets naturels du roi dans les limites du royaume de la Grande-Bretagne », mais il n'est pas question de « volonté générale ». Voir Ritchie, *Droits Naturels*, appendice, où plusieurs passages des déclarations sont recueillis, et les *Leçons et Essais* de Wallace, p. 220. L'idée de liberté naturelle a sans doute ses racines lointaines dans la pensée grecque. Un écrivain de la comédie grecque a dit que « Dieu ἐλευθέρους ἐποίησε πάντας τῇ φύσει ».

Mais toute la pensée grecque, sans en excepter celle d'Aristote, est, si on la comprend bien, d'accord avec Rousseau sur ce point que la liberté est l'attribut de l'homme.

1. Voir *Biographie de Morley*, vol. II, p. 142 à 155.

muler, pour appliquer dans le détail, l'opinion et l'intention générale qui détermina le corps électoral à choisir ce comité particulier et non pas un autre pour être son assemblée représentative. Son devoir est de constater et d'incorporer dans la loi cette volonté conforme au bien public dont les décrets satisferont le mieux le peuple, non comme un jouet satisfait l'enfant, mais comme une théorie satisfait l'expérience. C'est là, j'en suis convaincu, le véritable esprit et le véritable sens de la théorie de la volonté générale de Rousseau. Mais j'admets que si on lui avait soumis la théorie sous cette forme, il l'aurait très vraisemblablement désavouée.

Finalement il faut mentionner que Rousseau sentait vivement combien il est à la fois difficile et important de confier aux petits États, qu'exigeait son antipathie à l'égard du gouvernement représentatif, la puissance extérieure des grandes nations. Une remarque qui se trouve dans le *Contrat social*[1], une autre qui se trouve dans le *Gouvernement de Pologne*[2], montrent que son attention avait été attirée par le système du gouvernement fédéral, et qu'il le considérait comme pouvant fournir une solution de la difficulté. Cependant les observations sur le système fédératif que M. Dreyfus-Brisac a tirées[3] de son analyse du *Projet de Paix universelle* de l'abbé de Saint-Pierre visent plutôt, comme cela ressort naturellement du contexte, une ligue ou une alliance des États européens[4] qu'un véritable gouvernement fédéral. Cependant son attention à cette idée de si grand avenir est une marque d'intuition politique.

J'ai déjà fait allusion aux travaux de M. Lévy-Brühl[5] et de M. Duproix[6] comme faisant ressortir l'influence de Rousseau, celle que j'ai appelée sa seconde influence, celle dont la portée est la plus grande : elle se révèle dans l'effet produit par la pensée de Rousseau sur les maîtres de la pensée allemande. Je ne puis mieux conclure qu'en citant le passage de l'*Histoire de la philosophie* de Hegel, qui

1. III, xv.
2. C. V.
3. Édition du *Contrat social*, appendice VIII. Voir aussi la référence dans l'*Émile*, livre V.
4. Par exemple, Rousseau considère comme un mérite d'une telle ligue le fait qu'elle peut réunir des états de différentes grandeurs, de constitutions différentes. Voir aussi appendice VI du même volume.
5. *De l'influence de J.-J. Rousseau en Allemagne*, Annales de l'École libre des sciences politiques, juillet 1827.
6. Kant et Fichte, etc., Alcan, 1897.

met cette influence en pleine lumière, et montre ce que l'opinion commune au sujet de Rousseau ne nous aurait pas fait attendre, à savoir que le *Contrat Social* a puissamment contribué au courant de pensée qui, traversant Kant et Fichte, finit par aboutir à la grande œuvre constructive de Hegel, la « *philosophie du Droit* ». C'était sur ce point, et sur la façon dont les récents chercheurs anglais l'apprécient que je désirais particulièrement insister. Je sais parfaitement que pour une étude complète du génie de Rousseau, même sous l'aspect que j'ai choisi, il faudrait beaucoup plus de détails que je n'ai pu en fournir, mais j'espère que grâce au passage que je vais citer maintenant j'aurai pu communiquer une impression[1] qui n'est entièrement dépourvue ni de nouveauté ni d'intérêt pour quelques-uns des compatriotes de Rousseau; elle s'éloigne, en tous cas, de la conception populaire de Rousseau qui prévaut en Angleterre.

Rousseau, nous dit Hegel en commençant[2], pose la question de savoir quelle est la justification absolue, le fondement de l'État? « Rousseau trouve le principe de cette justification (« qu'est-ce qui peut le rendre légitime ») dans la volonté libre, et sans considérer la loi positive des États il répond à la question précédente que l'homme a une volonté libre dans la mesure où « la liberté est la qualité caractéristique de l'homme[3]. Si quelqu'un renonce à sa liberté, il renonce à ce qui fait de lui un homme. N'être pas libre est par conséquent une renonciation aux droits et même à ses devoirs d'homme. » L'esclave n'a ni droit ni devoir. En conséquence, Rousseau dit : « trouver une forme d'association qui défende et protège de toute la force commune, la personne et les biens de chaque associé, et par laquelle chacun, s'unissant à tous, *n'obéisse pourtant qu'à lui-même et reste aussi libre qu'auparavant*[4] ». Tel est le problème fondamental dont le *Contrat social* donne la solution. « C'est

1. Pour plus de détails, voir ma *Théorie philosophique de l'État*, Macmillan, 2e édition, 1910. Cette œuvre, j'ose le dire, contient au moins une phrase magnifique : et c'est son épigraphe tirée de l'*Émile* « C'est le peuple qui compose le genre humain ; ce qui n'est pas peuple est si peu de chose que ce n'est pas la peine de le compter ».

2. Hegel, *Histoire de la philosophie*, III, 477.

3. J'ai conservé la traduction que donne Hegel de cette phrase au lieu des mots de Rousseau pour montrer la force singulière d'expression que Hegel met au compte de Rousseau. Voici le texte original : Renoncer à sa liberté c'est renoncer à sa qualité d'homme, aux droits de l'humanité, même à ses devoirs, *Contrat social*, I, IV.

4. En italique chez Hegel. *Contrat social*, I, VI.

cette association, dit-il, qui comprend tous les individus, et la volonté de tous les individus. Ce principe ainsi posé dans l'abstrait, doit forcément paraître exact, mais son ambiguïté commence bientôt ».

« L'homme est libre ; certainement telle est la nature substantielle de l'homme ».

« Et non seulement elle n'est pas abandonnée dans l'État, mais au fait c'est là que pour la première fois elle est établie. La liberté naturelle, la capacité de liberté n'est pas la liberté en acte ; nous n'atteignons l'actualisation de la liberté que dans l'État, et non ailleurs. Mais c'est ici que commence le malentendu au sujet de la volonté générale. Il ne faut pas prendre le concept de liberté au sens de volonté accidentelle ou caprice de chaque individu, mais au sens de volonté raisonnable, de volonté qui est ce qu'elle doit être. La volonté générale ne doit pas être considérée comme la somme des volontés explicites de personnes individuelles de telle manière que celles-ci demeurent le fait irréductible ; s'il en est ainsi il serait vrai de dire : « Où la minorité doit obéir à la majorité, là « point de liberté ». Il faut que la volonté générale soit plutôt la volonté raisonnable, même si les personnes n'en ont pas conscience. L'État, par conséquent, n'est pas l'espèce d'association qui peut être décrétée par la volonté accidentelle ou par le caprice individuel[1] ».

« Nous n'avons pas à nous occuper des malentendus concernant ces principes. Ce qui nous intéresse c'est qu'ils rendent sensible à l'homme l'idée suivant laquelle l'esprit humain a la liberté pour caractère dernier et absolu ; la volonté libre par excellence est le concept de l'homme. La liberté est exactement l'essence de la pensée[2] ; celui qui répudie la pensée et parle de liberté ne sait pas ce qu'il dit. La pensée dans son unité et dans son identité est liberté, volonté libre. Penser sous la forme de la volonté est l'impulsion à dépasser la subjectivité de l'individu. C'est la relation à l'existence en acte, c'est mon auto-réalisation dans la mesure où je veux rendre mon existence égale à ma pensée. »

1. Tout ceci est une extension de la distinction que fait Rousseau entre la volonté générale et la volonté de tous. Il montre, nous l'avons vu en parlant du législateur, qu'il peut être nécessaire d'enseigner au peuple quelle est sa volonté générale, c'est-à-dire qu'il peut n'en avoir pas conscience.

2. Non « la pensée » en tant qu'opposée à l'action ; mais parce que c'est seulement par la pensée qu'on reconnaît en dehors de soi une chose qu'on veut,

« La volonté n'est libre que comme pensée. Le principe de la liberté a eu son aurore chez Rousseau, il a communiqué à l'homme qui par lui a pris conscience de son infinité, sa force infinie. C'est ainsi que de la philosophie de Rousseau, nous passons à la philosophie kantienne qui, sous son aspect théorique, s'est fondée elle-même sur ce principe. »

Prof. BERNARD BOSANQUET.

une chose dont l'obtention fait qu'on agrandit et affirme son essence. Penser c'est abaisser des barrières.

ROUSSEAU ET LE SOCIALISME

Que doit le socialisme à Rousseau? Dans quelle mesure, en quel sens, peut-on dire de l'auteur du *Contrat social*, qu'il est un socialiste avant la lettre?

*
* *

Pour chercher à cette question une réponse précise, on peut être tenté d'abord de se placer sur le terrain des applications. Avec les mesures pratiques que le socialisme paraît préconiser on confrontera celles que Rousseau eût conseillées ou acceptées. On se demandera en particulier — puisque tel est le criterium pratique, le plus communément reçu, des tendances socialistes — s'il eût souscrit ou non à la suppression de la propriété privée.

Malheureusement une pareille enquête conduit vite à des conclusions divergentes. M. Janet affirmait [1] : « Jean-Jacques est incontestablement le fondateur du communisme moderne ». M. Kautsky maintient [2] que le communisme de Rousseau est pure apparence. L'un et l'autre peuvent invoquer des textes en faveur de leur thèse.

Les partisans de la première peuvent faire valoir que selon Rousseau, à un certain « moment », — tous les individus ayant abdiqué, par l'opération du contrat social, toute espèce d'indépendance — « l'État est maître de tous les biens ». La formule est bien de lui. Mais, avant lui, beaucoup d'autres en avaient employé d'analogues. Et elle ne tirait pas, peut-être, à grande conséquence. C'était, dans beaucoup de systèmes, comme une clause de style. Cette propriété « éminente » de la collectivité aboutirait-elle à annuler dans la main des individus le droit d'user et d'abuser? C'est la question importante. Or Rousseau, pour sa part, n'y répond pas

1. *Origines du socialisme contemporain*, p. 110.
2. *La lutte des classes en France en 1789* (trad. fr.), p. 72.

en intransigeant. On a justement observé[1] que lorsqu'il joue au législateur — lorsqu'il prépare, sur commande, des codes pour la Corse ou la Pologne — il se révèle assez opportuniste. Des impôts indirects sur les produits de luxe, et quelques taxes sur les revenus le contenteraient. Il ne porte pas la hache plus avant. Il se souvient sans doute qu'il a écrit, dans l'article sur l'*Économie politique* : « le fondement du pacte social est la propriété, et sa première condition, que chacun soit maintenu dans la paisible jouissance de ce qui lui appartient ».

Mais peut-être, pour décider si Rousseau ouvre ou non les voies au socialisme, les mesures pratiques qu'il a pu préconiser importent moins que sa méthode générale et l'esprit de son système. Par les perspectives qu'il ouvre, par les espérances qu'il encourage, Rousseau travaille-t-il à faire des hommes prêts à remanier, — fût-ce aux dépens du régime de la propriété privée, — toute l'organisation sociale?

A la question ainsi posée la réponse ne paraît pas douteuse. Qu'on se rappelle seulement les leçons du *Contrat social*, et en particulier ce qui se lit entre les lignes de ses premiers chapitres.

La consigne est simple et nette : « Pour que la justice règne sur la terre, ne craignez pas de reconstruire de fond en comble, s'il le faut, l'édifice social. Point de respect pour la force, pour les privilèges acquis, mal acquis; point de servilité envers l'histoire. Un ordre social ne peut durer, ne mérite de durer que si les conditions de la vie en commun ont été débattues par des hommes libres, également libres. Conséquence : arrangeons ces conditions de vie, aujourd'hui, comme si vraiment les hommes également libres en avaient délibéré, avant de signer le contrat. »

Au fond de l'esprit de tous ceux qui réclament l'équité dans l'échange, dans la distribution des fonctions, dans la répartition des produits, ne retrouverait-on pas aisément cette même conception « contractuelle » de la vie sociale? Or, sur cette conception, nul ne contestera que Rousseau, plus profondément que tout autre, ait mis son sceau, le sceau de sa géométrie passionnée. Et, s'il est vrai que le socialisme est avant tout un témoignage de l'orgueil humain, un acte de foi dans la raison humaine et sa puissance de reconstruc-

1. E. Champion, dans son étude sur *Rousseau et la Révolution*.

tion, on n'a pas tort de voir, dans le *Contrat social*, un magnifique monument de socialisme.

C'est bien ainsi que l'ont entendu, d'ailleurs, ceux qui se sont efforcés de faire remonter à l'influence de Rousseau la responsabilité des tendances socialistes qui prennent forme en France, entre 1815 et 1848, dans les systèmes des réformateurs.

« Fils de Rousseau », c'est sous cet anathème que Bastiat, dans les *Harmonies économiques*, défendant l'optimisme de l'économie politique contre les critiques et les rêves de l'économie *sociale*, veut écraser les Saint-Simon, les Fourier et leurs disciples ou leurs émules[1].

Que veut-il dire? Qu'ils croient tous plus ou moins, consciemment ou inconsciemment, que la société est dans la main du réformateur comme l'argile dans la main du potier. Ils ont foi dans la toute-puissance des artifices. C'est qu'au fond ils considèrent les sociétés comme des choses que l'homme fabrique, démolit, raccommode à sa guise. Qu'elles soient avant tout choses naturelles ou tout au moins produits historiques, ensembles organiques dont le développement spontané n'est point soumis à l'arbitraire individuel, ils ne s'en sont point souvenu — ou du moins ils n'ont point voulu s'en souvenir. C'est en quoi ces grands socialistes seraient les authentiques descendants du constructeur genevois.

*
* *

On observera peut-être que si ces traits apparentent en effet à Rousseau les représentants du socialisme idéaliste et constructeur, on n'en saurait dire autant de ceux qui défendent un socialisme réaliste, positif, objectif. A ceux-ci du moins on ne saurait reprocher de n'avoir pas eu le sentiment des lois d'évolution qui soustraient le développement des sociétés à l'arbitraire individuel.

Les rédacteurs du *Manifeste communiste* reprochent plus âprement que personne aux Saint-Simon ou aux Fourier leurs débauches d'imagination. Marx et Engels prétendent, pour eux, laisser parler les faits. C'est l'histoire même qu'ils invoquent, non la raison individuelle. Ils n'apportent pas un modèle de plus au musée des systèmes, contents d'annoncer, de déduire, — et d'aider à se pro-

1. 610, 633 et suiv.

duire en la déduisant — la transformation nécessaire, inévitable, imminente, des superstructures juridiques, qui doit suivre le perfectionnement des modes de production. Entre ces savants « objectifs » et le grand poète social du XVIIIe siècle, quoi de commun? Plus vous travaillez à rapprocher de lui le socialisme « utopique », et plus aussi vous faites croître la distance qui le sépare du socialisme « scientifique ».

On pourrait sans doute faire observer, d'abord, que le socialisme utopique et le socialisme scientifique ne sont pas eux-mêmes si différents que les auteurs du *Manifeste communiste* le croyaient, et voulaient le faire croire. On l'a surabondamment prouvé : de Saint-Simon ou Fourier à Marx et à Engels plus d'une idée a passé; plus d'un sentiment « d'avant 48 » s'est insinué dans la philosophie marxiste de l'histoire. Marx et Engels peuvent être des idéalistes honteux. Ils restent des idéalistes. Pour toutes les personnes humaines, ils rêvent d'égales possibilités de développement. Si discrets d'ailleurs, si prudents qu'ils soient à l'heure des programmes positifs, ils demeurent des constructeurs. Pour faire passer leur idéal dans les faits ils imaginent une gigantesque socialisation des biens; ils croient, eux aussi, à la possibilité de substituer le rationnel au spontané, et de réorganiser à coups de décrets la vie économique elle-même. En quoi ils sont, eux aussi, moins loin qu'ils l'imaginent de la géométrie du *Contrat social*.

C'est bien pour cette raison que M. Bourguin les rattache à Rousseau, comme Bastiat rattachait à Rousseau leurs prédécesseurs. Les marxistes aussi sont possédés par cette même « foi dans la puissance de la volonté au service de la raison... dans la puissance de l'Etat au service d'un système [1] ».

Mais ce n'est pas seulement par ce détour que l'on peut faire rentrer, dans la sphère d'influence de Rousseau, jusqu'aux socialistes marxistes. Sur le terrain même par eux choisi, en matière de dialectique historique, il peut être présenté comme un de leurs ancêtres. Et c'est Engels, tout le premier, qui en témoigne. Dans l'*Anti-Dürhing* [2], il se préoccupe d'expliquer par des exemples le fameux rythme à trois temps de la logique hégélienne — thèse, antithèse et synthèse — que le marxisme va utiliser en montrant, dans la pro-

1. *Les systèmes socialistes et l'évolution industrielle*, p. 310.
2. Au chapitre XIII de l'*Anti-Dühring* (v. p. 174-176 de la traduction publiée par M. Laskine sous ce titre : *Philosophie, économie politique, socialisme*).

priété socialisée, la synthèse de la propriété commune primitive et de la propriété individualisée par l'industrie. Or, dans quel livre puise-t-il ses plus clairs exemples? Dans le *Discours sur l'origine de l'inégalité parmi les hommes*. On y voit, à l'état de nature, des hommes dont les facultés sans doute sont modestes, mais les besoins plus modestes encore, trouver tous aisément, sans se gêner les uns les autres, de quoi mener une vie libre et pacifique : égalité — c'est la thèse. — Vient la civilisation. Elle développe les facultés, mais les besoins plus encore; elle perfectionne l'individu, mais en préparant la décrépitude de l'espèce. Elle permet l'entassement, et bientôt l'accaparement des biens. D'où accroissement de la richesse et accroissement préférable de la misère, lutte universelle et perpétuelle : inégalité — c'est l'antithèse. — Mais, cette anarchie ne peut durer. L'inégalité poussée à l'extrême se change en son contraire. Du sein d'un désordre sans cesse aggravé par le progrès même, le despotisme naît, devant qui tous les particuliers sont égaux, parce que tous réduits à rien; en attendant que demain la société, harmonisée enfin par le *Contrat social*, institue l'égalité dans la liberté en lieu et place de l'égalité dans l'esclavage : — synthèse[1]. — Ainsi à la dernière phase quelque chose de la première se retrouve. Le cercle se referme. De ce beau mécanisme qui fait jouer la logique à travers l'histoire, Hegel fera la théorie. Mais, avant Hegel, Rousseau l'utilise, guidé par un instinct génial. Et c'est ainsi que le rêveur de l'égalité se trouve être le lointain précurseur, non pas seulement de ce socialisme « utopique », qui est caractérisé par sa foi dans la raison, mais de ce socialisme « scientifique », qui se plaît à montrer à l'œuvre, pour en recueillir le produit, une dialectique dans l'histoire.

*
* *

Mais cette dialectique n'est encore, dira-t-on, qu'une forme toute extérieure. L'important, pour le socialisme c'est la force motrice de l'histoire. Et cette force est fournie par les intérêts de classes, dont

1. Il est remarquable qu'Engels cite, dans ce même chapitre, le passage où Rousseau rend les progrès de l'agriculture et de la métallurgie responsables de l'institution de la propriété — c'est-à-dire un passage où Rousseau, faisant pressentir le matérialisme historique, non plus seulement par son côté dialectique, mais par son côté *technologique*, fait dépendre du progrès des « arts » les transformations mêmes des institutions.

le conflit explique les bouleversements de la structure sociale. Il n'y a pas aujourd'hui de socialisme véritable sans la notion de luttes de classes.

Si les institutions d'une époque sont niées, si l'antithèse succède à la thèse, c'est que les classes opprimées se redressent : la cariatide en se relevant renverse toute l'architecture qui pesait sur elle. Telle est la force réelle qui, dans l'esprit de Marx et d'Engels, devient la vraie cause du progrès.

Trouverons-nous chez Jean-Jacques quelque idée analogue? Il n'est pas probable. Sa philosophie n'est pas, à vrai dire, une philosophie de l'histoire. Il se contente de marquer le point de départ et le point d'arrivée de l'évolution humaine : là, l'égalité dans la libre nature; ici, l'égalité dans la justice contractuelle. Mais par quelles forces au juste cet idéal descendra-t-il progressivement dans la réalité? Rousseau n'entre point dans ce détail. Et c'est pourquoi nous ne verrons pas chez lui, comme chez Marx et Engels, les classes à l'œuvre.

On aurait tort, cependant, de croire qu'il n'a point contribué, lui aussi, à préparer cette théorie des classes qui devait jouer un si grand rôle dans le développement du socialisme. Rousseau distingue fort nettement, par les inégales situations qui leur sont faites, les diverses catégories de citoyens. Sur la condition du paysan ou de l'ouvrier, comme sur celle du noble et du riche, il projette plus d'une vive lueur. Et déjà il campe brutalement, les uns en face des autres, déshérités et privilégiés.

La classe ouvrière, à vrai dire, qui tient une si grande place dans le *Manifeste communiste* et le *Capital*, il ne la faut pas chercher dans le *Contrat* ou dans le *Discours sur l'inégalité*. Et pour cause. Au moment où Rousseau écrit, Arktwright et J. Watt n'ont pas encore commencé leurs découvertes. Le « système anglais » n'est pas encore apparu pour grouper en de noires villes énormes, autour des machines en mouvement perpétuel, ceux qu'on appellera les prolétaires. Rousseau ne connaît pas l'ouvrier de la grande industrie. Lorsqu'il conseille au jeune homme, fût-il fils de grand seigneur, d'apprendre un métier manuel, afin d'acquérir par là « un rang qu'il ne puisse perdre, un rang qui l'honore dans tous les temps », c'est à un métier de menuisier ou de cordonnier qu'il pense. Il voit l'homme possédant ses outils, achetant sa matière première, acceptant ou repoussant les commandes, indépendant enfin, et enviable à raison de cette indépendance même. La Convention, lorsqu'elle organisera une procession pour la Panthéonisation de Rousseau [1], fera défiler un groupe de porteurs d'outils tenant une pancarte : « Il réhabilita les arts utiles ». Mais notons que la condition qu'il réhabilite, celle qui lui paraît respectable et digne d'envie, c'est celle du petit artisan libre, non celle de l'ouvrier proprement dit.

Celle-ci, bien qu'il ne la connaisse pas d'expérience, on dirait parfois qu'il devine ce qu'elle va être, et qu'il en gémit par avance. Il n'est pas impossible de déduire ce que Jean-Jacques eût pensé du prolétariat, fils de la grande industrie, si seulement l'on se rappelle ce qu'il pense des machines et d'une manière générale de tout le matériel de la civilisation. Tous les perfectionnements mécaniques, à partir des plus humbles, lui font horreur [2] : aucun sentiment peut-être n'est plus profond chez lui. Les machines décuplent la puissance de l'homme sur les choses? C'est possible, mais plus encore elles décuplent ses besoins, et aggravent ainsi les disproportions qui font son tourment. En tout cas elles atrophient ses facultés naturelles : l'homme habitué à l'outillage est moins capable de se suffire. Et du coup il lui devient impossible de s'isoler, de vivre à part, de faire retraite; le perfectionnement de la division du travail, qui va de pair avec le progrès du machinisme, accroît entre les hommes cette dépendance mutuelle qui est aussi une forme du mal. Ces thèses nous permettent d'induire que Rousseau eût été d'accord avec Sismondi et ses successeurs pour protester contre l'influence exercée par les machines, non pas seulement sur les individus qui les mènent, mais sur la société qu'elles transforment dans toute son économie.

Les villes, déclarait-il déjà, sont les gouffres de l'espèce humaine. Qu'eût-il dit devant les agglomérations immenses que la grande industrie va multiplier, devant les Manchester et les Birmingham? Ces races de prolétaires qu'elle va transformer, comme dit Marx, en appendices de la machine, Rousseau ne les a pas vues naître. Mais il a vraiment l'air, parfois, de pressentir leur naissance : par avance il jette sa malédiction de prophète solitaire sur une civilisation contre nature, qui n'enfantera tant d'hommes que pour les condamner à vivre, en d'horribles faubourgs, de besognes monotones et déprimantes.

1. *Moniteur*, t. XXI (réimpression), p. 771.

2. Voir par exemple ce qui est dit dans l'*Émile* (éd. de 1817, t. V), p. 384, de la division du travail et de ses conséquences.

Par où l'on se rend compte que Jean-Jacques a les meilleures raisons d'être, lui aussi, un « agromane », et que son socialisme, si socialisme il y a, doit être avant tout un socialisme agricole. A défaut du sauvage, le paysan a ses amours. Celui-ci du moins, familier de la terre, garde des chances de rester plus fidèle aux voix de la nature. Il se nourrit de *ses* fruits, de *ses* troupeaux. Il est le plus indépendant des hommes : « C'est le peuple de la campagne qui fait la nation[1] »; c'est pourquoi le vrai peuple est dans la campagne. *Retour aux champs*, ce mot d'ordre eût ravi l'ermite d'Ermenonville.

Il y a un socialisme qui ne demanderait pas mieux que de prendre la suite des affaires de la grande industrie, manufacturière et urbaine. Il souhaite d'intensifier la production en la réorganisant, de manière à mettre à la portée de tous les conditions d'une vie aussi large, aussi riche que possible. Rousseau n'est point le maître de ce socialisme-là. Mais ceux qui, parmi les socialistes mêmes, alarmés plus qu'attirés par l'expansion indéfinie de l'industrialisme, souhaitent plus de mesure dans la production, plus de sobriété dans la consommation; ceux qui, voulant une vie moins large peut-être, mais plus saine et plus pure, ne peuvent s'empêcher de penser que l'humanité trouverait aux champs, bien plutôt que dans les villes, la liberté et l'égalité, ceux-là, qu'ils s'en doutent ou non, sont de la lignée de Jean-Jacques. Il déteste par avance le sort qui va être fait à l'ouvrier. Il souhaite à tous la destinée modeste du paysan-propriétaire.

*
* *

D'où vient donc qu'elle tarde tant à s'ouvrir, cette ère de lait et de miel, où tous les hommes, sur la terre pacifiée en même temps que fécondée, vivraient de leur travail? C'est sans doute qu'il y a des hommes qui ne vivent pas de leur travail, et doivent tout mettre en œuvre pour exploiter les autres. C'est qu'il y a des privilèges, couverts par autant de préjugés. Dénonçons donc ces préjugés pour atteindre plus sûrement ces privilèges. Il est peu de philosophes au XVIIIe siècle qui n'empruntent cette tactique. Mais Jean-Jacques y est inimitable. Dans cette guerre aux hiérarchies conventionnelles il apporte plus de logique et plus de passion que tous les autres réunis.

1. *Émile*, t. VI des *Œuvres*, p. 178.

Il ne se contente pas d'opposer aux classes l'homme; il superpose aux grands le peuple. Il commence ainsi ce renversement des valeurs, qui devait fournir son programme à la Révolution de 89, d'abord, à celle de 48 ensuite.

Rousseau raconte qu'un haut personnage ayant voulu lui confier l'éducation d'un de ses enfants il se fit scrupule d'accepter : « Son fils aurait renié son titre, il n'eût plus voulu être prince. » La vocation d'homme ne doit-elle pas primer toutes les autres? Émile ne sera donc point élevé en vue d'un *état :* « En sortant de mes mains, il ne sera, j'en conviens, ni magistrat, ni soldat, ni prêtre [1] ». Pareille spécialisation, d'abord, est une singulière imprudence. Le grand seigneur sera-t-il encore grand seigneur demain? Rousseau encore plus que Voltaire se plait à ces vagues et troublantes prophéties ; on dirait qu'il s'amuse à faire passer sur les plus hautes têtes le vent de la révolution qui approche. En un temps où nul n'est sûr de garder son rang, rien de plus dangereux qu'une éducation « exclusive ». Et puis, et surtout, rien de plus contraire à la nature, qui fit l'homme le même dans tous les états : « Le riche n'a pas l'estomac plus grand que le pauvre et ne digère pas mieux que lui : le maître n'a pas les bras plus longs ni plus forts que ceux de son esclave, un grand n'est pas plus grand qu'un homme du peuple, et enfin, les besoins naturels étant partout les mêmes, les moyens d'y pourvoir doivent être partout égaux [2] ». « Je ne connais point l'homme, dira J. de Maistre, je ne connais que des hommes »: et Taine après lui reprochera à Rousseau ce tour d'esprit classique qui, l'aveuglant à coup d'abstractions, l'empêche de voir la diversité des races humaines. Mais il faut bien comprendre que l'abstraction *Homme* est d'abord aux mains de Rousseau une machine de guerre : c'est un bélier pour jeter bas de gênantes et choquantes barrières. Rousseau ne songe nullement à méconnaître — les notes de ses *Discours* en feraient foi [3] — la diversité des races. Mais il songe avant tout à nier pratiquement les distinctions de classes. Les hommes de la Révolution ne se méprenaient pas sur le sens de son effort, qui déclaraient que s'il méritait d'être honoré comme « le premier fondateur de la Constitution française », ce devait être, entre autres

1. *Émile, loc. cit.*, p. 20.
2. *Ibid.*, p. 374.
3. Voir par exemple la note 10 du *Discours sur l'Origine de l'inégalité parmi les hommes.*

raisons, pour avoir donné aux hommes l'habitude de « pénétrer sous l'écorce de fausses conventions sociales[1] ».

Ajoutons que l'un des premiers, il esquisse cette systématique apologie du peuple qui sera si souvent reprise et développée à plaisir par les orateurs de la Convention. Le peuple a pour lui le nombre, et la puissance. Le peuple est le moins éloigné de la nature et le plus utile à la société. Le peuple est le véritable représentant de l'humanité elle-même. « C'est le peuple qui compose le genre humain. Ce qui n'est pas peuple est si peu de chose que ce n'est pas la peine de le compter... Respectez donc votre espèce : songez qu'elle est composée essentiellement de la collection des peuples; que quand tous les rois et tous les philosophes en seraient ôtés il n'y paraîtrait guère, et que les choses n'en iraient pas plus mal[2] ». *C'est le peuple qui compose le genre humain*, n'est-ce pas déjà le raisonnement de Siéyès et de Rabaut-Saint-Étienne dans leurs libelles sur le Tiers-État? *Quand tous les rois en seraient ôtés*, n'est-ce pas déjà l'insolente hypothèse que Saint-Simon généralisera, pour en dérouler méthodiquement les conséquences, dans sa fameuse Parabole?

Mais c'est surtout par son attitude envers la richesse et les riches que Rousseau prélude au socialisme. Il n'en a pas seulement au privilège de naissance, mais encore et surtout au privilège de fortune. Il ne dénonce pas seulement l'immoralité personnelle où la richesse entretient quasi fatalement ceux-là mêmes qu'elle comble, mais l'injustice sociale qu'elle leur rend trop facile. Les œuvres de Rousseau ne retentissent pas seulement de ces déclamations contre le luxe dont on retrouvera tant d'échos dans les discours de Robespierre. L'oisiveté est une espèce de larcin; sur le riche pèse une *dette sociale* dont celui-ci ne saurait se libérer que par le travail, — tous ces thèmes sans doute passent et repassent dans les *Discours* et dans l'*Emile*. Mais plus caractéristiques encore sont ceux-ci : le riche, par définition, est oppresseur. La richesse par sa seule présence fausse les lois. Elle les déforme à sa guise; ou pour mieux dire elle les façonne, dès l'abord, pour ses besoins.

Les adversaires des lois peuvent prendre, vis-à-vis d'elles, deux attitudes bien différentes. Ou bien ils diront : les lois sont fabriquées par les faibles et pour les faibles contre les forts — tel est, semble-t-il, le point de vue de Nietzsche, invitant les fauves blonds à se libérer

1. Pétition des citoyens de Montmorency, *Moniteur*, t. IX, p. 523.
2. *Émile*, p. 442.

des rets jetés sur eux par le troupeau. Ou bien ils diront : les lois sont fabriquées par les forts, pour les forts contre les faibles. C'est-à-dire, dans la pratique, par les possédants contre les non-possédants. — Tel est le point de vue de Rousseau.

« L'esprit universel des lois de tous les pays, déclare-t-il, est de favoriser toujours le fort contre le faible, et celui qui a, contre celui qui n'a rien : cet inconvénient est inévitable et sans exception[1] ». Au vrai, qu'avait à gagner celui qui ne possède rien à l'institution des lois? De l'état de lutte anarchique créé par les premiers progrès de la civilisation, c'est lui, en somme, qui a le moins à souffrir. Ceux qui possèdent, au contraire, sont par définition vulnérables et inquiets; leurs surface de sensibilité s'élargit avec leurs champs. Ce sont eux qui ont dû imaginer de fixer le *statu quo* en amenant leurs concurrents à convenir qu'on ne se battrait plus, et que chacun, de par la loi, pourrait user et abuser de ses possessions. Ainsi faisaient-ils consacrer les supériorités acquises. Ainsi se réservaient-ils la possibilité d'en acquérir tranquillement de nouvelles. A l'abri des lois, la richesse, en toute sécurité, arrondit son domaine et décuple sa puissance. N'est-ce pas assez pour qu'on puisse conclure, en vertu de l'adage : *is fecit cui prodest*, que toute législation est une invention des privilégiés, préoccupés avant tout de défendre leurs privilèges?

Par cette théorie des lois, plus peut-être que par toutes les autres, Rousseau ouvre directement la voie au socialisme. Qu'on se souvienne de la place qu'y tiennent, aujourd'hui encore, tant de réquisitions contre l'État bourgeois, qui met « l'usine aux lois », comme dit Jules Guesde, à la disposition des capitalistes, et ne peut travailler qu'à maintenir, directement ou indirectement, les inégalités des classes. Les lois, soi-disant prêtresses de la justice, ne sont que des servantes hypocrites qui, sous prétexte de la protéger, immobilisent la masse déshéritée : beaucoup de révolutionnaires s'en tiennent à cette conception. Rousseau plus nettement que tout autre l'a formulée. La croyance au machiavélisme des classes privilégiées, capables de mettre à leur service tous les mécanismes législatifs, est l'une des maîtresses pièces de son système.

En ce sens l'on peut dire que Rousseau fait coexister dans son système — à des moments d'ailleurs différents — deux sentiments

1. *Emile*, p. 477, en note. Voir le *Discours sur l'inégalité*, t. I de l'édition de 1817, p. 288 et suiv.

opposés : à une grande confiance dans la loi de demain, celle qui sera l'œuvre d'un État conforme à la volonté générale et recréé par le contrat social, il juxtapose une grande défiance à l'égard de la loi d'hier, celle qui fut l'œuvre intéressée d'une minorité de privilégiés. L'une de ces tendances est, si l'on veut, la tendance étatiste, l'autre serait la tendance anarchiste. Mais précisément ne les voit-on pas s'accorder, dans l'âme de beaucoup de socialistes d'aujourd'hui, comme dans l'âme de Rousseau lui-même?

*
* *

Si l'on voulait mesurer exactement l'influence que Jean-Jacques a pu exercer sur le socialisme, il ne faudrait pas manquer d'ajouter, à toutes les notions que nous évoquons ainsi, le halo de sentiment dont il les enveloppait. Il faudrait se souvenir qu'il ne fut pas seulement ni surtout une intelligence de philosophe, mais une sensibilité qui multipliait les expériences et qui en gardait, au moment même où elle cherchait ses formules générales, un irrésistible frémissement de passion. Valet de chambre, secrétaire d'ambassade, copiste de musique, fêté dans les salons puis mis au ban des salons, Jean-Jacques a traversé lui-même tous les étages de la société; et à tous les étages il a souffert. Il laisse à Voltaire ses joies de parvenu intellectuel. Il est plutôt, lui, l'éternel déclassé, le hors-cadre, le hors-loi. Situation incomparable pour tonner contre les distinctions sociales. Jean-Jacques a vécu ce qu'il pense. Et c'est sans doute ce qui devait assurer, à celles de ses idées qui portent du socialisme en elles, une force de pénétration incomparable.

C. BOUGLÉ.

LES DEUX TENDANCES DE ROUSSEAU[1]

Émile a vingt ans. Sophie est l'épouse que la nature lui destine. Ils se rencontrent, et l'amour éclôt dans le cœur vierge de ces deux enfants. « Émile, enhardi par ce discours, tourne un œil suppliant vers la mère, et, croyant voir un signe de consentement, s'approche en tremblant du visage de Sophie, qui détourne la tête, et, pour sauver la bouche, expose une joue de roses. » Émile croit toucher à la félicité. Mais son Mentor, levant l'index, s'exprime en ces termes : « En devenant chef de famille, vous allez devenir membre de l'État. Et qu'est-ce qu'être membre de l'État? Le savez-vous? Savez-vous ce que c'est que gouvernement, lois, patrie? » Non! il faut donc quitter Sophie, voyager, et subir pendant deux ans l'analyse du *Contrat social*, avant de goûter les joies de l'amour permis[2].

Cruelle opposition du cœur et de la raison! Entre la *Nouvelle Héloïse* et le *Contrat social*, quelle distance et quel contraste! C'est qu'il y a deux hommes en Rousseau : celui qui aime, qui rêve, imagine et se passionne, le Saint-Preux amant de Julie, le Jean-Jacques des Charmettes, le platonique adorateur de Mme d'Houdetot; et d'autre part l'implacable logicien qui a tracé les théorèmes du *Contrat social*.

Dans la pratique de la vie, le premier seul apparait; Rousseau est un passionnel et un impulsif. Mais dans l'œuvre intellectuelle, chacun a sa part : le premier, qui analyse la personne morale et décrit le jeu des passions; le second, qui établit les principes de

1. Extrait du préambule à un travail d'ensemble sur *J.-J. Rousseau et l'Assemblée Constituante* où M. Maurice Bourguin s'efforçait de préciser l'influence de Rousseau sur l'œuvre législative — tant négative que positive — de l'*Assemblée*. Ce travail a été fait vers 1897; bien qu'entièrement rédigé, il n'a pas été publié du vivant de l'auteur : M. Bourguin se réservait sans doute d'y apporter certaines corrections de détail et une dernière mise au point. Madame Bourguin a bien voulu confier à la *Revue*, à l'occasion de ce numéro consacré à Rousseau, le fragment que nous publions aujourd'hui. Nous tenons à lui en adresser publiquement nos remerciements reconnaissants. N. D. L. R.

2. Rousseau, éd. Musset-Pathay : *Émile*, livre V, t. II, p. 361 et 400.

l'éducation et de l'organisation politique. Or il y a, entre ces deux hommes qui constituent l'écrivain, opposition de méthode et de point de vue; l'un s'attachant à l'individuel et au relatif, l'autre au général et à l'absolu. Je voudrais, après beaucoup d'autres, faire ressortir cette divergence, et montrer qu'elle n'est pas étrangère, chez Rousseau, à l'incohérence de sa pensée sur le problème fondamental de la science politique, les relations de l'État et de l'individu; incohérence qui, par contre-coup, se retrouve jusque dans les doctrines et les actes de la Révolution.

*
* *

Le *Contrat social* est un pur produit de la raison raisonnante et de l'esprit classique, spéculatif et absolu. Le rationalisme déductif de Rousseau se manifeste déjà dans le *Discours* où il retrace par hypothèse l'origine de l'inégalité parmi les hommes et les causes de la formation des sociétés politiques, « autant que ces choses peuvent se déduire de la nature de l'homme par les seules lumières de la raison ». Dans le *Contrat social*, le procédé est encore plus sensible. Les hommes à l'état de nature sont des unités isolées, dépouillées par abstraction de toutes les particularités de race, de temps et de lieu qui peuvent différencier les individus. Ces hommes se réunissent, sous l'empire de diverses circonstances, pour former une société par contrat; ils conviennent que chaque associé s'aliène totalement, avec tous ses droits, à la communauté entière. De ces données, présentées non comme des vérités historiques, mais comme des hypothèses propres à éclairer la nature des choses, Rousseau déduit tout un système d'organisation politique nettement défini : le peuple seul souverain, se réservant l'exercice direct du pouvoir législatif, en vertu du principe que la volonté est inaliénable, et se bornant à confier l'exécution de la loi à des agents toujours révocables. Tel est le type de la société consensuelle, seule conforme au droit, seule capable de donner une base légitime aux obligations sociales. Supposons le système altéré dans l'un de ses traits essentiels, le gouvernement, par exemple, se faisant législateur par usurpation de la volonté générale : alors le pacte social est rompu, et les citoyens, reprenant leur liberté naturelle, sont forcés, mais non plus obligés d'obéir; ils retombent dans l'état de nature, mais dans un état de nature secondaire, fort éloigné de sa pureté primitive, parce qu'il est le fruit d'un excès de corruption.

Toute cette théorie procède d'une idée très haute de la liberté humaine. Le modèle est tracé; il appartient aux hommes de s'y conformer par un acte de libre volonté. On trouve, il est vrai, dans divers écrits, quelques passages qui semblent poser des jalons pour la sociologie moderne; dans l'article de l'Encyclopédie sur l'*Économie politique*, une comparaison classique de la société avec le corps humain; au début du *Discours sur l'inégalité*, une courte allusion au transformisme, et un passage rapide sur la sélection naturelle appliquée à l'espèce humaine. Mais ce ne sont pas là des thèses, et tout au contraire la conception sociale de Rousseau est celle d'une création arbitraire, d'un mécanisme artificiel maintenu et dirigé par la volonté.

Maintes fois s'affirme cette croyance dans la liberté morale de l'homme. « Le principe de toute action est dans la volonté d'un être libre », volonté guidée par l'instinct divin de la conscience[1]. Là se trouve la véritable base de la morale : toute autre base, soit la beauté de la vertu, soit l'utilité commune, est insuffisante[2]; et quant à la morale de Grimm, qui est de suivre en tout les penchants de son cœur, elle ne peut inspirer que de l'horreur[3]. Ou encore : « C'est surtout dans la conscience de cette liberté que se montre la spiritualité de son âme; car le physique explique en quelque manière le mécanisme des sens et la formation des idées, mais dans la puissance de vouloir ou plutôt de choisir, et dans le sentiment de cette puissance, on ne trouve que des actes purement spirituels, dont on n'explique rien par les lois de la mécanique[4] ». Liberté morale et responsabilité de l'homme, vie future, Dieu personnel, auteur de toutes choses et souverain juge, sont les articles de foi de la religion naturelle, exposée dans la *Profession de foi du Vicaire Savoyard*, et répandue dans l'œuvre entière de Rousseau.

Un autre trait essentiel de cette œuvre est son caractère absolu. Rousseau écrit pour tous les temps et pour tous les peuples; il pose des vérités universelles, dédaigneux des applications et des réalités contingentes. Émile est tenu à l'écart de la civilisation corrompue

1. *Émile*, livre IV, t. II, p. 45 et 67.
2. *Nouvelle Héloïse*, IIIe partie, lettre 18, t. I, p. 525.
3. *Confessions*, IIe partie, livre VII, t. II, p. 313.
4. *Discours sur l'origine de l'inégalité*, Ire partie.

qui déformerait le type absolu de l'homme naturel que son éducateur cherche à façonner en lui; car Rousseau n'entend pas descendre aux difficultés d'adaptation. Lisez la Préface : « En toute espèce de projet, il y a deux choses à considérer : premièrement, la bonté absolue du projet, en second lieu, la facilité de l'exécution. Au premier égard, il suffit, pour que le projet soit admissible et praticable en lui-même, que ce qu'il a de bon soit dans la nature des choses : ici par exemple, que l'éducation proposée soit convenable à l'homme, et bien adaptée au cœur humain »... Quant aux applications particulières des principes de l'éducation dans les différentes situations possibles, « n'étant pas essentielles à mon sujet, elles n'entrent point dans mon plan. D'autres pourront s'en occuper s'ils veulent, chacun pour le pays ou l'état qu'il aura en vue. Il me suffit que, partout où naîtront des hommes, on puisse en faire ce que je propose ».

Même caractère dans les écrits politiques. Au préambule du *Discours sur l'inégalité* : « Mon sujet intéressant l'homme en général, je tâcherai de prendre un langage qui convienne à toutes les nations; ou plutôt, oubliant les temps et les lieux, pour ne penser qu'aux hommes à qui je parle, je me supposerai... le genre humain pour auditeur ». Le *Contrat social* est écrit dans le même esprit. Rousseau vient d'en exposer la substance à son élève : « Je ne serais pas étonné qu'au milieu de tous mes raisonnements, mon jeune homme, qui a du bon sens, me dît en m'interrompant : On dirait que nous bâtissons notre édifice avec du bois, et non pas avec des hommes, tant nous alignons exactement chaque pièce à la règle! — Il est vrai; mais songez que le droit ne se plie point aux passions des hommes, et qu'il s'agissait entre nous d'établir d'abord les vrais principes du droit politique[1]. »

Rousseau pose donc ces principes comme étant la vérité inconditionnée. C'est Platon traçant dans la *République* un type idéal de société; c'est le théologien exposant la thèse, l'état de perfection, le but vers lequel on doit tendre dans l'hypothèse. A cette hauteur, les imperfections humaines disparaissent, les difficultés s'évanouissent, les antinomies se fondent en un tout harmonieux; à ce point de vue optimiste, il n'est plus besoin de garants, de contre-forces ni de contrôle.

1. *Émile*, liv. V, t. II, p. 446.

Ce n'est pas qu'on ne trouve, à travers les œuvres politiques du citoyen de Genève, divers passages où se manifeste un certain sens du relatif. Dans la dédicace du *Discours sur l'inégalité*, il parle de la liberté comme d'un vin généreux propre à fortifier les tempéraments robustes, mais capable aussi de ruiner et enivrer les faibles et les délicats qui n'y sont point faits; et il montre que les peuples accoutumés à des maîtres, s'ils tentent de secouer leur joug par des révolutions, prennent pour la liberté une licence effrénée et se livrent presque toujours à des séducteurs qui ne font qu'aggraver leurs chaînes. Un peu plus loin, il dit que c'est surtout la grande antiquité des lois qui les rend saintes et vénérables. Les *Considérations sur le Gouvernement de Pologne* sont pleines de conseils sages et circonspects sur le danger des innovations hâtives. Le *Contrat social* lui-même renferme de semblables réflexions. Les peuples, dit-il, deviennent incorrigibles en vieillissant, et quand une fois les coutumes sont établies et les préjugés enracinés, c'est une entreprise dangereuse et vaine de vouloir les réformer. Il se trouve sans doute quelquefois, dans la durée des États, des époques de crise où les révolutions opèrent comme certaines maladies chez les individus, et rendent à l'État la vigueur de la jeunesse au sortir des bras de la mort. Mais ces événements sont rares, et quand le ressort civil est brisé, les révolutions ne peuvent faire surgir qu'un maître, et non un libérateur[1].

Rousseau semble même, dans certaines parties du *Contrat social*, subir directement l'influence de Montesquieu. Sur les divers systèmes de législation[2], il dit qu'il faut assigner à chaque peuple un système particulier d'institutions qui soit le meilleur, non peut-être en lui-même, mais pour l'État auquel il est destiné, suivant le caractère des habitants, la nature du sol et du climat, la situation géographique. « En un mot, entre les maximes communes à tous, chaque peuple renferme en lui quelque cause qui les ordonne d'une manière particulière et rend sa législation propre à lui seul. »

Mais c'est surtout au Livre III, à propos des diverses formes de gouvernement, que cette thèse de la relativité des institutions s'affirme et se développe. Là il prend pour son compte l'adage classique qu'en général le gouvernement démocratique convient aux petits États, l'aristocratique aux moyens, et le monarchique aux

1. L. II, ch. VIII.
2. L. II, ch. XI.

grands. Tout un chapitre est consacré à démontrer que toute forme de gouvernement n'est pas propre à tout pays. « La liberté, n'étant pas un fruit de tous les climats, n'est pas à la portée de tous les peuples. Plus on médite ce principe établi par Montesquieu, plus on en sent la vérité. »

Faut-il donc hésiter, dans l'interprétation des théories de Rousseau, sur leur sens absolu ou relatif? Je ne le pense pas. Les atténuations de pensée, les traces d'esprit conservateur que renferme le *Discours sur l'inégalité*, semblent n'être que de petites habiletés de circonstance, imaginées pour faire accepter par les *Magnifiques, très honorés et souverains Seigneurs* de la République de Genève, un écrit essentiellement révolutionnaire, aux tendances anarchiques, d'une audace inquiétante pour l'auteur lui-même. Certainement, ici, le fond l'emporte sur la forme, et deux phrases isolées ne sauraient prévaloir contre les conclusions qui se dégagent de l'ensemble. Allez plus loin, au cœur du sujet, et vous trouverez ceci : pour que l'état politique ne demeure pas toujours imparfait, il faut, au lieu de raccommoder sans cesse, « commencer par nettoyer l'aire et écarter tous les vieux matériaux comme fit Lycurgue à Sparte, pour élever ensuite un bon édifice ». Voilà la véritable méthode, telle qu'elle est énoncée dans le corps du *Discours*. Les bonnes institutions ne sont pas celles qui naissent de la raison collective et inconsciente des peuples, se développent sous l'empire de circonstances variables, mais celles qui sont établies par un homme supérieur, un législateur, conformément à un modèle fourni par la raison.

Rousseau a horreur des révolutions, il l'affirme lui-même dans un écrit de sa vieillesse démente [1] et l'on peut le croire [2]. Mais le penseur qui, du fond de sa retraite, trace un type de société en opposition directe avec les institutions de son temps, qui propose cette société comme un modèle absolu et universel, pour tous les temps et tous les lieux, celui-là, fût-il personnellement l'homme le plus pacifique du monde, fait œuvre révolutionnaire. Quoiqu'il y ait loin de ses idées spéculatives aux applications qu'il en a faites à la Corse et à la Pologne, il est, par l'audace de ses théories et de ses paradoxes épars, subversif des sociétés organisées. Sa hardiesse est celle des philosophes du siècle qui, éloignés des faits par le régime politique, persuadés qu'ils ne peuvent exercer aucune action sur le gouvernement

1. *Rousseau juge de Jean-Jacques*, 3e dialogue.
2. Champion, *Esprit de la Révolution française*, p. 13.

des choses humaines, ne sont retenus dans leur audace spéculative par aucun sentiment de responsabilité.

Il n'a voulu faire, dites-vous, que le panégyrique de la République de Genève et n'a eu en vue que les petits États de la Grèce antique ou de la Suisse moderne. Mais cette constitution décrite dans le *Contrat social*, il la donne formellement en exemple à l'Europe : « J'ai donc pris, — dit-il aux Génevois, dans la *Lettre VI de la Montagne* — j'ai donc pris votre Constitution, que je trouvais belle, pour modèle des institutions politiques, et, vous proposant en exemple à l'Europe, loin de chercher à vous détruire, j'exposais les moyens de vous conserver. »

Il n'a pas prétendu, direz-vous encore, tracer un modèle absolu de société politique, puisqu'il insiste longuement sur cette idée que toute forme de gouvernement n'est pas propre à tout pays. Sans doute; mais ici il faut s'entendre et préciser les limites du relatif dans le *Contrat social*.

Qu'est-ce donc, pour Rousseau, que ces diverses formes de gouvernement, monarchie, aristocratie, démocratie, auxquelles il consent à n'attribuer qu'un caractère relatif? Veut-il désigner par là, comme tant d'autres écrivains, des formes générales et vagues de sociétés politiques, dans lesquelles la souveraineté appartient tantôt à un seul, tantôt à plusieurs, et tantôt à tous? Non certes, ses propres définitions ne laissent aucun doute à cet égard. Dans sa pensée, les formes de gouvernement ne sont pas des modes différents de la souveraineté, intéressant l'organisation politique tout entière, mais simplement des formes du pouvoir exécutif : il n'y a démocratie, notamment, que si tous les citoyens, ou au moins la plupart d'entre eux, exercent eux-mêmes le Gouvernement à titre de magistrats.

Voilà le côté du système où domine le point de vue relatif; mais c'est aussi le seul. Il n'est pas essentiel que tous les citoyens participent à l'exercice du pouvoir exécutif; à vrai dire un gouvernement si parfait ne convient qu'à des dieux. La forme du gouvernement est donc subordonnée aux conditions variables du milieu. Mais cette forme est d'importance secondaire, car le gouvernement n'est que le couronnement de l'édifice. A la base de toute construction politique rationnelle, il y a, il doit y avoir un seul souverain, le peuple; une seule loi, la volonté générale, qui ne se représente pas. Cela est absolu, et non question de latitude et de climat.

Au sens ordinaire des mots, un tel régime est essentiellement démocratique, même si le gouvernement est confié à un roi. Le peuple est souverain et législateur; les lois préparées par ses députés ne sont valables que s'il les ratifie. Le prince, loin d'être un souverain, n'est qu'un officier, un fonctionnaire que le peuple peut établir et destituer quand il lui plait; en aucun cas, l'institution du gouvernement n'est un contrat entre le peuple et le prince, mais seulement une commission révocable, et si le peuple institue un gouvernement monarchique héréditaire, ce n'est point un engagement qu'il prend, mais seulement une forme provisionnelle qu'il donne à l'administration jusqu'à ce qu'il lui plaise d'en ordonner autrement. Mably, dans les *Droits et Devoirs du Citoyen* écrits en 1758 et publiés en 1789, après sa mort, dit aussi que la révolution n'est pas injuste, non seulement si le prince viole le pacte, mais même s'il plaît au peuple de changer sa constitution. « Quand l'acte constitutif du gouvernement serait aussi sage qu'il peut l'être, la nation n'en serait pas moins en droit de reprendre l'autorité qu'elle aurait confiée à ses magistrats et d'en faire le partage suivant un nouveau plan et de nouvelles proportions » (Lettre III). Sans doute les changements sont toujours dangereux : il ne faut jamais toucher au gouvernement établi que lorsqu'il devient incompatible avec le bien public: mais c'est là une maxime de politique, et non pas une règle de droit[1].

Voilà le type de société politique dont il n'est pas permis de s'écarter. — Le peuple aliène-t-il le droit de modifier la forme du pouvoir exécutif? Délègue-t-il même le pouvoir législatif à des représentants? Il fait un acte contraire au but de l'association, et incompatible avec la nature du corps social; par là même, la société devient illégitime; la force ne s'appuie plus sur le droit, le lien social cesse d'être obligatoire, et les membres de l'association retournent à l'état de nature.

Il est donc établi que, pour Rousseau, la souveraineté démocratique, sinon la forme républicaine, est seule de droit naturel, seule conforme à la justice et à la raison; c'est un principe absolu qui domine l'œuvre entière et lui donne son caractère propre.

1. Livre III, ch. I, XVI et XVIII. Comp. un passage du *Discours sur l'inégalité*, IIe partie, où Rousseau accepte encore la théorie courante du contrat entre le peuple et ses chefs.

S'il est vrai que quelques concessions au relatif ne doivent pas nous donner le change sur la véritable nature de la philosophie politique de Rousseau, nous ne devons pas non plus nous attacher, pour juger celle de Montesquieu, à certains chapitres de l'*Esprit des Lois* qui par leur tendance à l'absolu, sembleraient à leur place dans le *Contrat social*. Il y est question d'un état de nature antérieur à l'établissement des sociétés, auquel il faudrait remonter pour bien connaître les lois de la nature [1]. Les institutions de Lycurgue et de la *République* de Platon sont des modèles proposés aux Républiques qui ont la vertu pour principe. L'État antique exerçant ses droits sur les mœurs, sur le luxe, sur la propriété, sur l'éducation, confondant la politique avec la morale, y est décrit avec complaisance. Ces traces légères suffisent pour marquer la date de l'œuvre, mais non pour changer son caractère.

Le droit naturel, cet absolu vers lequel le *Contrat social* est constamment tendu, tient au contraire fort peu de place dans l'*Esprit des Lois*. Montesquieu affirme bien, dès le début, qu'avant qu'il y eût des lois faites, il y avait des rapports de justice possibles. Mais, après ce rapide hommage aux principes métaphysiques, il n'a plus souci que des réalités positives auxquelles se subordonne la raison législative. Ainsi se manifeste l'unité dans cet entassement laborieux de définitions, de maximes, d'exemples tirés des faits, qui constitue l'*Esprit des Lois*. Le désordre y est apparent dans la forme et la composition; mais l'idée toujours persistante de la relativité des institutions humaines suffit pour donner à l'œuvre sa grande et puissante harmonie.

Montesquieu est avant tout un descriptif, cherchant à expliquer ce qui a été ou ce qui est, plutôt qu'à édifier une thèse politique sur des principes rationnels. Aussi, Rousseau, et après lui les hommes de la Révolution, lui reprochent-ils d'avoir considéré la science politique comme la science de ce qui est, et non comme la science de ce qui doit être. « Le seul moderne en état de créer cette grande et inutile science eût été l'illustre Montesquieu. Mais il n'eut garde de traiter des principes du droit politique; il se contenta de traiter du droit positif des gouvernements établis, et rien au monde n'est plus différent que ces deux études [2] ». Reproche injuste, d'ailleurs, pour qui veut aller au fond des choses. Montesquieu, quand il décrit

1. I. II.
2. *Émile*, livre V, t. II, p. 427.

certaine constitution, a pour but d'enseigner discrètement ce qui peut être. Mais, à la fin du XVIIIe siècle, on ne peut se contenter d'un idéal aussi restreint.

Parfois Rousseau rend hommage à « ce beau génie[1] », il lu emprunte même sa théorie que toute forme de gouvernement n'est pas propre à tout pays. Mais on sait dans quelle mesure restreinte il entend cette relativité des formes de gouvernement. L'esprit de Montesquieu ne pouvait qu'être antipathique à Rousseau, et si l'auteur du *Contrat social* s'incline en passant devant l'auteur de l'*Esprit des lois*, ce n'est pas sans avoir exercé sa verve railleuse sur les théoriciens de la séparation des pouvoirs[2]. Montesquieu, il est vrai, s'est déclaré l'ennemi du despotisme; mais Rousseau, et ses élèves dans les assemblées révolutionnaires n'oublient pas que le président est resté attaché aux institutions du passé, aux privilèges de la noblesse et de l'aristocratie judiciaire.

Le *Contrat social* reste de parti pris un traité d'art théorique contenant des préceptes généraux; l'art pratique ne trouve sa place que dans les *Considérations sur le Gouvernement de Pologne.*

C'est donc bien, si je ne me trompe, l'esprit classique qui inspire les écrits politiques de Rousseau. Principes établis par voie d'abstraction; chaîne de raisonnements déductifs; conclusions absolues; telle est la série des procédés logiques de l'auteur du *Contrat social.*

*
* *

Tout autre se montre-t-il dans les œuvres d'imagination, de sentiment et d'analyse morale. Là, en contraste avec le rationalisme, nous voyons dominer en lui, avec le sentiment lyrique de la nature, le goût des particularités pittoresques, la recherche de l'originalité chez l'homme, le culte de la passion et de l'instinct, guides individuels très éloignés de la raison concevant le type de l'absolu. « J'ai plus de confiance à mon instinct qu'à ma raison », écrit Julie[3]. Dans les *Confessions* surtout s'affirme l'individualisme, parfois farouche, de l'homme de la nature qui s'isole pour interroger son moi; les *Confessions*, comme déjà la *Nouvelle Héloïse*, sont un examen de la

1. *Émile* livre V, t. II, p. 449, et *Contrat social*, l. III, ch. IV.
2. *Contrat social*, l. II, ch. II.
3. *Nouvelle Héloïse*, IIe partie, lettre 18; t. II, p. 372.

vie intérieure, une analyse profonde de la conscience individuelle avec ses monstruosités propres. Alceste, déjà atteint du délire de la persécution, se replie sur lui-même, et, détachant son unité du reste des humains, nous livre le secret de sa personne.

Jusque dans son rationalisme moral et religieux, Rousseau, rejetant l'autorité qui impose l'uniformité, ne se fie qu'aux lumières de la raison individuelle. C'est une âme protestante que celle du citoyen de Genève, une âme pénétrée d'individualisme, qui s'indigne de la prétention, chez une secte protestante, d'imposer ses formules dogmatiques, et proteste contre la dure orthodoxie du clergé de Genève, alors que la Réforme n'est autre chose que « l'esprit particulier établi pour unique interprète de l'Écriture [1] ».

Voilà pourquoi Jean-Jacques paraît à Mme de Staël se rattacher à l'école germanique. Sans souscrire complètement à ce jugement, un critique a pu soutenir dernièrement avec beaucoup de force que Rousseau a uni en lui le génie de l'Europe latine à celui de l'Europe germanique, et qu'il a été l'initiateur en France des littératures étrangères [2]. A certains points de vue, Rousseau est l'ancêtre du romantisme spiritualiste; il est surtout le père de la littérature tourmentée par les inquiétudes morales, du roman d'analyse, des œuvres de psychologie subjective, où l'individu est but et centre, où le *moi* s'exhibe et s'hypertrophie. — Rien de plus antipathique au génie littéraire de Jean-Jacques Rousseau que la littérature académique et le théâtre classique, où « communément tout se passe en beaux dialogues bien agencés, bien ronflants » et où « presque tout s'énonce en maximes générales [3] ».

Cet esprit individualiste répandu dans l'œuvre littéraire de Rousseau est donc très opposé à l'esprit généralisateur et absolu de ses écrits politiques. De là une contradiction manifeste dans sa philosophie sociale, le sentiment du moi, qui inspire ses productions littéraires, devant le conduire à une énergique affirmation des droits de la personne humaine, l'esprit classique qui anime ses œuvres de raisonnement l'entraînant au contraire à la conception antique de l'État souverain maître des individus [4].

L'individualisme répandu dans la *Nouvelle Héloïse* et les *Confes-*

1. Lettre II de la *Montagne*.
2. Texte, *J.-J. Rousseau et les origines du cosmopolitisme littéraire*.
3. *Nouvelle Héloïse*, IIe partie, livre 17, t. I, p. 366.
4. Émile Faguet, *Études littéraires sur le XVIIIe siècle*. J.-J. Rousseau, p. 388 et suiv.

sions se retrouve encore jusqu'à un certain point dans les théories sociales de l'*Émile* et du *Contrat social*[1]. Qu'est-ce en effet que l'état de nature concept premier de la série logique, sinon le plein épanouissement de l'individualité libre, saine et heureuse, ignorante des servitudes de la vie sociale? Aussi Rousseau, dans le *Discours sur l'inégalité*, après avoir exposé les causes accidentelles qui rompirent l'égalité primitive et firent dégénérer l'état de nature en un affreux état de guerre, montre-t-il que les hommes, fiers et indomptés, contractèrent des sociétés et se donnèrent des supérieurs, non pour se précipiter dans l'esclavage, mais pour se défendre au contraire contre l'oppression, et protéger leurs biens, leurs libertés et leurs vies, qui sont pour ainsi dire les éléments constitutifs de leur être. Cette idée, puisée dans Locke, se retrouve encore dans certains passages de l'article *Économie politique*, où la sûreté civile est considérée comme le véritable but de la société, la base la plus sûre de l'amour de la patrie[2]. Est-il bon qu'un seul périsse pour tous? « Si l'on entend qu'il soit permis au gouvernement de sacrifier un innocent au salut de la multitude, je tiens cette maxime pour une des plus exécrables que jamais la tyrannie ait inventées, la plus fausse qu'on puisse avancer, la plus dangereuse qu'on puisse admettre, et la plus opposée aux lois fondamentales de la société[3]. »

Mais à partir du *Discours sur l'inégalité*, où l'individualisme confine à l'anarchie, la pensée de Rousseau subit une évolution pour aboutir aux doctrines absolutistes du *Contrat social*, à la glorification de la société souveraine. L'homme est né bon, c'est la société qui le déprave; cette idée se retrouve partout, elle domine l'œuvre entière, soit; mais avec quelle différence de ton! Dans le *Discours sur l'inégalité*, les hommes, lorsqu'ils sont contraints par les circonstances d'entrer en société, courent au-devant de leurs fers; ils se résignent à sacrifier une partie de leur liberté pour conserver le reste; encore la société n'est-elle formée que pour l'avantage des riches, qui ont à garantir leurs biens[4]. Dans le *Contrat social*, l'état

1. On a reproché à Rousseau l'individualisme qui est à la base de l'éducation d'Émile (John Morley, *Rousseau*, II, p. 233).

2. P. 811.

3. P. 816.

4. Voir aussi l'article *Économie politique*, p. 824, où Rousseau donne la même signification au pacte social : « Vous avez besoin de moi, car je suis riche et vous

civil succédant à l'état de nature substitue dans la conduite de l'homme la justice à l'instinct, donne à ses actions la moralité qui leur manquait auparavant, développe ses facultés, ennoblit ses sentiments. Loin de détruire l'égalité naturelle, le pacte social substitue une égalité morale et légitime à l'inégalité physique que la nature avait mise entre les hommes. Quoique l'homme se prive dans cet état de plusieurs avantages qu'il tient de la nature, il en regagne de si grands, qu'il devrait bénir sans cesse l'instant heureux qui l'arracha pour jamais à son ancienne condition, et qui d'un animal stupide et borné fit un être intelligent et un homme[1]. Ce n'est pas que l'État soit la source de toute justice : « Ce qui est bien et conforme à l'ordre est tel par la nature des choses et indépendamment des conventions humaines. Toute justice vient de Dieu, lui seul en est la source[2] ». Mais la société révèle à l'homme sa raison et sa liberté.

L'Etat social est donc mieux qu'un pis aller. Il arrive même à Rousseau d'avouer autre part que l'homme est sociable par sa nature, ou du moins fait pour le devenir[3]. Mais à quelle condition les hommes jouissent-ils des bienfaits de l'état social ? A la condition de former une association contractuelle, une communauté à laquelle chacun s'aliène avec tous ses droits, sans réserve. Sans doute chacun n'aliène de sa puissance, de ses biens et de sa liberté, que la partie dont l'usage importe à la communauté; mais le souverain seul est juge de cette importance[4]. Ainsi l'État, à l'égard de ses membres, est maître de tous leurs biens par le contrat social[5], car c'est lui qui change l'usurpation en un véritable droit, et les possesseurs ne sont que les dépositaires du bien public. L'éducation des enfants doit être publique et commune, c'est une maxime fondamentale du gouvernement populaire et légitime, car « on doit d'autant moins abandonner aux lumières et aux préjugés des pères l'éducation de leurs enfants, qu'elle importe à l'État encore plus qu'aux pères[6] ». Il

êtes pauvre; faisons donc un accord entre nous : je permettrai que vous ayez l'honneur de me servir, à condition que vous me donniez le peu qui vous reste, pour la peine que je prendrai de vous commander ».

1. Livre I, ch. VIII et IX. — Remarquer à la fin du dernier chapitre une note assez grande où Rousseau essaie de concilier ses idées avec celles du *Discours sur l'inégalité*, livre II, ch. IV.
2. *Contrat social*, livre II, ch. VI.
3. *Émile*, livre IV, t. II, p. 66.
4. *Contrat social*, I, VII et II, IV.
5. *Id.* I, 9.
6. Encyclopédie, v. *Économie politique*, p. 818.

importe aussi qu'il n'y ait pas de société partielle dans l'État[1]; telle fut la sublime institution du grand Lycurgue. Il importe surtout de faire entrer la religion dans le système politique, et de réunir les deux têtes de l'aigle, car tout ce qui rompt l'unité sociale ne vaut rien; il y a une profession de foi purement civile dont il appartient au souverain de fixer les articles : « c'est une sorte de déisme gallican avec la même sanction terrible que le gallicanisme de 1682 et 1685, c'est la religion d'État mise à la portion congrue en fait de dogmes, mais aussi rigoureuse, aussi implacable que si elle avait à maintenir le catéchisme du Concile de Trente » (de Pressensé, *l'Église et la Révolution française*, p. 19); de sorte que quiconque ne les croit pas soit banni comme insociable, et même puni de mort si, après les avoir reconnus publiquement, il se conduit comme ne les croyant pas[2]. La vie même n'est pas un bienfait de la nature, mais un don conditionnel de l'État, et si le prince dit au citoyen : Il est expédient à l'État que tu meures, il doit mourir[3].

Nous retrouvons ici l'idéal antique de l'État tout-puissant, maître absolu des personnes et des biens, régulateur suprême non seulement de la conduite extérieure, mais aussi des rapports domestiques et de la conscience individuelle. A cette condition l'État est un tout homogène, une véritable unité puissante et bienfaisante. On connaît le passage si caractéristique de l'*Émile*[4] : « Les bonnes institutions sociales sont celles qui savent le mieux dénaturer l'homme, lui ôter son existence absolue pour lui en donner une relative, et transporter le *moi* dans l'unité commune, en sorte que chaque particulier ne se croie plus un, mais partie de l'unité, et ne soit plus sensible que dans le tout ». Dans l'article *Économie politique*, Platon reste l'inspirateur. Il ne suffit pas d'assurer l'ordre, il faut faire régner la vertu. « L'autorité la plus absolue est celle qui pénètre jusqu'à l'intérieur de l'homme et ne s'exerce pas moins sur la volonté que sur les actions.... C'était là le grand art des gouvernements anciens dans ces temps reculés où les philosophes donnaient des lois aux peuples, et n'employaient leur autorité qu'à les rendre sages et heureux. De là tant de lois somptuaires, tant de règlements sur les mœurs[5] ». Il est donc nécessaire de contenir dans d'étroites limites cet intérêt per-

1. *Contrat social*, II, 3.
2. *Id.* IV, 8.
3. *Id.* II, 5.
4. Livre I, t. I, p. 13,
5. P. 814.

sonnel qui isole les particuliers et affaiblit l'État : il faut que par l'éducation les citoyens soient accoutumés « à ne jamais regarder leur individu que par ses relations avec le corps de l'État ». Alors « ils pourront parvenir enfin à s'identifier avec le plus grand tout, à se sentir membres de la patrie, à l'aimer de ce sentiment exquis que tout homme isolé n'a que pour soi-même.... Il n'est plus temps de nous tirer hors de nous-mêmes, quand une fois le *moi humain* consacré dans nos cœurs y a acquis cette méprisable activité qui absorbe toute vertu, et fait la vie des petites âmes[1] ». Mably disait de même un peu plus tard (*De la législation*, 1776, livre IV, ch. I) : « La République ne formera jamais d'excellents citoyens tant que l'éducation ne sera pas publique et générale. Permettez-vous aux pères de famille de se faire arbitrairement des règles à cet égard? Il me semble dès lors qu'il doit y avoir dans les mœurs une variété qui n'y permettra aucune consistance.... La République doit donner des principes communs d'union, de paix et de concorde, pour n'avoir, s'il est possible, qu'un même esprit ».

Dans cette république, les citoyens jouissent bien d'une espèce de liberté; mais c'est la liberté à l'antique, l'exercice de la souveraineté. Les individus, loin d'être protégés contre le despotisme démocratique, sont de simples cellules subordonnées, dans le grand tout, à la vie de l'ensemble.

Comment concilier cette sorte de panthéisme politique (suivant l'heureuse expression de Saint-Marc Girardin) avec l'individualisme moral et religieux de la *Nouvelle Héloïse* et des *Confessions*, avec l'individualisme antisocial du *Discours sur l'inégalité*? La tâche est malaisée, car la contradiction est éclatante; elle ne comporte, semble-t-il, que des explications atténuantes.

Rousseau a la haine du despotisme et l'amour de la liberté, ce n'est pas douteux; sa pensée n'est jamais si vigoureuse, son style si puissant et si enflammé, que quand il chante la liberté, flétrit l'esclavage et la tyrannie, et fait justice des sophismes sur le droit du plus fort. Mais le despotisme qu'il poursuit et qu'il dénonce est celui-là seul qu'il aperçoit dans la société de son temps, celui dont il souffre personnellement, le despotisme des princes et des aristocrates. En haine de celui-là, il se rejette violemment, radicalement,

1. P. 818.

vers la souveraineté collective telle que l'antiquité l'a connue; la Sparte de Lycurgue, la Rome de Brutus lui paraissent des modèles de républiques libres.

Mais dans la société du *Contrat social*, l'individu ne court-il pas encore le risque d'être opprimé par le souverain? C'est ici qu'apparaît dans sa pureté l'esprit transcendant et absolu de Rousseau. Encore une fois, son rôle est de tracer des modèles de perfection, et non de descendre aux réalités de l'application. Par définition, la volonté générale qui fait la loi est celle qui a un objet général; dès qu'elle prononce sur un objet particulier, sur un homme ou sur un fait, elle change de nature et devient une volonté particulière. En thèse, la volonté générale, s'appliquant toujours à des objets d'intérêt général, ne peut errer; elle est l'expression même de la justice, car il est impossible que le corps veuille nuire à tous ses membres. « Le souverain, par cela seul qu'il est, est toujours ce qu'il doit être[1]. » Dans cet état de perfection, la puissance souveraine n'a donc nul besoin de garant envers les sujets; la liberté des citoyens ne risque pas d'être compromise. Toute l'idée se trouve condensée dans cette phrase de la lettre VI de la *Montagne* : L'engagement réciproque des membres de l'État « étant absolu, sans condition, sans réserve, il ne peut toutefois être injuste, ni susceptible d'abus, puisqu'il n'est pas possible que le corps se veuille nuire à lui-même, tant que le tout ne veut que pour tous. »

Voilà la conciliation; elle se fait dans cette cité idéale où les vices de la nature humaine sont supprimés par hypothèse, où l'opposition de l'égoïsme et de l'altruisme disparaît. Mais, Rousseau le reconnaît lui-même, si le peuple veut toujours le bien, il ne le voit pas toujours. « La volonté générale est toujours droite, mais le jugement qui la guide n'est pas toujours éclairé. » « Comment une multitude aveugle, qui souvent ne sait ce qu'elle veut, parce qu'elle sait rarement ce qui lui est bon, exécuterait-elle d'elle-même une entreprise aussi grande, aussi difficile qu'un système de législation[2]? » Il lui faut donc pour inspirateur et pour guide un homme extraordinaire par son génie, un législateur qui propose les lois. Mais si cet homme ne se rencontre pas? Alors le peuple risque fort de se tromper et de faire de mauvaises lois; il risque surtout de prendre pour l'expression de la volonté générale des décisions

1. *Contrat social*, I, 7.
2. *Id.*, II, 6; I, 3.

particulières, dangereuses pour la sécurité individuelle. Que devient la liberté en pareille occurrence? Rousseau ne prend pas soin de nous le dire; il a esquissé le type idéal et cela suffit; quant aux applications particulières des principes, aux difficultés et aux dangers qu'elles présentent, « d'autres pourront s'en occuper s'ils veulent ».

Comment comprendre que ce penseur contradictoire, d'un dogmatisme si choquant pour des esprits contemporains, que ce vicieux déséquilibré qui semble, dans ses *Confessions*, privé du sens moral le plus vulgaire, nous attire et nous touche encore? C'est que, derrière les incohérences du penseur, derrière les honteuses faiblesses de l'homme, nous découvrons chez lui, par une étrange contradiction, une hauteur de pensée, un souci de la justice, un souffle d'humanité, un sens profondément religieux, qui le relèvent et le purifient à nos yeux. Malade de génie, il a pu avoir la sincérité de l'écrivain qui s'enthousiasme pour un idéal moral en désaccord avec sa vie. La bête et l'ange, il a réuni en lui les faces extrêmes de la nature humaine. Ame de désir et d'orgueil, sérieux, tendre et profond, il apparait, dans ce siècle de scepticisme et de bel esprit, plus vraiment homme qu'aucun philosophe de son temps, plus sincèrement ému, plus pénétré d'amour et de confiance dans l'avenir de l'humanité : notre frère enfin, par le contraste, extrême chez lui, de sa misère morale et de ses aspirations infinies. C'est par son idéalisme qu'il a prise sur les âmes, et qu'après avoir soulevé celles de ses contemporains, il reste toujours vivant dans le cœur des hommes. Comment le condamnerions-nous sans pitié, celui qui a mis ces belles paroles dans la bouche de Julie mourante : « En quoi mon mari peut-il être coupable devant Dieu? Détourne-t-il les yeux de lui? Dieu lui-même a voilé sa face.... L'orgueil ne le possède pas, il ne veut égarer personne, il est bien aise qu'on ne pense pas comme lui.... Il fait le bien sans attendre de récompense.... Hélas! il est à plaindre; mais de quoi sera-t-il puni? Le vrai chrétien, c'est l'homme juste; les vrais incrédules sont les méchants. »

MAURICE BOURGUIN.

LES IDÉES POLITIQUES ET SOCIALES DE J.-J. ROUSSEAU[1]

Je ne pourrai pas, en une heure, entrer dans le détail cependant si intéressant des idées politiques et sociales de J.-J. Rousseau. Je serai même obligé, faute de temps, de laisser de côté une partie essentielle de son œuvre, celle qu'E. Quinet considérait comme vitale, celle qui a trait aux rapports de la religion et de l'État, à l'institution d'une religion civile. Je dois me borner à indiquer les grands traits des conceptions politiques et sociales de Rousseau, à marquer surtout quel était son état d'esprit et d'âme dans cet ordre de questions. Ce n'est peut-être pas entièrement inutile à notre époque, car l'homme extraordinaire que L. Blanc et G. Sand admiraient, n'est pas très pratiqué par la nouvelle génération politique et littéraire. Il n'en reste guère dans les esprits qu'une vague idée, une notion confuse de républicanisme théorique, de brillants mais dangereux paradoxes, d'incurable misanthropie.

D'abord, si l'on veut bien comprendre le sens profond de l'œuvre politique et sociale de J.-J. Rousseau, il faut se rappeler qu'il n'a commencé que fort tard à écrire, vers la cinquantaine, qu'il s'était nourri jusque-là sans aucune préoccupation d'écrivain, de musique, de fortes et graves lectures et surtout de toutes les images familières ou grandioses de la nature, qu'il aimait les champs, les bois, le ciel changeant. Il avait, sous les arbres, étudié et rêvé, classé des herbes et songé à Dieu. — Puis un beau jour, ou plutôt une belle nuit, il s'endort au bord d'un lac et il se réveille avec la lumière. Rien ne pouvait remplacer dans son cœur sensible la contemplation muette de la nature. Lorsqu'il avait pu échapper aux importuns, qu'il avait tourné un certain angle de mur et qu'il se voyait brusquement en face de la campagne solitaire, il avait des pétillements de joie. Devant

1. Conférence prononcée le 19 décembre 1889, à la Faculté des lettres de Toulouse, par M. Jaurès, chargé de cours de philosophie, — recueillie par M. Gheusi, professeur à l'Université de Toulouse, député de la Haute-Garonne. M. Jaurès, qui n'a pu revoir cette conférence, a bien voulu nous autoriser à la publier telle quelle.

un certain site où il se trouvait seul, il s'imaginait être devant un coin de la nature où personne n'avait jamais pénétré, il s'imaginait qu'il l'avait découvert, et que l'innocence intacte des choses souriait à l'innocence retrouvée de la pensée.

Cheminant à pied en France, en Suisse, en Italie, il composait dans son imagination des tableaux, il écrivait dans sa tête des paysages qu'il oubliait devant un horizon nouveau. Qui saura jamais le nombre de chefs-d'œuvre perdus de cet écrivain avide de vie et dédaigneux de gloire?

Eh bien! Rousseau retenait, probablement à son insu, ces impressions diverses; et un demi-siècle après, telle circonstance, tel son, telle couleur, tel parfum, tel paysage se traduisaient harmonieusement sous sa plume...

Un pareil homme, vivant avec la nature, y cherchant l'activité de l'esprit, le pain du cœur, l'oubli des misères sociales, ne peut être le réformateur outré et fiévreux qu'on s'imagine. A vouloir réformer le monde, refaire les gouvernements, bouleverser la société, il aurait fallu y penser sans cesse, et il les fuyait.-- Ah! certes, il y avait pourtant dans une pareille existence, continuée cinquante ans en plein XVIIIe siècle, un germe, un commencement de réforme politique et sociale. Il était impossible à Rousseau vivant en communion de cœur avec la nature et Dieu, la liberté et la joie, de ne pas protester contre l'existence misérable, factice et servile que les gouvernements faisaient aux hommes, privés de tout par la folie des uns et la frivolité des autres, et succombant sous l'excès d'un travail malsain. Il était impossible à Jean-Jacques, lorsqu'il observait les gouvernements et les sociétés avec son esprit de vie libre, de ne pas constater qu'ils ne reposaient plus sur leurs bases. Les joies, même les plus naïves, soulevaient dans son esprit de terribles questions politiques et sociales. Mais il semblait en redouter, en contenir l'explosion. Il sentait que le combat qu'il fallait livrer allait bouleverser toute sa vie, et il hésitait, ou tout au moins il attendait. Et si je veux me figurer à cette époque cette pensée faite pour révolutionner le monde, qui le révolutionnera en effet, qui en a sans doute l'inquiet pressentiment, qui tâche de s'arrêter, de se fixer dans sa sérénité première, je la comparerai à ces beaux lacs de la Suisse que Rousseau a tant aimés : on dirait qu'ignorant l'issue et la pente par où ils se précipitent en fleuves, ils s'enferment en eux-mêmes et que leur joie est de réfléchir les rivages verts et les nuées roses...

C'est ainsi que Jean-Jacques a été réformateur, révolutionnaire malgré lui, et que sa pensée a eu toute sa puissance. En effet, il n'apportait pas au monde les combinaisons arbitraires d'un cerveau inquiet, mais des conclusions naturelles, pleines de vie intérieure, très riches, interprétées par un esprit puissant. Lorsque les esprits entraient dans ses doctrines, qu'ils étaient entraînés par lui, au moment où ils pouvaient hésiter, résister, ils sentaient tout à coup que ses doctrines avaient pour arrière-fond la nature immense, joyeuse et libre. Le point de départ des idées sociales de Rousseau était l'amour du monde naturel; il arrivait à une source délicieuse, cachée sous bois. En communiquant aux hommes ses joies, il communiquait sa doctrine. Il semblait qu'on ne pût revenir à la nature que par ses études. Danton disait dans sa prison, après les agitations furieuses de sa vie révolutionnaire : « *Que je voudrais voir des arbres!* ». Il y a là une contradiction bizarre que les épris des œuvres de Jean-Jacques n'avaient pas à redouter. Partout dans la doctrine du maître, circule la sève, pénètrent les senteurs des grands bois. Et les hommes qui retrouvaient à la fois la nature et la liberté, s'éprenaient pour l'âme que leur donnait cette révélation, de cette sorte d'adoration qui fut, dans la société vieillie, une grande force de transformation.

Rousseau a encore donné beaucoup d'autorité à ses idées, et notamment au commencement d'idée socialiste qui était en lui, par son désintéressement, son détachement personnel. Certes, il a eu de grands défauts, il a eu peut-être des vices; mais dans sa longue vie de travaux, de pauvreté et de rêveries, s'il a connu l'orgueil, il n'a jamais connu l'envie. Or, s'il y avait eu seulement un peu d'envie dans le premier germe du socialisme français, ce socialisme eût été diminué et discrédité. — C'est Rousseau qui a dit, par une belle application d'une loi physique au monde moral : « *l'eau n'agit jamais qu'au niveau de sa source* »; et si ses idées avaient eu leur source dans les bas-fonds de l'envie, elles se fussent depuis longtemps englouties dans la fange de leur origine.

Mais Rousseau, suivant le mot d'un homme d'esprit, n'était pas « un de ces philanthropes à pied pour qui la circulation des voitures était une injure personnelle ». Il plaignait beaucoup de riches, n'en jalousait aucun. Lui-même, dans un de ses *Dialogues* qui sont, avec ses *Rêveries*, comme son testament moral, dit qu'il a vécu dans un monde idéal où la lumière est plus belle, les sons plus éclatants et plus doux, les couleurs plus vives, les parfums plus exquis. Ce monde est le monde réel savouré par des sens d'artiste. Pourquoi Rousseau vient-il apparaître, lui aussi, comme un privilégié du bonheur? C'est pour écarter tout soupçon d'amertume, toute accusation d'envie et de méchanceté. « J'ai été heureux à ma façon, peut-il s'écrier; ce n'est donc pas pour moi que je réclamais ». — Messieurs, il serait sacrilège de notre part de repousser l'appel de la justice, même lorsqu'il s'y mêlerait parfois l'âpre appel de la souffrance; mais j'aime qu'il ne se soit pas glissé dans l'œuvre de Rousseau une seule goutte de fiel, un seul ferment de haine, et je voulais d'abord rétablir au profit de celui qui a lutté pour la justice ce premier titre d'honneur.

Mais ce désintéressement même contribuait à empêcher Rousseau de devenir je ne dis pas un homme d'action, mais un penseur d'action. Il regardait l'humanité, non avec sa passion, mais avec sa raison, et il ne croyait guère à la possibilité d'obtenir les transformations profondes exigées par le droit. Chose étrange! Cet homme, qui a agi si puissamment sur la Révolution, ne croyait pas au succès possible de cette Révolution. Dans la dédicace aux magistrats suisses, dans son discours sur l'inégalité, il écrit : « *Les peuples, une fois accoutumés à des maîtres, ne sont plus en état de s'en passer. S'ils tentent de secouer le joug, ils s'éloignent d'autant plus de la liberté que, prenant pour elle une licence effrénée qui lui est opposée, leurs révolutions les livrent presque toujours à des séductions qui ne font qu'aggraver leurs chaînes.* » Bonaparte, Messieurs, est au bout de ces lignes. — A un autre point de vue il reprend la même idée dans le Contrat social : « *La plupart des peuples ainsi que des hommes ne sont dociles que dans leur jeunesse; ils deviennent incorrigibles en vieillissant. Quand une fois les coutumes sont établies et les préjugés enracinés, c'est une entreprise dangereuse et vaine de vouloir les réformer* ». — Mais dans le même chapitre du *Contrat social* il ajoute ces paroles, qui sont une prévision nette, quoique farouche, de la Révolution : « *Ce n'est pas que, comme quelques maladies bouleversent la tête des hommes et leur ôte le souvenir du passé, il ne se trouve quelquefois dans la durée des États des époques violentes où les révolutions font sur les peuples ce que certaines crises font sur les individus, où l'horreur du passé tient lieu d'oubli, et où l'État, embrasé par les guerres civiles, renaît pour ainsi dire de sa cendre et reprend la vigueur de la jeunesse en sortant des bras de la mort.* »

Dans ces grandes commotions nationales, même si elles sont des commotions de liberté et de justice, Rousseau redoutait les dérèglements des passions mauvaises. Il déplorait dans les temps calmes les usurpations des riches, dans les temps troublés les brigandages des pauvres. Je ne suis pas sûr que pour cet homme concentré, fermé à certaines légèretés d'enthousiasme, la Révolution française n'eût pas été une nouvelle cause de désespoir. Il a, en termes catégoriques, condamné d'avance le régicide : « *le sang d'un homme a plus de prix que la liberté du genre humain* ». — Vous voyez que Robespierre a bien fait, pour accomplir en paix son voyage à Ermenonville, d'attendre qu'il n'y eût plus qu'un tombeau....

— Et cependant, un siècle après ces paroles de renonciation et de doute, non seulement notre pays a traversé sans sombrer les terribles secousses de la Révolution française; non seulement il paraît être entré définitivement — et c'est ma foi profonde — dans la liberté ordonnée; non seulement cette liberté républicaine, que Rousseau ne croyait possible que pour de petits États, est devenue le patrimoine du grand pays de France, mais la France libre, avant d'être entièrement sortie de cette terrible crise, se retourne vers son passé, et par ses historiens, ses poètes, ses orateurs politiques, Quinet, Michelet, Hugo, Gambetta, au lieu de rejeter sa longue histoire d'avant la liberté, cherche à renouer par une brillante chaîne ses glorieuses annales et cette liberté qu'elle a conquise, et fait entrer le passé mieux connu que jamais dans sa conscience agrandie.

Si bien que si Rousseau s'est trompé, c'est pour n'avoir pas eu assez de confiance. — On traite volontiers cet homme de chimérique : toutes ses erreurs sont de n'avoir pas cru assez à sa chimère. Dans ce manque de foi est la clef de ces apparents paradoxes sur les progrès funestes de la civilisation. S'il avait cru possible de rectifier la société actuelle dans le sens de l'égalité et du bonheur, il aurait beaucoup moins célébré la condition primitive de l'homme. Mais il ne voulait pas que l'humanité eût tout à fait manqué sa vie et voyant le présent mauvais, ne croyant pas l'avenir meilleur, il attribuait l'innocence et la joie à certaines périodes lointaines du développement humain. Jamais il n'a célébré, sous le nom d'*état de nature*, la grossièreté première des hommes voisins de l'animalité, et lorsqu'il veut condamner la guerre il la donne comme un prolongement faux de l'état de nature. Il montre que les hommes, en aliénant leur liberté naturelle, ont retrouvé plus qu'ils n'ont donné; qu'ils ont échangé une manière d'être précaire contre la sécurité, l'indépendance contre la liberté, la force contre le droit. Même dans le *Discours sur l'inégalité des conditions*, Rousseau ne propose pas comme idéal la période la plus primitive du développement humain. L'état le meilleur dans le passé, ce n'est pas, suivant ses explications, le pur état de nature, c'est la société naissante. C'est lorsque les hommes ont déjà inventé le langage, fondé la famille, assuré la stabilité du foyer, lorsque l'agriculture, les travaux de la terre ont nécessité la constitution de la propriété individuelle, que les hommes, engagés dans les lieux de la société, déjà robustes mais encore souples, jouissent le plus pleinement des biens naturels et sociaux.

La fameuse phrase de Rousseau sur la propriété n'a pas été très bien comprise. Oui, Rousseau a écrit : « *Le premier qui ayant enclos un terrain s'avisa de dire : Ceci est à moi, et trouva des gens assez simples pour le croire, fut le vrai fondateur de la société civile. Que de crimes, de guerres, de meurtres, que de misères et d'horreurs n'eût point épargnés au genre humain celui qui arrachant les pieux ou comblant les fossés eût crié à ses semblables : Gardez-vous d'écouter cet imposteur; vous êtes perdus si vous oubliez que les fruits sont à tous et que la terre n'est à personne!* » — Eh bien! Messieurs, malgré tout cela, Jean-Jacques ne conteste pas la nécessité de la propriété individuelle à un moment des révolutions humaines. Il n'en conteste pas non plus la légitimité. Aussitôt à la suite de ce passage, il déclare que la constitution de la propriété individuelle était inévitable et qu'elle est légitime lorsqu'elle est fondée sur le travail. Ce qu'il a voulu dire, c'est que d'abord dans l'institution, dans l'origine de cette propriété individuelle il y a un mélange de droit et d'usurpation, de force, de hasard et de travail, et ensuite que les hommes n'étaient pas capables d'entourer cette propriété de telles garanties qu'elle ne dégénérât pas en instrument de tyrannie et de spoliation. C'est une force bonne et salutaire en soi, mais qui, insuffisamment maîtrisée, se déchaînera et aboutira aux plus monstrueuses inégalités.

C'est là le sens, la clef de toutes les théories de Rousseau sur le développement de la société. Elles peuvent se résumer ainsi : la faiblesse humaine est disproportionnée au progrès humain.

Oui, des hommes ont raison d'élever leur âme à Dieu et d'instituer un culte, mais ils ne restent pas maîtres de ces mouvements : les castes privilégiées, les superstitions dégradantes, le fanatisme horrible viennent leur dérober les douceurs premières de la religion. — Oui, les hommes ont raison d'instituer les lois, l'ordre, la paix; mais les lois, gardiennes du droit, deviennent les gardiennes de l'illégalité, et la paix sociale n'est plus que la dérision de la paix, alors que ce que les hommes avaient voulu, c'est la paix dans la justice. — Oui, les hommes font bien de s'élever de l'instinct à la raison, mais des hardiesses téméraires et des sophismes dangereux font descendre cette raison au-dessous de l'instinct. L'histoire du progrès humain est ainsi une série de déceptions. L'homme est un artiste étrange, sublime et inconstant : il crée, il sculpte des statues vivantes, il les anime de son souffle libre, mais ce souffle se refroidit, les puissances de la matière prévalent, le sourire se change en grimace, les lèvres raillent, l'œuvre blesse l'artiste, la chose créée enchaîne le créateur, et Jean-Jacques crie à l'âme humaine : « Garde-toi de créer! »

Mais, Messieurs, le vigoureux esprit de Rousseau lui retraçait pourtant avec tant de relief l'idéal de la liberté politique et de l'égalité sociale que, peu à peu, à son insu même, cet idéal lui apparaissait bientôt comme réel. Aussi dans le *Contrat social* il se laisse aller beaucoup plus à l'espérance que dans le *Discours sur l'inégalité*. Il y fait œuvre involontairement mais manifestement utile. Lorsqu'il montrait que le pacte social de la liberté était sans cesse violé par les gouvernements, lorsqu'il montrait que les hommes peuvent reprendre cette liberté de nature, il sapait la base sur laquelle reposait le pouvoir arbitraire, il ouvrait les portes du Droit.

Rousseau était républicain. Il l'était de patrie, étant né à Genève, il l'était d'âme, car nul n'a mieux compris que lui les joies de la liberté, de l'*auguste liberté*, comme il disait; il l'était de raison, car selon lui, ou plutôt selon le droit, les hommes ne peuvent aliéner dans l'ordre social leur liberté naturelle qu'à la condition de la retrouver confirmée, élevée par ce même ordre social. Il se peut que les clauses de ce contrat n'aient jamais été exposées, mais partout elles ont été facilement adoptées et reconnues. Tout homme entrant dans l'ordre social doit y trouver l'égalité, en échange de la liberté dont il fait abandon. Il doit y retrouver une part de souveraineté égale à la part de souveraineté d'un autre; chaque homme est une partie égale du souverain, et l'assemblée des volontés libres constitue effectivement ce souverain.

Rousseau a ainsi proclamé à l'avance, sans le nommer, le suffrage universel; et si les assemblées nationales de la Révolution avaient été plus imprégnées des doctrines de Jean-Jacques, elles n'auraient pas commis la faute mortelle de diviser la France nouvelle en citoyens actifs et citoyens passifs.

Rousseau a d'ailleurs le sentiment que le peuple doit avoir une certaine culture d'esprit. Il félicite les magistrats suisses d'avoir su former un peuple qui, par ses lumières et sa raison, est au-dessus des autres, et, citant à ce propos l'exemple de son père, il dit : « *Qu'il me soit permis de citer un exemple dont il devrait rester de meilleures traces et qui sera toujours présent à mon cœur. Je ne me rappelle point sans la plus douce émotion la mémoire du vertueux citoyen de qui j'ai reçu le jour et qui souvent entretint mon enfance du respect qui vous était dû. Je le vois encore vivant du travail de ses mains et nourrissant son âme des vérités les plus sublimes. Je vois Tacite, Plutarque et Grotius mêlés devant lui avec les instruments de son métier.* » Et plus loin : « *Tels sont ces hommes instruits et sensés dont, sous le nom d'ouvriers et de peuple, on a chez les autres nations des idées si basses et si fausses.* » Pour permettre à tous les citoyens de mêler ces deux vies politique et individuelle, Rousseau aurait réclamé pour eux non seulement les lumières, mais aussi les loisirs que le travail manuel ne laisse pas à beaucoup.

Un homme n'a pas le droit d'aliéner sa propre liberté et à plus forte raison celle de ses descendants. L'exercice de la souveraineté est indivisible. On ne peut pas opposer à la légitimité du souverain celle d'un autre pouvoir. Il n'y a pas de compromission possible entre le pouvoir légitime et un autre, pas de collaboration entre l'arbitraire et le droit.

En établissant ces principes, Rousseau condamnait les tentatives hybrides de monarchie constitutionnelle et affirmait la légalité de la démocratie républicaine. — Ce n'est pas à dire qu'il veuille aboutir à la confusion des pouvoirs, à l'anarchie. Précisément parce que la souveraineté est indivisible, une fraction du peuple, isolée du reste, ne peut rien. Le règne des factions est une usurpation comme une tyrannie de caste. — Puis, Rousseau distingue profondément, quoiqu'on ait prétendu le contraire, trois pouvoirs : judiciaire, législatif, exécutif. Il n'admet pas que le droit qu'a le souverain de faire les lois lui confère celui de juger : « *Sitôt qu'il s'agit d'un fait ou d'un droit particulier sur un point qui n'a pas été réglé par une convention générale et antérieure, c'est un procès où les particuliers intéressés sont une des parties et le public l'autre... Il serait ridicule de vouloir alors s'en rapporter à une expresse décision de la volonté générale qui ne peut être que la conclusion de l'une des parties et qui par conséquent n'est pour l'autre qu'une volonté étrangère, particulière, portée en cette occasion à l'injustice et à l'erreur.* » Il faut donc que le pouvoir judiciaire soit un pouvoir distinct.

Quant au pouvoir exécutif, qui est si contesté aujourd'hui dans la démocratie française, le théoricien absolu de la démocratie a reconnu non seulement que ce pouvoir devait exister, mais encore qu'il était nécessaire qu'il eût une force propre lorsqu'il a dit : « *Il faut à la force publique un agent propre qui la réunisse et la mette en œuvre selon la direction de la volonté générale, qui serve à la communication de l'État et du souverain, qui fasse en quelque sorte dans la personne publique ce que fait dans l'homme l'union de l'âme et du corps.* » Et plus loin : « *Le gouvernement est une personne morale douée de certaines facultés.* » Et encore : « *Il lui faut un moi particulier, une sensibilité commune à ses membres, une force, une volonté propre qui tende à sa conservation.* »

Dans les petits États, où l'écart entre la volonté du souverain et celle des particuliers ne saurait être très grand, le pouvoir exécutif peut être faible sans danger. Mais dans un grand État, il faut au pouvoir exécutif une très grande force ; et comme, suivant la pensée de Rousseau, le gouvernement se relâche à mesure que le nombre des magistrats s'accroît, il faut qu'une grande démocratie constitue une certaine unité de magistrature. Les Constituantes des États-Unis, quand elles ont assuré au Président de la République une initiative considérable, se sont visiblement inspirées des vues de Jean-Jacques, et je crois qu'aujourd'hui il conseillerait formellement à la démocratie française de donner toute force à son pouvoir exécutif.

C'est ici que se place la théorie de Rousseau sur le gouvernement parlementaire. Jean-Jacques est beaucoup trop sévère pour ce régime qui est l'essai au moins de la liberté. Il faut donc se rendre compte de la force avec laquelle il le montre comme l'organisation raisonnée de l'asservissement populaire. Il fallait être démocrate comme il l'était pour dénoncer hautement le parlementarisme anglais du

XVIIIe siècle, ce jeu d'oligarchies rivales qui donne au peuple seulement la comédie de la souveraineté. J'ajoute que l'école des constitutionnels anglais a été une grande déviation pour notre pays.

Rousseau se rendait compte que la pratique de la souveraineté populaire, comme il l'entendait, avec la ratification constante des lois, était difficile. Il admettait qu'elle n'était pleinement praticable que dans un État très petit, et où les citoyens pouvaient disposer d'une grande somme de loisirs. Telles étaient les Républiques antiques : « *Tout ce que le peuple avait à faire, il le faisait par lui-même; il était sans cesse assemblé sur la place; il habitait un climat doux; il n'était pas avide; des esclaves faisaient ses travaux. Sa grande affaire était sa liberté.* »

Messieurs, je ne crois pas, pour ma part, que le problème dans ce qu'il a d'essentiel, c'est-à-dire la participation effective du véritable souverain à l'exercice de la souveraineté, soit insoluble. Ce n'est pas le lieu de discuter sur les moyens de le réaliser. Je voulais seulement vous montrer que Rousseau avait prévu les deux périls qui menacent actuellement notre démocratie : la nation française gouverne trop et ne légifère pas assez. Ce peuple intervient constamment par ses représentants dans la pratique du pouvoir exécutif; il pèse sur les administrations publiques, faussant leur droiture; et il est incapable de suivre, de diriger l'élaboration des lois. Dans ces conditions, l'exercice intermittent du pouvoir pourrait livrer la démocratie française à toutes les oligarchies, surtout à l'oligarchie d'argent.

Messieurs, je m'étais proposé, et je vois que cette tâche dépasse mon temps, d'entrer aussi dans le détail des idées sociales de Jean-Jacques. Je vois, à mon grand regret, qu'il m'y faut renoncer pour ce soir. Je me bornerai à vous dire que si Jean-Jacques a formulé un système précis d'organisation politique qui contient, rigoureusement exprimés, tous les traits d'une constitution immédiatement applicable, il n'a pas indiqué par quel mécanisme, par quelles mesures pratiques il comptait faire pénétrer dans les rapports des citoyens plus d'équité, plus de justice. Le problème qu'il s'est posé n'était pas avant tout un problème de propriété, mais bien de souveraineté. Nous pouvons dire qu'aujourd'hui la question de souveraineté est résolue selon le droit; c'est celle de propriété qui reste à résoudre.

Mais si l'on ne trouve pas dans Jean-Jacques de solution précise, on peut y chercher une inspiration supérieure de justice. Lorsqu'on dit à ceux qui se contentent de prêcher la justice qu'ils devraient indiquer les moyens de la faire entrer dans l'ordre social, on raisonne juste. Mais le premier moyen de réaliser cette réforme, c'est de tomber d'accord sur la nécessité de la faire, et les hommes qui établissent cette convention commencent par là même à la réaliser.

Ah! je ne me dissimule pas les difficultés qui attendent l'accomplissement de cette deuxième partie de l'œuvre sociale. Je sais qu'aux hommes de bon vouloir il faudra lutter contre l'ignorance dormante et routinière des foules assujetties, contre le discrédit que les démagogues et les charlatans de la démocratie jettent sur les meilleures causes, contre les basses habiletés des bas politiciens. Il faudra lutter contre les pharisiens de la démocratie, qui acceptent tout du droit, à l'exception des sacrifices qu'il commande, qui prétendent ouvrir leur âme à certaines espérances, pourvu qu'elles restent toujours de vagues chansons sous le ciel étoilé, qui veulent bien saluer la Justice lorsqu'elle passe dans les nuées, mais qui l'oppriment dès qu'elle descend sur la terre. Mais nous qui allons chercher dans Jean-Jacques l'inspiration de la justice, nous savons par une expérience qu'il n'avait pas, et qui s'appelle la Révolution française, qu'il ne faut jamais désespérer, et qu'un jour ou l'autre, dans notre pays de France, la grandeur des événements répond à la grandeur de la pensée.

JEAN JAURÈS.

NOTION ET PORTÉE DE LA « VOLONTÉ GÉNÉRALE » CHEZ JEAN-JACQUES ROUSSEAU

I

« La loi est l'expression de la volonté générale. »

Telle est la proposition de Rousseau, que la Révolution française a prise pour fondement.

On a, ces temps derniers, posé la question de savoir si la rédaction de la Déclaration des droits de l'homme et du citoyen fut l'œuvre originale de l'Assemblée nationale constituante, ou si les « Bills of rights » des États-Unis d'Amérique en ont été le modèle. Même dans le cas où il serait possible de prouver cette dernière assertion, cela n'aurait de valeur que pour la forme extérieure de la Déclaration ; ce serait tout au plus l'indication des péripéties subies par ces idées fondamendales qui, nées en France, passèrent en Amérique pour revenir ensuite à leur pays d'origine.

S'il y a un progrès de l'espèce humaine, ce ne peut être qu'un progrès des idées. Ce sont les idées, et non les événements dans leur diversité, qui distinguent le grand mouvement de la Révolution française. C'est en ce sens que dans son écrit intitulé « *Streit der Fakultäten* », Kant, se demandant si l'espèce humaine est en progrès incessant vers le bien, a prononcé ces paroles mémorables « Die Revolution eines geistreichen Volkes, die wir in unseren Tagen haben vor sich gehen sehen, mag gelingen oder scheitern;.. diese Revolution, sage ich, findet doch in den Gemütern aller Zuschauer eine *Teilnehmung* dem Wunsche nach, die nahe an Enthusiasmus grenzt. Ein solches Phänomen in der Menschengeschichte *vergisst sich nicht mehr* ».

Quelle est donc l'idée dominante qui anima la Révolution française et en fit la grandeur? Cette idée sera indubitablement une réponse à ce problème : Quelle est la fin suprême de tout droit et de toute organisation politique. Dans cet ordre d'idées, Thomasius avait déjà fourni l'indication suivante « fac ea quæ finem cuiusque societatis necessario promovent, et omitte ea quæ istum necessario turbant ». Mais cet auteur de talent était resté, en somme, avec sa théorie du droit, dans les sentiers rebattus du droit naturel.

Le « droit naturel » est le droit qui, dans son contenu, correspond à « la Nature ».

Mais qu'est-ce que cette « Nature »? Ici nous nous trouvons en présence de deux directions. La première qui remonte jusqu'à Aristote, s'efforce de déterminer une « natura hominis »;... vaine recherche, parce que les données dernières d'une telle analyse se réduisent à des dispositions physiologiques, qui n'ont encore subi aucune élaboration. Mais la détermination rationnelle de la volonté, dont il s'agit ici, ne résulte pas d'une organisation naturelle en tant que telle.

Ainsi une seconde considération était nécessaire, qui ne prenait plus pour base la nature de l'homme, mais la nature du droit. Le penseur qui, pour la première fois depuis Socrate et Platon, recueillit cette idée et s'efforça de la féconder fut J.-J. Rousseau.

La question qu'il prit comme problème est la suivante : Comment, à la puissance arbitraire que nous voyons régner partout, une domination légitime *du droit* peut-elle se substituer? Cela n'est possible que quand on conçoit la fin suprême de la vie collective dans le sens d'un contrat social : « Chacun de nous met en commun sa personne et toute sa puissance sous la suprême direction de la volonté générale, et nous recevons en corps chaque membre comme partie indivisible du tout. »

Grâce à ce contrat social, la « République », existe en tant que « corps politique », qui, en qualité de « souverain », exerce la puissance législative.

L'idée de fonder le droit ou l'état sur un contrat entre les membres n'était pas, en soi, chose nouvelle. Il avait pour but d'indiquer comment il fallait concevoir la force obligatoire du droit. Ainsi Julianus disait : « ... nam cum ipsæ leges nulla alia ex causa nos teneant, quam quod judicio populi receptæ sunt » (D. 1, 3, 32). Après lui, la conception de la soumission contractuelle au droit a été discutée et affirmée par les auteurs les plus différents, si bien que, à cet égard, la thèse de Rousseau ne semble pas assez neuve à certains.

A cela s'ajouta l'erreur curieuse commise au XIXe siècle par l'école historique : suivant elle, le contrat social chez Rousseau serait un fait historique, qui tendrait à nous raconter la naissance du droit dans l'histoire; au lieu de cela le contrat social, comme l'entend Rousseau, est une formule pour la fin suprême du droit, et la ligne directrice (*Richtlinie*) pour les propositions juridiques légitimes. Rousseau n'est en rien la cause de cette erreur, il dit avec toute la clarté désirable, dans le premier chapitre de son livre : « L'homme est né libre; partout il est dans les fers. Comment ce changement s'est-il fait? *je l'ignore* ». Si l'on a mal interprété cette doctrine, cela provient de ce que beaucoup, parmi les successeurs de Rousseau, considérèrent comme d'un intérêt capital la question de savoir comment une chose s'est développée, au lieu de se demander quelle était la signification de cette chose *dans son essence*.

Or, Rousseau, du fait qu'il concentre sur cette dernière recherche toute son attention, donne à la théorie du contrat social une tout autre allure. Ce contrat social, Rousseau le pose en rapport étroit avec le concept de volonté générale. C'est, en effet, ce dernier concept de volonté générale, qui constitue le cœur de la théorie politique chez notre auteur.

Si la valeur systématique de toute organisation juridique ne peut être que celle d'un contrat social entre ses membres, la société politique en cause doit avoir une fin déterminée aussi bien que n'importe quelle petite société. Cette fin déterminée du contrat social consiste en ce qu'on recherche et qu'on exécute la volonté générale.

II

La volonté *générale* doit être nettement distinguée de la volonté *de tous*. Elle est en effet une volonté d'une espèce spéciale, son critère est *qualitatif*, tandis que la volonté de tous conduit à une considération *quantitative*. Donc la volonté générale est une maxime qui prend comme ligne directrice le bien de tous les hommes en soi. C'est là la définition de la « vertu » d'après Rousseau. Et tendre à cette vertu, c'est la loi absolue de toute aspiration humaine.

Ici de nouveau Rousseau n'a pas échappé aux fausses interprétations. On l'a mal compris, bien que, lui-même, ait posé la distinction avec une parfaite clarté. Peut-être d'ailleurs l'usage de la langue lui-même a-t-il contribué à l'erreur : même en allemand on a souvent traduit « volonté générale » par « allgemeiner Wille » ; alors que l'on devrait dire « *allgemeingültiger* Wille » c'est-à-dire volonté *légitime*... Peu importe... Ce qui importe, c'est de voir les conséquences que Rousseau tire de la volonté générale telle qu'il la conçoit.

Pour la réalisation de la volonté générale, il est nécessaire de faire participer tous les membres à la puissance suprême. Il doit exister une coïncidence entre les dominants et les dominés; c'est pourquoi la souveraineté ne peut être représentée. De deux choses l'une : ou bien la volonté générale est « générale » ou bien ce n'est plus la volonté générale, il n'y a pas de milieu. « Les députés du peuple ne peuvent être ses représentants, ce sont ses commissaires, ils ne peuvent rien conclure définitivement. *Toute loi que le peuple en personne n'a pas ratifiée est nulle, ce n'est pas une loi.* » La volonté générale agit toujours pour le mieux, elle ne peut pas errer, seul le peuple peut errer, qui, alors, n'exprime pas la volonté générale, et qui, sous le couvert du mot loi édicte des mesures illégitimes, c'est-à-dire des mesures qui n'ont en vue que l'avantage de certains individus.

III

De ce qui précède résulte nécessairement que, d'après la doctrine de Rousseau, la volonté générale n'est pas tant un critère de l'*idée* de justice qu'un critère de la *notion* de droit. Rousseau pense que, jusqu'à présent, dans l'histoire il n'y a aucun « *droit* » à proprement parler, parce que les organisations politiques ne se sont pas constituées dans le sens d'un contrat social avec la volonté générale pour directrice.

Nous sommes arrivés ici à un problème intéressant, que nous résoudrons dans un sens peut-être un peu différent de Rousseau. Car, d'après ce que nous avons dit, Rousseau détermine la *notion* du droit d'après le *contenu* de certaines dispositions sociales. Or il faut distinguer entre la *notion* et l'*idée* de droit.

La *notion* se détermine d'après quatre critères.

a) C'est une modalité du *vouloir* humain. Le droit ne fait pas partie des phénomènes extérieurs de la nature. Même si l'on parcourt toute la création, le ciel et la terre, on ne saurait trouver un objet qui pourrait s'intituler « *droit* ». On n'arrive à la représentation du droit qu'en dirigeant ses regards vers les fins que se proposent et que poursuivent les hommes.

b) Le droit ne se laisse voir que lorsqu'on considère l'activité *collective* des hommes, il *lie* les hommes entre eux. Il se distingue de la *morale*; laquelle doit régler la vie intérieure de l'homme et imposer une direction déterminée à ses désirs. Tandis que, dans le droit, les fins de l'un se posent comme moyens pour l'autre et vice versa. C'est une modalité du *vouloir qui lie* (*Verbindender Wollen*).

c) Le vouloir juridique lie les hommes d'une façon *impérieuse*. Nous lui sommes soumis sans être interrogés, et nous sommes quittes de sa domination seulement lorsqu'il nous en délie. Le droit se distingue des *mœurs* et des *convenances*. Car tant que ces règles conventionnelles ne sont pas élevées au grade de droit, elles ne valent que pour celui qui veut bien les reconnaître.

d) Le droit a enfin la qualité de l'*inviolabilité* tant qu'il est en vigueur. Le droit se distingue de l'*arbitraire*, lequel édicte des commandements d'après un bon plaisir individuel, on n'en prend pas considération.

Ainsi *le droit* peut être défini : *le vouloir qui lie d'une façon impérieuse et inviolable*.

La *notion* de droit a donc, d'après ce qui précède, de même que toute catégorie déterminante, la signification d'une limitation douée de valeur universelle, et se découpant dans la masse des impressions et des aspirations humaines. Dès que, dans un cas donné, les critères formels de la notion en question se montrent, cette notion se trouve de ce fait même pleinement réalisée; il y a des exemples innombrables de la notion de droit, mais soyez sûrs que chacun de ces exemples remplit toutes les conditions essentielles de cette notion.

L'*idée* de droit, a une fonction différente. Elle a son origine dans la considération que tout vouloir juridique, dans sa particularité, n'est qu'un moyen pour une fin relative. Et cette fin elle-même est un moyen par rapport à une fin supérieure, de même que le premier moyen pouvait être considéré comme une fin par rapport à un moyen qui lui serait subordonné. Si l'on voulait simplement procéder par à-coups d'un concept relatif à un autre concept relatif, on ne serait jamais sûr de suivre la ligne droite, on risquerait bien plutôt de s'égarer dans de multiples détours : on a besoin d'une boussole qui vous maintienne dans la direction du but principal, ou, selon la vieille comparaison, on a besoin de tenir ses regards attachés à l'étoile polaire, que nous ne voulons sans doute pas atteindre, mais qui nous puisse conduire sûrement à travers les difficultés et les embûches du chemin.

Ce procédé d'une valeur universelle, qui permet de régler le contenu de toutes les fins et de tous les moyens possibles, nous le désignons par l'expression « Idée du droit ».

Ainsi, dans les questions juridiques, nous avons *deux* manières fondamentales d'ordonner l'ensemble de nos représentations. *La notion du droit* est le centre autour duquel les questions juridiques se rangent d'une façon concentrique. L'*idée du droit* par contre s'élève au-dessus, semblable à la pointe d'un cône, vers laquelle, de chaque point de la base peuvent être menées des directrices. C'est pourquoi il se peut qu'un vouloir particulier corresponde parfaitement à la *notion* de droit, mais ne soit pas satisfaisant par rapport à l'*idée* du droit.

Telle est la première correction nécessaire que nous devons apporter à la théorie de Rousseau.

IV

La pensée qui pour Rousseau est le critère déterminant de la volonté générale est, ainsi, le bonheur de tous. C'est une fin utilitaire, le bien-être des hommes, qui apparaît ici comme le principe du vouloir.

Sans doute Rousseau se distingue nettement de la philosophie morale des Anglais que Bentham, entre autres, formule : le plus grand bonheur possible pour le plus grand nombre possible. Car la volonté générale réclame le bonheur de tous les hommes *sans exception*. Mais il n'en reste pas moins que la doctrine de Rousseau est une sorte d'eudémonisme social.

Or le bonheur subjectif des membres isolés n'est pas seulement difficile, que dis-je, impossible à réaliser : il ne saurait être érigé à juste titre en principe de rationalité objective pour l'organisation politique. Un certain nombre d'hédonistes ont essayé du « bonheur normal » : la tâche de l'État serait alors d'assurer à tous ses membres une existence « digne de l'homme ». Mais « digne de l'homme » est une expression analogue à « digne de la raison » : et ainsi la mesure n'est pas le bonheur subjectif, mais l'action fondée en raison.

Et si l'on s'en tient à cela, ici combien de fois « l'intérêt général » ne l'a-t-il pas (*salus publica* Gemeinwohl) emporté sur le bonheur des particuliers! Mais le mot « d'intérêt général » lui-même qu'exprime-t-il? Tout au plus le désir d'atteindre à une détermination objective. Or il est indispensable de s'enquérir des conditions sous lesquelles une action juridique peut avoir une valeur objective; il s'agit ici de ne pas se payer de mots, mais de mettre en pleine lumière les principes sur lesquels on veut s'appuyer.

Et cela sera possible seulement si l'on voit nettement que l'idée fondamentale du droit, *c'est l'idée de la communauté*. Il faut avoir, en effet, toujours présent à l'esprit que c'est là l'idée fondamentale au sujet de tout droit quel qu'il soit. Aucune autre idée ne peut tenir la place de celle-là, c'est l'unique avenue qui conduit à l'édifice projeté : sans la pensée d'une communauté de vie, d'action et de combat, l'union juridique des hommes n'a pas de sens.

Et cette pensée, c'est celle que j'ai désignée sous le terme d'*idéal social* [1]. Une action juridique sera alors légitime si, dans sa relativité, elle est déduite de l'*idée d'une communauté d'hommes à volonté autonome*, c'est-à-dire dégagée de toute contingence individuelle (Eine Gemeinschaft frei wollender Menschen).

Ici s'offre à nos regards une large perspective de travail *scientifique* : il est en effet nécessaire, d'après l'idée qui vient d'être exprimée, de suivre une méthode sûre, tendant toujours à la réalisation d'une telle communauté.

Si nous agissons de la sorte, nous pouvons espérer, dans la conception du droit et de la justice, dépasser Rousseau. Mais en tant que Rousseau fut un pionnier dans la recherche de l'idée du droit et dans la détermination de la légitimité d'une vie politique, on peut être assuré que son nom brillera, à travers les siècles, d'une gloire immortelle.

RUDOLF STAMMLER,
Professeur à l'Université de Halle.

1. R. Stammler, *Wirtschaft. u. Recht.*, 2e éd., 1906, § 99 et suiv. — *Lehre vom richtigen Recht*, 1902, p. 196 et suiv. — *Theorie der Rechtswissenschaft*, Halle, 1911, ch. VI, § 7, p. 470 et suiv.

LES IDÉES PÉDAGOGIQUES

J.-J. ROUSSEAU
ET LA CONCEPTION FONCTIONNELLE DE L'ENFANCE

Qu'est-ce qu'un enfant? A quoi sert l'enfance? — Voilà des questions d'apparence un peu bizarre. On comprend qu'elles ne se soient jamais posées nettement à l'esprit, dans les temps où celui-ci avait l'habitude de considérer les êtres vivants comme les immuables représentants de types naturels dont ils ne seraient que la multiple réplique. Assurément, pensait-on alors, pour que les individus parviennent à leur état parfait, ils doivent parcourir un certain trajet de leur point de départ à leur point d'arrivée, comme la flèche pour se rendre de l'arc à la cible, et c'est ce trajet qui constitue l'enfance. Dès lors, se demander ce que signifie l'enfance est une simple absurdité : le trajet que parcourt la flèche « sert-il » à quelque chose?

La révolution qu'a apportée, non seulement dans les sciences naturelles, mais aussi dans toutes nos habitudes de penser, la théorie évolutionniste, nous porte aujourd'hui à ne pas opposer une fin de non-recevoir à la question ci-dessus. Bien plus, nous la sentons s'imposer à nous. Habitués que nous sommes à considérer que, dans la lutte pour l'existence, tout ce qui a pu être désavantageux à l'espèce a impitoyablement disparu, nous nous demandons avec étonnement comment il se fait qu'une période aussi mal adaptée aux nécessités de la vie ambiante que ne l'est la période d'enfance, non seulement n'a pas été supprimée, mais encore s'est constamment développée, de telle sorte que ce sont les espèces le plus haut placées dans l'échelle animale qui présentent la plus longue enfance. « A considérer l'enfance en elle-même, y a-t-il au monde un être plus faible, plus méprisable, plus à la merci de tout ce qui l'environne, qui ait si grand besoin de pitié, d'amour, de protection qu'un enfant?[1] » Pourquoi donc la nature a-t-elle protégé cette période si précaire? Pourquoi a-t-elle donné naissance à des instincts capables d'en assurer le prolongement, comme les instincts maternels? C'est, sans doute, ne pouvons-nous que répondre, parce que cette période, comme telle, est utile à l'individu et à l'espèce.

Ce n'est guère que vers la fin du XIXe siècle, sous l'empire des idées darwiniennes, que l'on a nettement aperçu ce problème, que l'on en a proposé une solution. Spencer n'avait fait que l'effleurer en passant[2]. Le premier auteur qui l'ait envisagé avec quelque attention est, si je ne fais erreur, l'Américain John Fiske qui, dans ses *Outlines of cosmic philosophy*, parus en 1874, discute le *meaning of infancy*, la signification de l'enfance. Plus tard, il est revenu sur le rôle joué par l'enfance dans l'évolution humaine, dans un discours prononcé à New York en 1895[3]. L'enfance, montrait-il, est utile à l'individu en ce qu'elle est une période de plasticité éminemment favorable au développement des fonctions physiques et mentales. Karl Groos, en 1896, a — sans la connaître — complété cette théorie en soulignant l'importance qu'avait le jeu pour le développement des animaux, et il a proposé de considérer l'enfance comme la période servant au jeu des aptitudes dont l'adulte aurait plus tard besoin.

Or J.-J. Rousseau avait fort bien aperçu tout cela. Il est certainement le premier qu'ait préoccupé la question du pourquoi de l'enfance, et il en a même donné une réponse si satisfaisante que celles que l'on propose aujourd'hui ne font guère que développer, préciser, grâce aux lumières nouvelles de la science contemporaine, l'esquisse que, dans une extraordinaire intuition de génie, il avait tracée d'une main si sûre.

« On se plaint de l'état de l'enfance; on ne voit pas que la race eût péri si l'homme n'eût commencé par être enfant », déclare-t-il tout d'abord. Et cette déclaration, notons-le bien, n'est pas une simple remarque lancée incidemment; elle figure à la première page

1. *La Nouvelle Héloïse*, V.
2. Spencer, *De l'éducation*, ch. II (ce chapitre date de 1854).
3. Ces deux morceaux ont été réimprimés il y a deux ans sous le titre de *Meaning of infancy*, Boston et New-York. — Je les ignorais lorsque j'ai, dans ma *Psychologie de l'enfant*, abordé à mon tour cette question de l'utilité de l'enfance.

de l'*Émile*. C'est sur elle et sur d'autres analogues que va reposer tout son système éducatif. Rousseau a fort bien compris que prendre une attitude à l'égard de l'enfance, s'enquérir de la valeur de l'enfance, est le premier devoir d'un éducateur soucieux. Tout le sens que l'on va donner à l'éducation ne dépend-il pas de la signification positive ou négative que l'on attribue à l'enfance? Or Rousseau prend immédiatement position; il en tient pour la solution positive : sans l'état d'enfance, la race eût péri. Cette simple remarque, d'apparence bien pacifique, est grosse pourtant de toute la révolution que l'*Émile* va déchaîner dans le monde de la pédagogie. Car elle suscite immédiatement une question que l'éducateur ne pourra plus ne pas se poser, et qui va le conduire fort loin. Si la race eût péri sans l'état d'enfance, c'est que l'enfance est utile. En quoi alors est-elle utile? L'enfance n'est donc pas cet état d'imperfection qu'il faut s'efforcer de corriger au plus tôt? L'enfance serait donc un bien et non un mal nécessaire?

Rousseau donne à ces questions d'excellentes réponses : « Si l'homme naissait grand et fort, sa taille et sa force lui seraient inutiles jusqu'à ce qu'il eût appris à s'en servir : elles lui seraient préjudiciables, en empêchant les autres de songer à l'assister; et, abandonné à lui-même, il mourrait de misère avant d'avoir connu ses besoins ».

Au premier abord, cette justification ne semble qu'un hardi paradoxe. Comment, si l'homme naissait fort, il mourrait pour ne pas s'être laissé assister? Absurde! Car si l'homme naissait fort, il n'aurait pas besoin de cette assistance! — Et l'on comprend que de telles explications ne soient pas du tout entrées dans la tête de beaucoup de ses lecteurs de jadis et d'aujourd'hui.

Cependant le raisonnement est juste : « Supposons qu'un enfant eût à sa naissance la stature et la force d'un homme fait; cet homme-enfant serait un parfait imbécile, un automate, une statue immobile et presque insensible. Il ne verrait rien, il n'entendrait rien... Cet homme formé tout à coup ne saurait pas non plus se redresser sur ses pieds, il lui faudrait beaucoup de temps pour apprendre à s'y soutenir en équilibre... Il sentirait le malaise des besoins sans les connaître ». — Rousseau distingue très bien ici déjà ces deux aspects de l'organisme que nous appelons la structure et la fonction. Ce n'est pas tout que d'avoir des organes; il faut encore savoir s'en servir; et plus ces organes sont développés, plus le travail que l'on en demande est précis et délicat, plus doit être longue la période nécessaire à les en rendre capables. D'ailleurs, la fonction est une des conditions de formation de la structure; ces deux aspects sont inséparables. C'est l'observation même qui nous le montre. Et la remarque de Rousseau fait apparaître d'une façon pittoresque l'impossibilité de leur disjonction.

Le développement implique donc pour Rousseau comme pour les biologistes d'aujourd'hui une stimulation, un exercice continuel des organes à développer. C'est la nature qui le veut ainsi; or, la période réservée par elle à cet exercice, c'est l'enfance. Il faut donc « respecter l'enfance », laisser libre cours à ses mouvements impétueux, et c'est à tort que l'on considère ceux-ci comme devant être réprimés : « laissez longtemps agir la nature avant de vous mêler d'agir à sa place, de peur de contrarier ses opérations. » Ce qui paraît au pédant du temps perdu est en réalité du temps gagné : « N'est-ce rien que d'être heureux? N'est-ce rien que de sauter, jouer, courir toute la journée? »

Si l'enfance est utile, il faut donc vouer à l'enfant une considération particulière. L'enfant, comme tel, en tant qu'enfant, devient intéressant. Il n'est plus, comme on croyait, l'être imparfait, incomplet, qu'il s'agissait de perfectionner et de compléter d'après le modèle fourni par l'homme adulte. Le point de vue change complètement : l'enfant a aussi une vie à lui, il a *sa* vie. Cette vie, il a droit à la vivre, à la vivre heureux. Comme nous voilà loin de la conception commune!

Mon but étant de montrer combien fidèlement la manière de voir de Rousseau concorde avec la conception de l'enfance qui s'impose aujourd'hui aux biologistes et aux psychologues, il faut que je rappelle sommairement les trois sources d'où celle-ci découle :

La doctrine évolutionniste tout d'abord. J'ai cité déjà le mémoire peu connu de Fiske, et celui, qui a eu un juste retentissement, de Karl Groos. Il faudrait encore mentionner les nombreux travaux éclos sous l'influence de la fameuse loi biogénétique, qui ont amené Spencer, et surtout Stanley Hall et ses élèves, à envisager l'enfance comme une période de récapitulation ancestrale, récapitulation d'ailleurs nécessaire et indispensable à la formation de l'adulte.

En partant d'un tout autre point de vue, l'école pragmatique, avec W. James, J. Dewey, I. King, pour laquelle l'homme est avant tout un être agissant, considère l'activité humaine sous l'angle de la psychologie fonctionnelle ou dynamique, qu'elle oppose à la psychologie statique, structurale. Le point de vue fonctionnel consiste à rechercher, non pas seulement en vertu de quel mécanisme un homme (ou un enfant) se comporte de telle ou telle manière, mais pourquoi il agit ainsi à ce moment-là. L'activité psychique ne doit en effet jamais être détachée des conditions de milieu qui l'ont fait éclore. Appliquée à l'enfant, cette méthode fonctionnelle nous fait interpréter ses actes en les rapportant non pas à une mesure étrangère à sa mentalité propre, mais aux besoins mêmes qu'ils ont pour but de satisfaire. Pour se rendre compte de ces besoins, des expériences que fait l'enfant et dans lesquelles son moi est engagé, il est indispensable de se mettre à son niveau, de considérer sa vie pour elle-même, comme un tout autonome. Les pragmatistes en sont donc naturellement venus à accorder à l'enfance comme telle, une attention spéciale, et à repousser l'opinion de ceux qui, s'obstinant à comparer les processus mentaux de l'enfant à ceux de l'adulte, qu'ils prennent pour norme, réduisent l'enfance à un état d'imperfection ne méritant pas de faire l'objet d'une science.

Il est intéressant de noter que l'évolutionnisme et le pragmatisme, dont les méthodes sont en quelque sorte opposées, puisque l'un considère l'enfant eu égard à la race, et l'autre ne l'envisage qu'en lui-même, arrivent cependant à des conclusions identiques sur l'importance fonctionnelle et l'autonomie de la vie enfantine.

Les éducateurs, de leur côté, — du moins ceux qui observent et qui réfléchissent — sont arrivés, par des voies toutes différentes, au même point que les biogénétistes et les pragmatistes. L'inefficacité désolante des méthodes scolaires usuelles, dont on ne peut tirer quelque chose qu'en contraignant les écoliers, et qui n'aboutit en fait qu'à surcharger leur mémoire sans gain aucun pour leur développement intellectuel et moral, le fait que l'extension de l'instruction n'a pas entraîné une diminution de la criminalité, une sorte d'intuition des nécessités psychologiques, tous ces facteurs les ont déterminés à penser qu'on faisait fausse route en employant des méthodes qui n'atteignaient l'enfant que par le dehors, et qu'il serait préférable de mettre en jeu son activité même, afin que son développement soit plus libre, plus spontané. Ces éducateurs — dont plusieurs il est vrai sont au courant du mouvement psychologique et biologique, mais dont la plupart cependant ne sont que de simples praticiens, ce qui augmente encore l'intérêt de leur rencontre avec les psychologues — ces éducateurs préconisent donc, par opposition au procédé stérile du gavage scolaire, une pédagogie s'adressant aux mobiles intérieurs de l'écolier. Comme, pour mettre en jeu ces mobiles, il faut les connaître, nos pédagogues en arrivent à s'intéresser au développement spontané de l'enfant, et à vouer à sa vie et à ses activités naturelles une attention toute nouvelle; leurs efforts dans ce sens viennent se mêler heureusement à ceux des savants et des philosophes.

S'il fallait des noms pour illustrer ce mouvement néo-pédagogique, nous pourrions en citer beaucoup. Divers auteurs, de tous pays, ont exprimé d'une façon plus ou moins consciente, plus ou moins nette, plus ou moins approfondie, une conception fonctionnelle de l'éducation qui implique une conception fonctionnelle de l'enfance. En France, MM. P. Lacombe, Le Bon, Laisant, de Fleury, C. Wagner, Mlle Dugard sont — peut-être sans le savoir — de beaux représentants du « fonctionnalisme », ainsi que M. Brunot, quand il demande une pédagogie du langage moins scolastique et mécanique, plus vivante, fondée davantage sur l'expérience du langage, et M. Quénioux, lorsqu'il réclame un enseignement du dessin tenant compte des démarches naturelles du dessin enfantin. Mme Montessori et Mlle Francia en Italie, M. Kerschensteiner à Munich, promoteur des *Arbeitsschulen* (ou écoles de travail, qu'il oppose aux *Buchschulen*, ou écoles livresques), M. Berthold Otto, directeur d'école d'une ville de Prusse, et dont les écrits originaux et l'esprit novateur commencent de retenir l'attention, M. Lietz et les fondateurs d'écoles nouvelles peuvent tous, à des titres divers, être rangés dans la cohorte des protagonistes d'une conception fonctionnelle de l'enfance et de l'éducation.

Le but de ces modestes pages est de montrer que génétistes, pragmatistes et néo-éducateurs ont eu les uns et les autres pour avant-coureur notre Jean-Jacques. On le savait sans doute, et je n'ai pas la prétention de le découvrir. Peut-être cependant n'est-il pas sans intérêt de constater que les principales affirmations auxquelles a conduit la science de l'enfant sous sa forme la plus récente, se retrouvent toutes nettement exprimées dans l'*Émile*. Pour abréger, je vais les dégager sous forme de quelques formules, auxquelles l'on pourrait donner le nom de *lois*, car elles semblent bien exprimer des rapports constants.

Ces lois sont au nombre de cinq : Loi de *succession génétique*,

Loi d'*exercice génético-fonctionnel*, Loi d'*adaptation* (ou d'*utilité*) *fonctionnelle*, Loi d'*autonomie fonctionnelle*, Loi d'*individualité*.

On retrouve toutes ces lois admises, implicitement ou explicitement, par Rousseau, et leur contenu posé comme vérités évidentes sur lesquelles il appuie ses plaidoyers et ses réquisitoires. On pourrait presque redistribuer tout l'*Émile* sous ces cinq rubriques. Que le lecteur n'ait crainte, ce n'est pas ce que je me propose de faire, quoique la tentation soit forte de multiplier les citations! Quelques exemples suffiront à montrer la perspicacité étonnante qu'a manifestée ici le Citoyen de Genève [1].

I. LOI DE SUCCESSION GÉNÉTIQUE. — *L'enfant se développe naturellement en passant par un certain nombre d'étapes qui se succèdent dans un ordre constant.* Telle est la loi générale. Elle a un corollaire : *Ces étapes sont les mêmes que celles qu'a parcourues l'esprit de l'humanité.* Et l'on en a déduit une application pratique : *L'éducation doit se conformer à la marche de l'évolution mentale.*

Cette idée d'un ordre immuable dans le développement, ordre fixé par la nature, est soulignée d'une façon très nette par Rousseau qui y revient à tout propos; elle inspire toutes ses pages : Dès le début de l'*Émile*, il oppose à « l'éducation des hommes » et à « l'éducation des choses », cette « éducation de la nature », consistant dans « le développement interne de nos facultés et de nos organes »; cette éducation interne est la plus importante, parce que c'est précisément celle sur laquelle « nous ne pouvons rien »; c'est donc sur elle « qu'il faut diriger les deux autres ». « Observez la nature, et suivez la route qu'elle vous trace... La nature veut que les enfants soient enfants avant que d'être hommes. Si nous voulons pervertir cet ordre, nous produirons des fruits précoces qui n'auront ni maturité ni saveur. »

Cet « ordre de la Nature » intéresse surtout Rousseau sous le rapport des applications pratiques qu'il commande. Cet ordre, il faut le respecter : « Laissez longtemps agir la nature avant de vous mêler d'agir à sa place, de peur de contrarier ses opérations.... La nature a, pour fortifier le corps et le faire croître, des moyens qu'on ne doit jamais contrarier ». Rien n'est plus nuisible que des inter-

1. Tous les exemples sans indication de source sont tirés de l'*Émile*. J'ai souvent réuni dans une seule citation des passages provenant de parties différentes de cet ouvrage; ces passages sont toujours séparés les uns des autres par des points de suspension.

ventions intempestives; mieux vaut encore ne rien faire que faire mal; aussi, dans le doute, abstiens-toi. De là cette *éducation négative* qui répond à une vérité si profonde, et qui a paru cependant si paradoxale que Jean-Jacques lui-même, lorsqu'il énonce que « la plus grande, la plus importante, la plus utile règle de toute l'éducation, ce n'est pas de gagner du temps, c'est d'en perdre », prie le lecteur de lui pardonner ses paradoxes !

D'ailleurs, l'éducateur peut intervenir pour « seconder la Nature ». Mais il faut qu'il « traite son élève selon son âge » car « chaque âge a ses ressorts qui le font mouvoir ». Voici venir le temps des études; qui choisira celles qui conviennent à un moment donné? « Ce n'est pas moi qui fais arbitrairement ce choix, c'est la Nature elle-même qui l'indique ». Même dans le domaine moral, « il faut rejeter les exemples qui sont sous nos yeux et chercher ceux où les développements successifs se font selon l'ordre de la Nature ». Rousseau se plaint notamment, comme on doit le faire encore aujourd'hui, que « dans l'âge de la plus grande activité l'on borne les jeunes gens à des études purement spéculatives »; ainsi « on ne choque pas moins la raison que la Nature ».

Une des grandes critiques que l'on peut adresser à toutes nos méthodes, à tous nos programmes d'enseignement, c'est qu'ils ont été dictés par des préoccupations *logiques*, non *psychologiques*. On présente dans un ordre logique et d'une façon conforme à la raison de l'adulte, des disciplines qui ne pourraient au contraire être assimilées que si elles étaient appropriées aux intérêts de chaque âge. Comme Rousseau l'avait bien compris! Il s'efforçait de fonder ses propositions de réforme, non pas sur le raisonnement pur, comme l'ont fait presque tous les pédagogues avant, et beaucoup aussi après lui, mais sur l'observation : « Ce qui me rend plus affirmatif, dit-il en effet, c'est qu'au lieu de me livrer à l'esprit de système, je donne le moins possible au raisonnement, et ne me fie qu'à l'observation ».

Ne faisons donc pas intervenir la raison lorsque l'enfant n'est pas encore susceptible d'en pénétrer les décrets :

« L'enfance a des manières de voir, de penser et de sentir qui lui sont propres; rien n'est moins sensé que d'y vouloir substituer les nôtres; et j'aimerais autant exiger d'un enfant qu'il eût cinq pieds de haut, que du jugement à dix ans.... De toutes les facultés de l'homme, la raison qui n'est, pour ainsi dire, qu'un composé de toutes les autres, est celle qui se développe le plus difficilement et le plus tard : et c'est de celle-là qu'on veut se servir pour développer les premières! Le chef-d'œuvre d'une bonne éducation est de faire un homme raisonnable; et l'on prétend élever un enfant par la raison! C'est commencer par la fin, c'est vouloir faire l'instrument de l'ouvrage. Si les enfants entendaient raison, ils n'auraient pas besoin d'être élevés. »

Si la nature suit, dans le développement, un ordre invariable, quel est cet ordre? On sait que les pédologues modernes se préoccupent beaucoup de déterminer les stades de l'évolution des intérêts. Rousseau s'est efforcé de conformer à celle-ci le développement d'Emile, et il trace un tableau de la route qu'il convient de parcourir. Il la subdivise en quatre grandes périodes (de la naissance à cinq ans, de cinq à douze ans, de douze à quinze et de quinze à vingt ans) qui correspondent presque exactement à celles que la plupart des pédologues d'aujourd'hui assignent à l'évolution préadulte, et qu'ils appellent première et seconde enfance, adolescence, puberté. Cette dernière phase, Rousseau en a bien saisi la grande importance vitale et pédagogique, et il l'a caractérisée justement en l'appelant une « seconde naissance », mot qu'ont repris les pédologues contemporains comme exprimant fort exactement « ce moment de crise qui, bien qu'assez court, a de longues influences ». La description qu'en donne Rousseau est saisissante :

« Nous naissons, pour ainsi dire, en deux fois : l'une pour exister, et l'autre pour vivre. Comme le mugissement de la mer précède de loin la tempête, cette orageuse révolution s'annonce par le murmure des passions naissantes : une fermentation sourde avertit de l'approche du danger. Un changement dans l'humeur, des emportements fréquents, une continuelle agitation d'esprit rendent l'enfant presque indisciplinable.... C'est ici la seconde naissance dont j'ai parlé; c'est ici que l'homme naît véritablement à la vie, et que rien d'humain n'est étranger à lui. »

Il reste à nous demander, avant de quitter ce paragraphe, si Rousseau a eu l'intuition d'une analogie, d'un parallélisme, entre le développement de l'individu et celui de la race.

Nulle part, je crois, cette idée ne se trouve exprimée nettement dans ses œuvres. Rousseau revient cependant constamment sur le développement mental du sauvage, et sur l'analogie entre la mentalité primitive de celui-ci et celle de l'animal; à diverses reprises il établit une sorte de comparaison entre l'état de sauvagerie et la jeunesse. « Cet état [la sauvagerie] est la véritable jeunesse du monde », dit-il dans le *Discours sur l'Origine de l'Inégalité*, et le contexte montre assez qu'il ne s'agit pas là d'une simple métaphore. Si Rousseau s'occupe tant du « sauvage », c'est qu'il pense que celui-ci lui fournira la clef de maints problèmes que pose au philosophe la conduite de l'homme civilisé. « Sans l'étude sérieuse de l'homme, de ses facultés naturelles, et de leurs développements successifs, on ne viendra jamais à bout de séparer, dans l'actuelle constitution des choses, ce qu'a fait la volonté divine d'avec ce que l'art humain a prétendu faire[1] ». Dans cette phrase et dans d'autres analogues, notre auteur pronostique avec une sûreté extraordinaire de vue les avantages que la méthode génétique devait apporter à la psychologie.

Pour en revenir à l'enfance, Rousseau montre avec force, et contrairement aux idées reçues, que pour suivre l'allure que la nature lui prescrit, elle doit se rapprocher de la sauvagerie. Il veut qu'Émile soit un « sauvage » : tandis que les enfants éduqués selon la coutume ne ressemblent qu'à des « paysans », soumis en tout, et ne faisant rien que sur parole, le sauvage, lui, expérimente à tout propos, apprend seul à se tirer d'affaire. Voilà ce qui convient à Émile; aussi le seul livre qu'il lui donnera sera *Robinson Crusoë*.

La suite va nous faire comprendre les avantages de ce « retour à la Nature ».

II. Loi d'exercice génético-fonctionnel. — Cette loi en implique réellement deux, que l'on pourrait énoncer ainsi : 1° *L'exercice d'une fonction est la condition de son développement* (c'est la loi d'exercice fonctionnel); 2° *L'exercice d'une fonction est la condition de l'éclosion de certaines autres fonctions ultérieures* (c'est la loi d'exercice génétique).

1°. — La première de ces lois exprime un fait bien connu de tous : que l'exercice développe, c'est ce que sait tout gamin qui cherche à faire grossir ses biceps. N'empêche que l'on ne s'est bien rendu compte de l'importance fonctionnelle qu'avait l'enfance, que depuis K. Groos : d'après sa théorie fameuse, le jeu des animaux et de l'homme représente un préexercice indispensable à leur développement, en sorte que l'on peut dire que les animaux ne jouent pas parce qu'ils sont jeunes, mais qu'ils sont jeunes afin de pouvoir jouer.

Or, sous ce rapport aussi, Rousseau s'est montré, de nos conceptions modernes, un fidèle avant-coureur. Son traité de l'éducation

1. Préface du *Discours sur l'Origine* (1754).

est d'un bout à l'autre d'une inspiration entièrement fonctionnaliste. Le rôle de l'éducateur doit être de mettre l'enfant à même d'exercer les fonctions au moment où l'heure de leur apparition a sonné à l'horloge de la nature. Le plus souvent, l'enfant se sent enclin à les exercer spontanément, et il suffit de ne pas lui rendre cet exercice impossible, en l'obligeant à en faire d'autres ou en le condamnant à l'immobilité. C'est là le sens profond de l' « éducation négative ».

Or précisément, anciennement plus qu'aujourd'hui, on maintenait l'enfant, dès sa naissance, dans un état de contrainte que Rousseau a éloquemment dénoncé :

« L'enfant nouveau-né a besoin d'étendre et de mouvoir ses membres.... On les étend il est vrai, mais on les empêche de se mouvoir; on assujettit la tête même par des têtières,... Ainsi l'impulsion des parties internes d'un corps qui tend à l'accroissement trouve un obstacle insurmontable aux mouvements qu'elle lui demande.... L'inaction, la contrainte où l'on retient les membres d'un enfant ne peuvent que gêner la circulation du sang, empêcher l'enfant de se fortifier, de croître,... Observez la Nature, et suivez la route qu'elle vous trace. Elle exerce continuellement les enfants.... Quand [l'enfant] commence à se fortifier, laissez-le ramper par la chambre; laissez-lui développer, étendre ses petits membres, vous les verrez se renforcer de jour en jour. »

Ce que Jean-Jacques demande pour le corps, il le demande aussi pour l'esprit : il voudrait que l'instruction consistât à laisser l'enfant s'exercer lui-même, au lieu d'en faire la victime passive d'un gavage livresque : « Forcé d'apprendre de lui-même, il use de sa raison et non de celle d'autrui... De cet exercice continuel il doit résulter une vigueur d'esprit semblable à celle qu'on donne au corps par le travail... Quand l'enfant s'approprie les choses avant de les déposer dans la mémoire, ce qu'il en tire est à lui. Au lieu qu'en surchargeant la mémoire à son insu, on s'expose à n'en jamais rien tirer qui lui soit propre ».

Mais, n'abusons pas des citations : tout l'*Émile*, presque, comme je l'ai dit, pourrait y passer.

Il convient de remarquer ici que Rousseau s'est fort bien rendu compte de l'utilité fonctionnelle du mouvement, des gambades et des jeux de l'enfant. Il a été plus perspicace sous ce rapport que Spencer qui, malgré sa doctrine évolutionniste, n'y a vu que l'expression inutile d'un superflu d'énergie. « Loin d'avoir des forces superflues, remarque Jean-Jacques avec profondeur, les enfants n'en ont pas même de suffisantes pour tout ce que leur demande la nature : il faut donc leur laisser l'usage de toutes celles qu'elle leur donne ».

2°. — La *loi d'exercice génétique*, selon laquelle les fonctions ultérieures ne peuvent se développer que si celles auxquelles la nature assigne un rang précédent ont eu l'occasion de se développer elles-mêmes, est aussi impliquée dans toutes les considérations de Rousseau. L'éducation des sens est la condition de l'éveil du jugement; « pour apprendre à penser, il faut exercer nos sens, nos organes, qui sont les instruments de notre intelligence », et pour que les fonctions psychiques puissent se perfectionner, il faut préalablement que le corps se soit lui-même fortifié.

La loi génétique a reçu, on le sait, de M. Stanley Hall, une interprétation un peu particulière. Prenant à la lettre l'idée d'une récapitulation de la race par l'individu, l'éminent psychologue de Worcester admet que l'enfance a pour fonction principale de purger, en quelque sorte, l'individu de ses résidus ancestraux incompatibles avec notre civilisation actuelle. C'est pourquoi il conviendrait de laisser à l'enfant toute liberté de se battre, de lancer des pierres, de faire le petit sauvage jusqu'à douze ou quinze ans : il n'en sera que meilleur homme plus tard. Sans discuter ici cette théorie, qui est aussi une théorie génétique, car l'expulsion de ces instincts héréditaires serait une condition *sine qua non* du développement ultérieur, nous pourrions nous demander si Rousseau l'avait pressentie. Cela semble être l'opinion de Hall, qui a écrit dans la Préface de son *Adolescence* : « Rousseau voudrait aussi qu'on laissât en pleine nature les enfants durant les années précédant la puberté, qu'on les livrât à leurs impulsions héréditaires primitives, et qu'on permit aux traits innés de sauvagerie qui sont en eux de s'épancher jusqu'à douze ans. La psychologie biologique trouve des raisons multiples et pressantes de confirmer cette manière de voir ».

Je n'ai pas l'impression, toutefois, que Rousseau ait eu en vue cette conception cathartique des jeux ou des occupations enfantines. Si l'enfant doit être élevé comme un sauvage, laissé libre en pleine nature, au risque de ne paraître « aux yeux vulgaires » qu'un « polisson », c'est à cause que, pour l'auteur de l'*Émile*, ces conditions de liberté sont les plus propres à susciter l'exercice des facultés propres à son âge. En un mot, Rousseau me paraît plus près de Groos que de Hall.

III. LOI D'ADAPTATION FONCTIONNELLE. — Nous venons de voir que les diverses fonctions se développaient par l'exercice. Mais cet exercice, sauf dans les cas restreints où il est la conséquence unique d'une stimulation intérieure, demande pour s'accomplir des conditions externes. Quelles sont ces conditions d'activité? *L'action se déclanche lorsqu'elle est de nature à satisfaire le besoin ou l'intérêt du moment.* C'est ainsi qu'on peut formuler cette loi, qui n'est qu'un corollaire de la loi de l'intérêt momentané [1]. Et voici la règle d'application pratique qui en découle naturellement : *Pour faire agir un individu, il faut le placer dans les conditions propres à faire naître le besoin que l'action que l'on désire susciter a pour fonction de satisfaire.*

Cette loi règle les conditions de réalisation de la précédente; elle est la plus importante au point de vue pédagogique, puisqu'elle enseigne comment il faut s'y prendre pour stimuler le jeu des fonctions mentales. Or J.-J. Rousseau a admirablement compris que l'art de l'éducation consiste à placer l'enfant dans des conditions telles que l'action se déclanche toute seule. « L'intérêt présent, s'écrie-t-il, voilà le grand mobile, le seul qui mène sûrement et loin... » Il a vu tout « ce que nous pouvons faire sur notre élève par le choix des circonstances où nous le plaçons. »

Avant d'instruire, il faut créer un besoin intellectuel, et l'enfant, de lui-même, tendra à le satisfaire; les exemples de cette méthode abondent : « Voulez-vous qu'il cherche une moyenne proportionnelle entre deux lignes? Commencez par faire en sorte qu'il ait besoin de trouver un carré égal à un rectangle donné... Cette curiosité bien dirigée est le mobile de l'âge où nous voilà parvenus... Pour qu'un enfant s'accoutume à être attentif, et qu'il soit bien frappé de quelque vérité sensible, il faut qu'elle lui donne quelques jours d'inquiétude avant de la découvrir », etc.

Jean-Jacques s'élève avec force contre ces absurdes leçons de rhétorique, qui ont persisté jusqu'à nos jours, et dans lesquelles on oblige les élèves à discourir sur des sujets sur lesquels ils n'ont absolument rien à dire, à décrire des sentiments qu'ils ne ressentent pas. Or, parler, c'est précisément dire quelque chose, communiquer à autrui un sentiment que l'on éprouve soi-même, une expérience que l'on a faite. Séparer la parole de sa fonction

1. Cf. mon *Esquisse d'une théorie biologique du sommeil*, Ar. de Psychol., IV, 1905, p. 281.

naturelle, c'est lui ravir son mobile même. « Quel extravagant projet de les exercer à parler sans sujet de rien dire; de croire leur faire sentir, sur les bancs d'un collège, l'énergie du langage des passions et toute la force de l'art de persuader, sans intérêt de rien persuader à personne!... On prétend nous former pour la société, et l'on nous instruit comme si chacun de nous devait passer sa vie à penser seul dans sa cellule, ou à traiter des sujets en l'air avec des indifférents. Vous croyez apprendre à vivre à vos enfants, en leur enseignant certaines contorsions du corps et certaines formules de paroles qui ne signifient rien ».

Ces passages me semblent importants : Rousseau y fait nettement la distinction entre l'exercice tout brut, et l'exercice vraiment fonctionnel. Ce dernier consiste à faire jouer la fonction dans son contexte vital, c'est-à-dire dans les conditions où elle est précisément une fonction, un instrument utile. Si l'on fait abstraction de ces conditions, on n'a plus devant soi qu'un simple mécanisme, qu'on actionne à blanc, pour ainsi dire. Or cela n'est plus du tout éducatif. C'est comme si l'on voulait apprendre à un menuisier à raboter sans lui donner de planche à raboter, mais en lui faisant exécuter les mouvements en l'air : ce que cet apprenti ferait, ne serait plus du rabotage, car il n'y a rabotage que pour autant qu'il y a une planche à aplanir. Supprimez la planche, vous n'avez plus devant vous qu'une gesticulation incohérente et sans signification.

Nos divers processus mentaux ne sont pas des facultés ayant en elles-mêmes leur principe d'activité, mais des instruments qui ont pour fonction de servir, d'être utiles à l'individu. Il suffit de faire sentir à l'individu cette utilité pour que ces instruments se mettent à manœuvrer tout seuls : leur fonctionnement est vivifié par leur utilité même. Rousseau insiste avec raison sur ce principe si juste que l'école pragmatiste a remis en lumière. Il faut, dit-il, « occuper l'enfant de manière que non seulement il se sente utile à la chose, mais qu'il s'y plaise à force de bien comprendre à quoi sert ce qu'il fait... *A quoi cela est-il bon?* Voilà désormais le mot sacré, le mot déterminant entre lui et moi ».

La meilleure méthode pour faire naître ces mobiles intérieurs propres à déclancher l'action, c'est de placer l'élève dans des conditions réclamant son activité. Et Rousseau de préconiser, comme le font les éducateurs modernes, un enseignement qui fasse une large place à l'activité spontanée de l'élève.

La contrepartie de cette méthode active, fonctionnelle, est la méthode traditionnelle, dogmatique, qui prescrit du dehors ce que l'enfant doit apprendre, sans s'occuper de savoir s'il le peut, si le programme établi est conforme à ses aptitudes, au degré de son développement. Il arrive alors que, faute de cette précaution, l'enseignement dégoûte, et l'écolier n'en veut pas. On doit alors user de la contrainte, puisqu'on n'a pas su prendre l'enfant par l'appétit. Rousseau a fort bien vu la différence de ces deux procédés tout opposés : « Les plus sages, dit-il, s'attachent à ce qu'il importe aux hommes de savoir, sans considérer ce que les enfants sont en état d'apprendre. » Et il a compris ce qu'il fallait faire pour remédier à cet état de choses. Ce qu'il faut faire, c'est étudier les enfants : « Commencez donc par étudier vos élèves, car très assurément vous ne les connaissez point. »

C'est dès sa naissance que l'enfant est, d'ordinaire, soumis à cette méthode de contrainte; nous avons déjà vu Rousseau protester contre les maillots serrés empêchant les mouvements du nourrisson. Il proteste aussi contre la coutume barbare, et heureusement presque partout disparue, consistant à leur serrer la tête dans des bandeaux. « On dit que plusieurs sages-femmes prétendent, en pétrissant la tête des enfants nouveaux-nés, lui donner une forme plus convenable : et on le souffre! Nos têtes seraient mal de la façon de l'Auteur de notre être : il nous les faut façonnées au dehors par les sages-femmes, et au dedans par les philosophes. » Cette manie de contrainte se retrouve en effet dans toute l'éducation, où l' « on a essayé de tous les instruments, hors un : le seul précisément qui peut réussir, la liberté bien réglée ».

Rousseau rappelle aussi que, pour attirer et maintenir l'attention de l'élève, il faut recourir à l'attrait, à la curiosité naturelle à l'homme, et prendre pour mobile « cette curiosité bien dirigée ». « Ce n'est jamais la contrainte, c'est toujours le plaisir ou le désir qui doit produire cette attention. » — Montaigne, Fénelon, Locke l'avaient du reste déjà dit; mais Rousseau a peut-être mieux saisi les raisons profondes de ces préceptes fondamentaux, et cependant toujours négligés.

C'est aussi tout à fait dans l'esprit de la pédagogie fonctionnelle que Rousseau examine la répression et la canalisation des passions : « c'est une entreprise aussi vaine que ridicule que vouloir les détruire, » il faut donner un autre aliment aux impulsions naturelles d'où elles dérivent. Il insiste à plusieurs reprises sur cet art que doit posséder un maître de « donner le change à la Nature ». Certaines méthodes les plus nouvelles de notre pédagogie du xxe siècle (selfgovernment, traitement des jeunes criminels par le travail en colonisation libre[1], etc.,) ne sont que des applications de ce principe de dérivation.

IV. Loi d'autonomie fonctionnelle. — *L'enfant n'est pas, considéré en soi, un être imparfait; il est un être adapté aux circonstances qui lui sont propres; son activité mentale est appropriée à ses besoins, et sa vie mentale constitue une unité.*

La plupart des psychologues ont cru devoir, pour caractériser le psychisme de l'enfant, le comparer à celui de l'adulte : cette comparaison était assurément défavorable à l'enfant, que l'on a été porté à considérer comme un être incomplet, auquel il *manquait* certaines facultés dont il convenait de le doter par des procédés scolaires. Et les premiers auteurs qui ont tenu des « journaux » d'enfants, comme Preyer, se sont précisément attachés à noter le moment d'apparition de ces diverses facultés comme si elles surgissaient tout à coup du néant pour combler un vide resté béant jusque-là. Or cette manière de voir est inexacte, ou tout au moins inféconde, en ce qu'elle conduit à envisager l'enfant comme un être extrabiologique, pour ainsi dire, qui n'a pas une vie propre, et dont la mentalité, pleine de lacunes, ne présente ni continuité ni harmonie fonctionnelle.

Tout au contraire, l'école pragmatico-biologique met l'accent sur le côté pratique de l'activité de l'enfant. De ce point de vue, peu importe si ses processus intellectuels ressemblent ou non à ceux de l'adulte; ces processus ne sont plus considérés que comme des instruments d'adaptation à l'environnement. Il faut les rapporter non pas à ceux de l'adulte, mais à la vie même de l'enfant, à son expérience considérée comme un tout, comme une unité. En un mot, il faut juger l'enfant de son propre point de vue, il faut le raconter en termes empruntés à sa propre expérience[2]. Du reste, le sentiment intérieur de l'enfant corrobore la justesse de cette manière de faire : l'enfant n'a pas l'impression du tout d'être un

1. Voir sur cette question le remarquable travail de Mlle Francia, *Relazione sul primo esperimento di colonizzazione libera dei giovani criminali,* Riv. di Psicol., 1911.

2. Cf. l'intéressant ouvrage, écrit sous l'inspiration de Dewey : I. King, *The psychology of child development*, Chicago, 1903.

être imparfait; il n'éprouve pas de manques, de lacunes, comme un aphasique, je suppose, ou un aveugle psychique, ou quelqu'un qui a oublié la géographie ou la règle des participes.

Un exemple fera mieux saisir qu'une longue argumentation la vérité de cette conception pragmatique et fonctionnelle :

Un têtard, pour n'être pas encore une grenouille, n'en est pas pour cela un être imparfait fonctionnellement parlant. Sans doute, si on le compare à ce qu'il doit devenir un jour, on trouvera qu'il lui manque beaucoup de choses, des poumons, des pattes, que sais-je encore. Mais, si on le considère à son point de vue de têtard, il est un être absolument parfait : ses branchies sont parfaitement adaptées à sa condition actuelle, qui est de vivre dans l'eau, et ses pattes ne lui seraient à ce moment qu'un embarras, elles lui seraient même funestes, en l'invitant à sortir de son milieu, avant qu'il ait des poumons lui permettant d'affronter la vie aérienne. Je ne crois pas exagérer l'importance de ce fait, qu'à tout instant de son développement un être constitue une unité fonctionnelle, en l'élevant à la dignité d'une loi, loi d'autonomie fonctionnelle.

Cette loi est peut-être une vérité à La Palisse. Tant mieux; elle n'en est alors que plus évidente. N'empêche qu'en ce qui concerne le développement psychologique de l'enfant, elle a été fort méconnue, ce qui a eu pour conséquence de lourdes erreurs d'application pratique, dont les écoliers furent et sont encore victimes.

Rousseau, cependant, avait déjà, dans les termes les plus vibrants, appelé l'attention des éducateurs sur cette autonomie de la vie de l'enfant, sur le devoir qui nous incombait à nous adultes, de la considérer pour elle-même. Pour des raisons d'humanité d'abord :

« L'âge de la gaieté se passe au milieu des pleurs, des châtiments, des menaces, de l'esclavage.... Hommes, soyez humains, c'est votre premier devoir : soyez-le pour tous les âges.... Aimez l'enfance, favorisez ses jeux, son aimable instinct.... Pourquoi voulez-vous ôter à ces petits innocents la jouissance d'un temps si court qui leur échappe.... Pères, savez-vous le moment où la mort attend vos enfants? Ne vous préparez pas des regrets en leur ôtant le peu d'instants que la nature leur donne : aussitôt qu'ils peuvent sentir le plaisir d'être, faites qu'ils en jouissent; faites qu'à quelque heure que Dieu les appelle, ils ne meurent point sans avoir goûté la vie. »

Rousseau a très clairement aussi vu l'unité psychologique de la vie de l'enfant. « Chez toutes les nations du monde, les progrès sont proportionnés aux besoins », dit-il dans son *Discours sur l'Origine*. Ce qui est vrai de l'évolution des peuples l'est aussi de celle de l'enfant. Comme Jean-Jacques a bien saisi cette harmonie fonctionnelle qui gouverne la psychogénèse de l'enfant : chaque fonction nouvelle n'apparaît que lorsqu'elle est devenue nécessaire aux besoins. « C'est ainsi que la Nature, qui fait tout pour le mieux, l'a d'abord institué. Elle ne donne immédiatement [à l'homme] que les désirs nécessaires à sa conservation, et les facultés suffisantes pour les satisfaire. Elle a mis toutes les autres comme en réserve au fond de son âme, pour s'y développer au besoin ». Ce faisant, la nature a « mis en égalité parfaite la puissance et la volonté »; — nous dirions, dans notre jargon moderne, qu'elle a réalisé chez l'enfant le principe de l'harmonie fonctionnelle.

L'individu étant tout entier dans chacun de ses actes, il serait vain de faire appel de trop bonne heure à des facultés ou à des sentiments dont la présence suppose des expériences que l'enfant n'a pas encore pu faire. C'est ainsi que l'on évitera de gouverner l'enfant à l'aide de préceptes moraux empruntés à la société des adultes, et qui, étant étrangers à son système de valeurs à lui, lui resteront forcément extérieurs. « La raison du devoir n'étant pas de leur âge, il n'y a homme au monde qui vînt à bout de la leur rendre vraiment sensible... Tant que la sensibilité [de l'enfant] reste bornée à son individu, il n'y a rien de moral dans ses actions; ce n'est que quand elle commence à s'étendre hors de lui, qu'il prend d'abord les sentiments, ensuite les notions du bien et du mal. »

Et si le petit enfant n'est pas raisonnable, c'est simplement parce qu'il n'y a pas avantage, pour sa condition actuelle, à ce qu'il sache raisonner. « En effet, à quoi lui servirait la raison à cet âge? Elle est le frein de la force, et l'enfant n'a pas besoin de ce frein ». — On pourrait ajouter que les problèmes qui se posent à ce moment à l'enfant ne sont pas de ceux dont la solution nécessite la raison : l'expérimentation y suffit. Pour apprendre que son pied, dont la vue l'étonne tout d'abord, lui appartient en propre, le bébé n'a pas besoin de raisonner, il lui suffit de se trémousser, de se tâter, et le sentiment de l'appartenance inscrit dans son cerveau ses droits et ses pouvoirs de propriétaire sans qu'aucun syllogisme ait besoin d'intervenir! — Rousseau a cependant saisi l'essentiel, qui est l'utilité relative, l'utilité fonctionnelle des facultés à chaque âge. Et cette intuition, en l'amenant à une conception aussi juste que féconde de la mentalité infantile, lui a permis de fonder sur un roc solide à la fois son système éducatif, et les critiques qu'il adresse au système traditionnel.

A chaque âge, donc, l'enfant est un être parfait, — biologiquement parlant, s'entend! — « Chaque âge, chaque état de la vie a sa perfection convenable, sa sorte de maturité qui lui est propre. Nous avons souvent ouï parler d'un homme fait; mais considérons un enfant fait : ce sera peut-être plus nouveau pour nous, et ne sera pas moins agréable. » — Et Rousseau, qui a si bien su voir « l'enfant dans l'enfant », nous a décrit, ou tout au moins a cherché à décrire — et c'est cela surtout qui était nouveau et génial — un enfant « qui a vécu de la vie d'un enfant ».

Le résultat auquel conduit cette conception fonctionnelle de l'enfance, c'est que l'enfant n'est pas simplement un homme inachevé, un homme imparfait, ou en réduction, mais qu'il est un être *sui generis*. Il n'en faudrait pas conclure cependant que le principe même de l'activité est différent chez l'un et chez l'autre. Ce qui diffère, ce sont les mécanismes, la nature des intérêts, — mais l'enfant est semblable à l'homme en ce sens que, comme chez ce dernier, ce qui régit l'activité, c'est le besoin, c'est l'intérêt, de même que, pour se servir l'un d'une branchie, l'autre d'un poumon, le têtard et la grenouille n'en accomplissent pas moins une même fonction, qui est la respiration.

L'homme et l'enfant possèdent donc l'un et l'autre une autonomie fonctionnelle. Cette identité fonctionnelle, qui établit un rapport de profonde ressemblance entre l'homme et l'enfant, en dépit de leurs différences si réelles, n'a pas échappé à notre auteur : « Chaque âge a ses ressorts qui le font mouvoir; *mais l'homme est toujours le même* ».

V. LOI D'INDIVIDUALITÉ. — *Tout individu diffère plus ou moins, sous le rapport des caractères physiques et psychologiques, des autres individus.*

Rousseau, bien que n'ayant, dans sa fiction, suivi le développement que d'un seul enfant, ne se fait pas illusion sur ce que ses exemples ont de trop particulier. « Mes exemples, dit-il, bons peut-être pour un sujet, seront mauvais pour mille autres. Si l'on en prend l'esprit, on saura bien les varier au besoin, le choix tient à l'étude du génie propre à chacun... Chaque esprit a sa forme propre, selon laquelle il a besoin d'être gouverné; et il importe au succès des soins qu'on prend qu'il soit gouverné par cette forme et non par une autre... Une des choses qui rendent les prédications le plus inutiles, est qu'on les fait indifféremment à tout le monde sans discernement et sans choix. Comment peut-on supposer que le même sermon convienne à tant d'auditeurs si diversement disposés, si différents d'esprits, d'humeurs, d'âges, de sexes, d'états et d'opinions? Il n'y en a peut-être pas deux auxquels ce qu'on dit à tous puisse être convenable ».

Rousseau, sur ce point comme sur les autres, proclamait avec force et bon sens des vérités que les psychologues d'aujourd'hui cherchent à faire pénétrer dans les cercles pédagogiques, et qui y paraissent encore souvent révolutionnaires...

Et cependant, Rousseau n'était pas ici novateur. Il ne faisait guère que répéter ce qu'avait si bien dit « le sage Locke » : « Commencez donc de bonne heure à observer avec soin le tempérament de votre enfant... Car selon que ces différentes qualités prédomineront en lui, vous devrez l'élever d'une manière différente [1] ».

Nous n'insisterons donc pas davantage. Il suffisait de rappeler que Jean-Jacques n'a pas omis cette question d'une si haute importance, qui est au premier rang des préoccupations de la psychologie contemporaine. — Il avait prévu, notons-le aussi, que notre procédé habituel d'inspection grossière ne suffit pas pour analyser le caractère d'un enfant : « Il faut des observations plus fines qu'on ne pense, pour s'assurer du vrai génie et du vrai goût d'un enfant, qui montre bien plus ses désirs que ses dispositions. Je voudrais qu'un homme judicieux nous donnât un traité de l'art d'observer les enfants. Cet art serait très important à connaître : les pères et les mères n'en ont pas encore les éléments ».

Hélas, cet art, nous ne le possédons pas encore. Mais la « psychologie individuelle » travaille à en élaborer les fondements; les chercheurs de laboratoire qui imaginent des tests, recueillent des psychogrammes et établissent des corrélations, se doutent-ils qu'ils répondent, ce faisant, à un souhait de Jean-Jacques?

1. Locke, *De l'éducation des enfants*, XI.

*
* *

Les citations qui précèdent, et dont j'ai tâché de ne pas abuser, sans non plus trop les restreindre, nous obligent à conclure que J.-J. Rousseau était bien réellement parvenu, ainsi que je l'ai affirmé au début, à cette conception de l'enfance à laquelle aboutissent les données les plus récentes de la science et de la pédagogie contemporaines.

Cette conclusion est d'une très grande portée : d'une part, elle nous fait saisir exactement en quoi Rousseau a été un novateur, en quoi il a rompu, ici comme ailleurs, la tradition. D'autre part, elle nous permet d'interpréter son roman de l'*Émile*, et de saisir, sous les fictions de l'artiste, sous les exagérations de l'apôtre, les profondes vérités qu'il recèle; et nous comprenons du même coup pourquoi celles-ci ont été si peu saisies.

Rousseau novateur : on conteste souvent qu'il l'ait été dans le domaine de l'éducation. Il n'aurait fait que répéter ce que tout le monde savait, ou que plagier ses devanciers. « Qu'a fait Rousseau autre chose qu'exposer, et souvent en les dénaturant, de fort anciennes idées en matière d'éducation? » se demande par exemple J. F. Nourrisson [1]. Pour cet auteur, qui semble du reste fortement prévenu, pour des motifs politiques ou confessionnels, contre notre Jean-Jacques, la composition de l'*Émile* n'eût été « qu'une sorte d'exercice littéraire ». Mais alors pourquoi consacre-t-il un chapitre entier à réfuter ce qui ne serait d'après lui qu'un tissu de banalités [2]?

M. Jules Lemaître, qui n'a guère mieux saisi le sens de l'*Émile* est au moins plus logique dans sa critique : « Et il est bien vrai, dit-il, que Rousseau a mis sa marque éloquente sur ces préceptes connus; mais il reste, ici encore, que ce qui est bon lui appartient peu, et que ce qui lui appartient paraît d'une absurdité insolente [3] ».

1. Nourrisson, *J.-J. Rousseau et le rousseauisme*, Paris, 1903, p. 234.
2. Nourrisson, qui « sourit de pitié » à l'idée que Rousseau a pu reprendre à son compte des idées déjà formulées par d'autres, n'a fait lui-même que répéter des accusations lancées par des contemporains de Jean-Jacques, jaloux de ses succès : « L'habileté de M. Rousseau, avait écrit l'un d'eux, se réduit à déterrer dans de vieux écrits les rêveries qui y étaient ensevelies » (*Plagiats de M. J.-J. R. de Genève sur l'éducation*, La Haye, 1766).
3. J. Lemaître, *Jean-Jacques Rousseau*, Paris, p. 241.

Or je crois au contraire que, s'il est vrai que certaines bonnes choses ne lui appartiennent pas, et que ce qui lui appartient est parfois mauvais, l'essentiel, cependant, qui est en même temps le meilleur, est précisément de lui, et rien que de lui.

Sans doute, bien des vérités de l'*Émile* avaient été proclamées par Montaigne, Fénelon, Locke, sur le gavage de la mémoire, sur l'éducation attrayante, et sur la nécessité « d'alleicher l'appétit » pour faire mordre l'élève à l'enseignement qu'on lui présente; Fénelon avait dit aussi qu' « il faut se contenter de suivre et d'aider la nature »; et Locke avait insisté sur les soins que réclame l'éducation physique, et sur bien d'autres choses encore que Jean-Jacques a eu raison de répéter...

Quel est donc le propre de Rousseau? Où est, dans tout cela, son trait de génie?

Voici : tandis que, chez ses prédécesseurs, tous ces judicieux préceptes pédagogiques étaient donnés un peu comme au hasard, vérités isolées sans lien entre elles, fruits, sans doute, d'une perspicacité intelligente, mais insuffisamment justifiées et, pour cela, énoncées dogmatiquement, avec des « il faut » n'étant pas eux-mêmes déduits d'un principe plus général — chez Rousseau, au contraire, nous voyons, pour la première fois, l'art de l'éducation fondé sur une conception scientifique de l'enfant.

C'est là le pas de géant qu'a fait le Citoyen de Genève : il a compris que l'éducation, comme les autres disciplines appliquées, devait être fondée sur une connaissance, que ses préceptes devaient pouvoir être déduits des lois auxquelles conduisent l'observation de l'enfant. Avant d'éduquer l'enfant, observons-le. Le système éducatif gravitant autour de l'enfant, non plus l'enfant couché bon gré mal gré dans le lit de Procuste du système, voilà le grand principe de méthode qui fait de Rousseau le Copernic de la pédagogie.

Ouvrez *L'Éducation des Filles* de Fénelon : le bon archevêque nous montre d'abord que celles-ci sont désœuvrées, vu les « inconvénients des éducations ordinaires ». Puis, dans son 3e chapitre, recherchant « quels sont les fondements de l'éducation », il commence à énumérer des préceptes, très justes je le veux bien, mais qui tombent un peu du ciel. Fénelon y dit, il est vrai, que « la curiosité des enfants est un penchant de la nature qui va comme au-devant de l'instruction », que les questions perpétuelles des enfants « sont des ouvertures que la nature vous offre pour faciliter l'instruction ». Mais ces choses d'une si colossale importance sont dites en passant; elles ne sont que des fragments de l'édifice; elles en eussent dû être la clef de voûte.

Ouvrez aussi *L'Éducation des Enfants* : Locke débute en rappellant l'impressionnabilité du cerveau, grâce à laquelle « on peut tourner l'esprit des enfants du côté qu'on veut », et il passe immédiatement à la « santé du corps », se perdant dans quantité de détails qu'il aborde au petit bonheur. A la seconde page il traite de l'habillement : « La première chose à quoi l'on doit prendre garde, c'est que les enfants ne soient point vêtus ou couverts trop chaudement en hiver ou en été. » Dans le deuxième chapitre (Du soin qu'on doit prendre de l'âme des enfants) Locke insiste sur la nécessité de former de bonne heure le caractère des enfants. Ensuite il passe aux châtiments, aux récompenses, à la nécessité d'un gouverneur, etc. Il faut arriver au chapitre XVI sur la *curiosité*, pour trouver quelques considérations sur « le moyen que la nature a ménagé pour dissiper l'ignorance dans laquelle [les enfants] viennent au monde ». On le voit, sans qu'il soit nécessaire d'insister davantage, Locke donne les préceptes avant d'avoir sondé la nature propre de l'enfant, tandis que ceux-là auraient dû se fonder sur celle-ci. Il met la charrue devant les bœufs.

Ouvrez maintenant l'*Émile*. C'est tout autre chose! La question est d'emblée élevée à une hauteur où elle n'avait jamais été portée. *Dès la préface*, Jean-Jacques met le doigt sur le mal : « depuis des temps infinis, il n'y a qu'un cri contre la pratique établie ». Et pourquoi donc, puisqu'on réclame tant, la question éducative ne progresse-t-elle pas? C'est que l'on s'est borné jusqu'ici à « censurer d'un ton de maître; pour proposer, il en faut prendre un autre. » Cet autre ton, c'est celui de la science; Rousseau ne dit pas le mot, mais il fait entendre la chose : « On ne connaît point l'enfance »; voilà la source de tout le mal. « Commencez donc par mieux étudier vos élèves » voilà le remède. La question est désormais sur son vrai terrain; ce sera le mérite éternel de Rousseau de l'y avoir placée.

Mais ce mérite n'est pas le seul : après avoir montré comment poser le problème, il a indiqué, de main de maître, et dès le début de l'*Émile*, la voie de sa solution.

Les pages qui précèdent nous ont appris comment, reconnaissant à l'enfance une signification profonde et *sui generis*, il est parvenu à la conception fonctionnelle insufflant à toute sa doctrine éducative la puissance énorme qu'elle a exercée sur les esprits de ses successeurs, ceux-ci ayant d'ailleurs le plus souvent ressenti cette puissance sans en discerner les véritables motifs.

Mais, il ne suffisait pas, pour édifier une pédagogie, de trouver, ou de pressentir, cette conception fonctionnelle : il fallait encore voir comment, de fait, la nature s'y prend pour développer un enfant. Or, là encore, Rousseau est novateur. A de nombreuses reprises, il insiste sur la nécessité de l'observation; tandis que d'ordinaire on philosophie dans un cabinet, « moi, dit-il, j'en appelle à l'expérience... Au lieu de me livrer à l'esprit de système, je donne le moins qu'il est possible au raisonnement, et je ne me fie qu'à l'observation... Ma méthode est fondée sur la mesure des facultés de l'homme à ses différents âges ». — Peu importe ici que Rousseau ait ou non observé, « mesuré » correctement. S'il s'est trompé ici ou là, qui saurait lui en faire un grief? Nous possédons à peine aujourd'hui des méthodes assez élaborées pour exécuter d'une façon impeccable le plan qu'il avait tracé. Ce n'est du reste pas tant l'exécution de détail qui fait le mérite pédagogique de l'*Émile* que justement son inspiration profonde, la méthode qu'il inaugurait.

Et nous comprenons bien maintenant pourquoi il a été si peu compris. Sans doute, grâce à cette intuition obscure qui permet parfois à la foule de deviner et d'admirer un génie contemporain, bien qu'il exprime des sentiments que sa conscience à elle ignore encore et qui la dépassent, l'*Émile* a produit dès le jour de sa publication une impression considérable. Cependant il a rencontré presque autant d'adversaires que de partisans, et encore aujourd'hui il y a bien des gens qui ne savent rien y trouver de bon. Leur tort est de considérer l'œuvre de Jean-Jacques en myopes; ils négligent de se placer à la distance que réclame la contemplation d'un grand tableau. Aussi les arbres les empêchent-ils de voir la forêt, et attachent-ils à des vétilles une importance exagérée. Ils s'achoppent à des exemples, à des formules, qui ne sont que détails, accidents d'ornementation, artifices d'exposition, sans voir la vérité profonde qu'ils ont pour but d'exprimer. Ou bien encore ils déplacent le point de vue, et d'un problème d'éducation pratique font une chicane théologique ou métaphysique : faut-il citer ici la fameuse question de la *bonté originelle?* — Mais, discuter la question de savoir si, à sa naissance, l'enfant est moral, immoral, ou contient une mixture de bon et de mauvais, est une chose essentiellement oiseuse, tout au moins pour l'éducateur. Celui-ci a, ma foi, une tâche plus intéressante, et surtout plus utile : ce dont il doit se préoccuper, c'est des moyens à appliquer pour que l'enfant se développe dans le sens de la moralité. Or Rousseau a voulu montrer d'une part que ces moyens seraient d'autant plus efficaces que l'on se rapprocherait davantage de ceux dont se sert la nature pour développer les individus; d'autre part que le fait de contrecarrer l'évolution naturelle, était non seulement stérile, mais encore nuisible, soit parce que l'on entravait le développement normal, soit parce que l'on dégoûtait l'enfant de la vertu, en la lui présentant d'une façon inopportune. Je ne vois pas qu'il y ait dans tout cela matière à scandale!

On s'est efforcé aussi de montrer, un peu pédantesquement, qu'il y a une contradiction entre le fait d'écrire un traité d'éducation, et de le commencer par un « tout dégénère entre les mains de l'homme ». Alors, Émile dégénérera aussi entre les mains de Jean-Jacques? — Mais ne voit-on pas que celui-ci part, ou pense partir, *d'un fait* lorsqu'il pose cette dégénérescence des enfants comme étant la conséquence de la « pratique établie »? Et c'est précisément pour y remédier qu'il propose de suivre davantage les procédés de la nature.

Le principe de l'éducation négative, qui est resté pour beaucoup le principe fondamental de l'*Émile*, n'en est réellement, si on le prend à la lettre, qu'un tout petit côté. Jamais Jean-Jacques, du reste, n'a prétendu qu'il ne faille pas guider l'enfant; n'a-t-il pas donné à Emile un maître qui l'accompagne partout? Sans doute il estimait qu'il valait mieux ne rien faire que faire mal; mais le véritable esprit du principe, c'est surtout qu'il fallait, chaque fois que cela était possible, mettre l'enfant en mesure de se tirer seul d'affaire. En sorte que, on le voit, cette éducation en apparence négative est au fond l'éducation la plus vraiment *active* qu'il se puisse imaginer, puisqu'elle met constamment en jeu l'initiative de l'enfant, ses « ressorts », ses impulsions spontanées, sa volonté.

Eh bien, encore une fois, toute cette incompréhension que l'on a manifestée à l'égard de Jean-Jacques se conçoit elle-même fort bien. Celui-ci écrivait l'*Émile* pour un temps qui n'est pas encore venu, tout au plus commence-t-il à poindre. Il s'en doutait : « Mon sujet était tout neuf après le livre de Locke, et je crains fort qu'il ne le soit encore après le mien ». Hélas, il l'est encore, ou presque.

Comme Lamarck, par exemple, qui a dû attendre plus d'un siècle que justice lui fût rendue, et dont on peut dire que l'œuvre se modernise à mesure que le temps s'écoule, Rousseau sera pénétré des jeunes générations mieux que des anciennes. Dans sa lettre d'adhésion à la *Société Jean-Jacques Rousseau*, Tolstoï écrivait : « Rousseau ne vieillit pas[1]. » En songeant à sa conception de l'enfance, nous dirons même : Il rajeunit.

La psychologie moderne, loin de diminuer la doctrine éducative de Rousseau, l'élève plus haut qu'elle n'avait jamais pu être encore, parce que jamais encore comme aujourd'hui on n'avait été en mesure d'en saisir la signification profonde et vitale.

ED. CLAPARÈDE.

1. *Annales de la Société Jean-Jacques Rousseau*, Genève, vol. I, 1905, p. 7.

INFLUENCES ET VARIÉTÉS

QUELQUES MOTS SUR LA QUERELLE DE HUME ET DE ROUSSEAU

Après la conclusion de la paix entre la France et l'Angleterre, à la fin de la guerre de sept ans, Hume était venu à Paris en qualité de secrétaire d'ambassade. Grand admirateur du génie de Rousseau, et touché de la situation lamentable où il se trouvait, expulsé de Suisse, condamné en France, Hume s'offrit à lui procurer un asile en Angleterre. D'autres propositions du même genre lui étaient faites au même moment. Après de longues hésitations, et sur le conseil, semble-t-il, de milord Maréchal, Rousseau finit par se décider pour celle de Hume. Qu'il ait préféré l'Angleterre aux autres pays dont on lui parlait, qu'il ait été séduit par la pensée de trouver enfin un refuge paisible sur cette terre de liberté, on en voit assez bien les raisons. Mais il n'ignorait pas que Hume, de qui Mme de Boufflers, Mme de Verdelin et la maréchale de Luxembourg lui disaient tant de bien, était aussi fêté et choyé par les « philosophes », qu'il fréquentait assidûment chez le baron d'Holbach, et qu'il était lié avec d'Alembert. Comment Rousseau, si ombrageux, si soupçonneux, si porté à imaginer des complots contre son honneur et contre sa sécurité, a-t-il pu consentir à se laisser emmener en pays étranger, à se laisser chercher un logis, à se laisser procurer une pension par un ami de ses ennemis? On ne peut l'expliquer, sans doute, que par l'extrême embarras où il se trouvait alors, et par le prestige que l'Angleterre exerçait sur son imagination.

Pourtant il était facile de prévoir que la confiance de Rousseau ne serait pas durable, et que Hume, si dévoué et si attentif qu'il se-

montrât, ne tarderait pas à lui devenir suspect. Les bons amis de Hume l'avaient charitablement averti qu'il faisait une sottise : d'Holbach le prévenait qu'il allait réchauffer un serpent dans son sein. Hume tint bon cependant, tout amoureux qu'il fût de sa tranquillité. Le génie de Rousseau lui paraissait incomparable, et ses malheurs l'attendrissaient. Il s'estimait trop heureux de pouvoir lui assurer la paix. Rousseau, venant de Strasbourg, rejoignit Hume à Paris en décembre 1765.

Le 20 décembre, Hume écrit à son ami le Dr Blair, « Il faut que je sois très prochainement à Londres, pour remercier le roi de sa bonté à mon égard, et pour trouver un domicile au célèbre Rousseau, qui a refusé des invitations de la moitié des rois et des princes de l'Europe afin de se mettre sous ma protection.... Nous partons ensemble dans quelques jours.... Il est impossible d'exprimer ou d'imaginer l'enthousiasme des gens d'ici pour Rousseau. Comme on croit qu'il est sous ma garde, tout le monde, et surtout les grandes dames, me tourmente pour se faire présenter à lui. On me glisse dans la main des rouleaux d'or, en me priant instamment de tâcher de les lui faire accepter. Je suis sûr que si j'ouvrais une souscription avec son consentement, je recevrais 50 000 livres sterling en une quinzaine... Voltaire et tous les autres sont entièrement éclipsés par lui[1]... » Suit un éloge très vif du caractère de Rousseau, que Hume compare à Socrate, et dont il se croit très sincèrement aimé. La date du départ fut avancée, parce que Rousseau avait hâte d'échapper aux importunités de ses admirateurs indiscrets. Dans les premiers jours de décembre 1766 tous deux passèrent de Calais à Douvres, en compagnie de M. de Luze, un Genevois ami de Rousseau. La traversée dura douze heures.

Le séjour de Rousseau en Angleterre est connu aujourd'hui dans tout le détail désirable, grâce à l'excellent travail que M. Louis-J. Courtois a fait paraître dans les *Annales Jean-Jacques Rousseau* en 1910. Je n'en reprendrai pas ici le récit. Je n'en retiendrai que ce qui peut éclairer la querelle qui éclata bientôt entre le protecteur et le protégé, et nous faire entrer dans les raisons d'agir de ces deux « philosophes » si peu semblables l'un à l'autre.

Pendant les premières semaines, tout alla à souhait. Rousseau, en débarquant, avait sauté au cou de Hume, et, sans mot dire, lui

1. Burton, *Life and correspondence of David Hume*, II, 297-9.

avait couvert le visage de ses baisers et de ses larmes. Il ne l'appelait pas autrement que « mon cher patron ». A Londres, où l'on s'arrêta, Rousseau, vêtu en Arménien, fut l'objet de la curiosité publique, presqu'autant qu'à Paris; mais l'accueil qu'il reçut ne lui déplut pas. Le difficile était de trouver, en province, un séjour qui lui convînt. La présence de Thérèse, et les égards que Rousseau exigeait pour elle, rendaient le choix plus malaisé. Plusieurs propositions furent examinées et rejetées. Enfin, par bonheur, Rousseau agréa l'offre qui lui fut faite par un riche propriétaire anglais, Richard Davenport. Celui-ci mettait à sa disposition le domaine de Wootton, dans le comté de Derby, qu'il possédait et qu'il n'habitait pas. Rousseau accepta, à condition de payer un loyer — 30 livres sterling par an, — que Davenport consentit à toucher pour lui faire plaisir.

Les choses ainsi réglées à la satisfaction de Rousseau, les deux amis se séparèrent. Hume resta à Londres, et Rousseau s'en fut s'installer à Wootton où Thérèse arriva plus tard. La contrée lui plut. Le paysage rappelle d'assez près celui du Jura. Il est familier aux lecteurs de George Eliot, car c'est précisément celui où elle a placé son admirable roman d'*Adam Bede*. Rousseau herborisait, se promenait dans la campagne, fréquentait quelques voisins, faisait de la musique, écrivait. Il fallait supporter pourtant quelques petits désagréments. Thérèse s'ennuyait. Elle n'entendait pas un mot d'anglais, et ses relations avec les domestiques de confiance laissés à Wootton par Davenport manquaient de cordialité.

Mais surtout l'imagination inquiète de Rousseau travaillait. Déjà le 31 mars, c'est-à-dire dix jours à peine après son arrivée à Wootton, il écrivait à M. d'Ivernois qu'il avait découvert que Hume était « lié avec ses plus dangereux ennemis, et que s'il n'était pas un fourbe, il aurait intérieurement beaucoup de réparations à lui faire[1] ». Pendant trois mois, l'orage couva, les nuages s'amoncelèrent; quelques signes avant-coureurs se produisirent, auxquels Hume, dont l'attention n'était pas éveillée, ne comprit rien. Tout d'un coup, le 23 juin, la foudre éclata. En réponse à une lettre où Hume l'entretenait de la pension qu'il avait obtenue pour lui du roi d'Angleterre, Hume en reçut une où Rousseau lui signifiait une rupture irréparable, dans les termes les plus mortifiants. Elle se terminait par ces

1. Musset-Pathay, *Vie de Rousseau*, I, 116. Cité par Burton, II, 325.

mots. « Je laisse un libre cours aux manœuvres de vos amis, — aux vôtres, et je vous abandonne avec peu de regret ma réputation durant ma vie, bien sûr qu'un jour on nous rendra justice à tous deux. Quant aux bons offices en matière d'intérêt avec lesquels vous vous masquez, je vous en remercie et vous en dispense. Je me dois de n'avoir plus de commerce avec vous et de n'accepter, pas même à mon avantage, aucune affaire dont vous soyez le médiateur. Adieu, Monsieur, je vous souhaite le plus vrai bonheur, mais comme nous ne devons plus rien avoir à nous dire, voici la dernière lettre que vous recevrez de moi. »

Qu'on s'imagine la stupéfaction du « cher patron » lisant cette déclaration de guerre! Hume n'en croyait pas ses yeux. Le 26 juin, il répond à Rousseau, sur un ton de dignité blessée, pour lui demander de quoi il a pu se rendre coupable, sinon des témoignages répétés de l'affection la plus tendre et du dévouement le plus actif. Il somme Rousseau de laisser là les accusations vagues et de préciser ses griefs. — Peine perdue. Rousseau n'ouvre même pas sa lettre. Peut-être n'en aurait-il jamais pris connaissance, sans l'insistance de Davenport, que Hume avait mis tout de suite dans la confidence, en lui envoyant une copie de sa lettre. Davenport fit tout pour persuader à Rousseau qu'il devait au moins à Hume une explication. Rousseau céda enfin, et écrivit la célèbre lettre à Hume du 10 juillet. Ce long réquisitoire, qui ferait à lui seul une brochure, démontre avec la dernière évidence, en même temps que la parfaite sincérité de Rousseau, l'inanité complète des torts qu'il imputait à son ami de la veille. C'est l'œuvre d'une imagination surexcitée qui transforme ses soupçons en preuves et ses pressentiments en certitudes. Une sorte d'hyperesthésie aiguë se trahit dans cette logique passionnée, et ne permet pas de douter que l'auteur ne soit plus malheureux que méchant. L'excellent Davenport, qui voyait souvent Rousseau, ne s'y est pas trompé. « Rousseau me fait vraiment de la peine, écrit-il à Hume le 6 juillet. Il est inquiet, il se tourmente continuellement, il a une mine terrible. Il est presque impossible de comprendre la bizarrerie de sa sensibilité excessive; aussi je conclus que lorsqu'il se rend coupable d'une erreur ce sont ses nerfs qui sont en faute plutôt que son cœur. Des choses qui ne feraient pas la moindre impression sur une âme lourde comme la mienne l'irritent jusqu'au plus extrême degré de l'exaspération. Bref, il me semble qu'il souffre de jalousie : il pense que vous aimez quelques savants hommes (*sic*) que malheureusement il appelle ses ennemis [1] ».

Pour ne citer qu'un ou deux traits, Rousseau raconte qu'il a compris tout d'un coup la trahison dont il était victime, en surprenant un regard que Hume jetait sur lui; un autre jour, pendant leur voyage, il avait entendu Hume s'écrier en rêve : « Je tiens Jean-Jacques Rousseau! » — Hume a beau répondre qu'il ne croit pas avoir l'habitude de parler français quand il rêve : à quoi sert de réfuter un réquisitoire dont toute la force est dans la passion soupçonneuse qui l'a fait écrire? A quoi bon démontrer que les faits allégués sont insignifiants ou dénaturés? Hume l'essaya cependant. Il va sans dire que Rousseau ne voulut rien entendre [2].

*
* *

Hume se serait sans doute consolé assez vite de l'ingratitude de Rousseau, et de cette amitié perdue. Mais il se disait avec épouvante que, non plus que cette amitié, la rupture ne pouvait rester secrète : tout à l'heure le public allait en être informé. Autant il avait été agréable et flatteur de jouer, devant Paris et devant l'Europe, le rôle de protecteur de Rousseau, autant il était effroyable d'être exécuté par lui, d'être traité par lui, devant ce même public, de fourbe, d'imposteur et de faux ami. Comme Hume allait payer cher les satisfactions d'amour-propre que son « patronage » lui avait procurées! — Il eut peur, et la peur est mauvaise conseillère. Elle lui fit commettre une première faute, lorsque, aussitôt après avoir reçu la lettre de rupture du 23 juin, et sans même attendre les explications qu'il réclamait, il expédia au baron d'Holbach un rapport indigné sur l'ingratitude et sur la scélératesse de Rousseau. Quel régal pour la société des « philosophes » qui se réunissait chez d'Holbach, et qui exécrait Rousseau! Personne ne se crut tenu au secret : Hume d'ailleurs ne l'avait pas demandé. La nouvelle se répandit comme une traînée de poudre. Le scandale fut prodigieux, et la querelle entre Hume et Rousseau prit tout de suite les proportions d'une « affaire ».

Hume écrit à Mme de Boufflers qu'il en est très surpris : « Je

1. Burton, II, 337.
2. Cf. Frederika Macdonald, *Jean-Jacques Rousseau, a new criticism*, II, p. 185 et suiv., où l'auteur s'efforce de prouver que Rousseau a raison sur tous les points.

n'imaginais pas, dit-il, qu'une histoire privée racontée à un particulier, ferait le tour du royaume en un instant. Si le roi d'Angleterre avait déclaré la guerre au roi de France, ce n'aurait pas été plus vite le sujet de toutes les conversations [1]. » Ce tapage assourdissant, déchaîné en somme par la peur que Hume avait ressentie, eut pour effet d'augmenter encore cette peur, et de l'induire à une faute plus grave. Il fit un recueil de toutes les pièces relatives à la querelle, et il l'envoya à ses amis de Paris, en leur demandant s'il devait le publier. Il se défend d'en avoir envie; il dit que s'il l'imprime, il ne l'imprimera qu'à regret. Mais on sent qu'il sollicite un conseil avec le secret désir de se voir pousser à un acte qu'il regrettera d'avoir commis, et qu'il veut tout de même commettre. « Je ne sais vraiment, écrit-il le 12 août à l'abbé Le Blanc, quel usage faire de ce recueil.... Bien que ma conduite ait été tout à fait innocente, et même, à vrai dire, fort méritoire, il semble que, comme il arrive dans ces sortes de ruptures, j'aurai à supporter ma part de blâme. La publication de ces pièces m'en laverait entièrement. Pourtant, j'avoue que j'ai de la répugnance à en appeler au public; je crains que cette publication ne soit vraiment la seule chose à blâmer de ma part dans cette affaire. Vous savez qu'il n'y a personne dont le jugement m'importe plus que le vôtre : pensez un peu à la chose. Si Mme de Dupré était à Paris, je désirerais qu'elle vît ces pièces et qu'elle me dît son opinion. Malheureusement M. Tronchin ne pourra comprendre que les documents français. Qu'aurait fait son ami Fontenelle en pareille occurrence?... Il faut que je vous demande d'envoyer ces documents à d'Alembert quand vous les aurez lus. M. Turgot les aura par lui [2].... »

Les sages conseils ne manquèrent pas à Hume. Mme de Boufflers, qui était particulièrement liée avec lui, et avec Jean-Jacques, sans excuser ce dernier, n'hésite pas à blâmer le procédé de Hume. Elle regrette en termes très vifs qu'il ait envoyé sa lettre si dure pour Rousseau au baron d'Holbach. Ceux qui *font profession* d'être ses amis en France vont le pousser à faire davantage.... Elle le supplie de regarder avec compassion un homme qui a attiré sur sa tête une foule de calamités, et de traiter avec une pitié généreuse un adversaire qui ne peut faire de mal qu'à lui-même.... Milord

1. Burton, II, 346.
2. *Ibid.*, II, 347-8.
3. *Ibid.*, II, 353.

Maréchal tient le même langage. « Vous avez fait, écrit-il à Hume le 15 août, tout ce qui était en votre pouvoir pour le servir. Son écart de conduite m'afflige plus pour lui que pour vous, qui, j'en suis sûr, n'avez rien à vous reprocher. Il sera bon et humain de votre part, et tout à fait digne du « bon David » de ne rien répondre. »

Mme Dupré de Saint-Maur, dont Hume désirait avoir le sentiment, lui donna son avis dans la jolie lettre suivante[1] :

Montigny, le 20 août 1766.

Il ne fallait pas, Monsieur, vous aimer autant que je vous aime pour être vivement affectée du bizarre dénouement de votre union avec Jean-Jacques. Tout Paris y a pris part, les uns avec intérêt, les autres par pure curiosité. Les premiers indices de votre mécontentement ont tout d'abord excité ces deux sentiments : avec quelle impatience n'a-t-on pas attendu l'explication d'une énigme dont il était impossible de deviner le mot! A peine a-t-il été connu que l'indignation contre Rousseau a été générale. Ses amis, c'est-à-dire les amateurs de ses ouvrages, ne l'ont défendu qu'en disant qu'il est fou; les vôtres se sont affligés de voir un ingrat extravagant détruire en un moment le plaisir, si digne de vous, que vous preniez à faire son bonheur. Je vous avoue, Monsieur, que c'est à ce sentiment-là que mon cœur s'est arrêté. Les indifférents ont raisonné diversement. Ceux d'entre eux qui se piquent de n'agir jamais que prudemment ont dit que vous vous étiez trop pressé de répandre tant de bienfaits sur Jean-Jacques avant que de vous être assuré qu'il en fût digne; ceux qui guettent les philosophes pour les trouver en faute ont eu une joie plate et maligne de voir celui qui avait réuni tous nos suffrages trompé par un usurpateur du même titre. J'ai vu de tous ces gens-là, Monsieur, mais je n'en ai point rencontré qui vous supposassent l'ombre d'un tort vis-à-vis de Rousseau. Faites-nous donc l'honneur de croire que vous n'avez pas plus besoin de justification en France qu'en Angleterre. M. de Montigny reçut avant-hier au soir les papiers que vous lui avez envoyés; nous passâmes une partie de la nuit à les lire. M. de Trudaine était déjà retiré et n'en a pris connaissance qu'hier. M. et Mme de Montigny, M. de Fourqueux de Fournière, Saurin et moi étions de la première lecture. Elle nous a fait à tous la même impression. Si nous différons en quelque chose sur l'opinion (qu'elle) donne de Rousseau, ce n'est que par des nuances imperceptibles. On ne peut atténuer le vice de son cœur qu'en lui supposant plus de degrés de folie; votre conduite à son égard est au-dessus de toute objection. Vous avez voulu le rendre heureux, il n'en est pas susceptible. D'autres avant vous l'avaient tenté sans plus de succès; mais le voilà bien plus malheureux que jamais, parce qu'il est

1. Nous devons communication de cette lettre à l'aimable obligeance de M. Raymond Chalmel, professeur au collège du Quesnoy, à qui la bibliothèque de la Société royale d'Edimbourg a bien voulu permettre d'en prendre copie.

avili et dégradé, parce que à quelque degré que se portent à présent ses malheurs, il n'a plus à attendre des amis les plus sensibles que de la compassion. Qu'a donc à redouter l'excellent David Hume d'un être aussi déplorable, aussi abandonné? Rien assurément. Par conséquent rien à faire, rien à écrire, encore moins à imprimer. Renoncer à une chimère, charmante à la vérité; se féliciter de n'avoir à rompre qu'avec un séducteur et non avec un ami; rire même de ce que les lumières de la plus saine philosophie combinées avec les sentiments les plus exquis ne mettent pas à l'abri d'être trompé par un fol plein de talent et d'artifice. Voilà, ce me semble, Monsieur, la façon de penser de ceux de vos amis qui habitent actuellement Montigny. Les mânes de Fontenelle invoquées nous paraissent du même avis. C'est à M. Trudaine qu'elles (*sic*) ont répondu, et avec raison, puisqu'il n'a jamais été mieux entendu que par lui, et que vous remplissez si parfaitement dans son cœur et dans son estime le vide qu'il y a laissé. Je ne vous dis rien pour M. et Mme de Montigny.... La précaution de déposer votre commerce littéraire entre les mains de quelques amis nous paraît la seule précaution à prendre. Encore faut-il, dit M. de Trudaine, que ce soient des amis prudents.

Même son de cloche dans une lettre de Turgot à Hume :

... M. de Montigny m'a dit que vous désiriez savoir ma façon de penser. Vous imaginez bien qu'elle ne peut être douteuse sur le fond de l'affaire, et je crois qu'excepté Rousseau, et peut-être Mlle Le Vasseur, il n'y a personne dans le monde qui s'imagine, ni qui eût jamais imaginé que vous ayez mené Rousseau en Angleterre pour le trahir, et à qui sa longue lettre et ses démonstrations ne fassent pitié. Mais je vous avoue que j'y vois toujours plus de folie que de noirceur. J'y vois des sophismes dont une imagination se sert pour empoisonner les circonstances les plus simples et les transformer au gré de la manie qui l'occupe. Mais je ne crois point que ces extravagances soient un jeu joué, et un prétexte pour secouer le poids de la reconnaissance qu'il vous doit.... Je persiste donc à ne le croire que fou, et je suis affligé que l'impression trop vive qu'a faite sur vous sa folie, vous ait mis dans le cas de la faire éclater et de la rendre irrémédiable; car le bruit qu'a fait votre lettre au baron est pour Rousseau une démonstration que ses conjectures étaient fondées sur la vérité même. Il a bien mandé à Mme de Boufflers qu'il ne se plaignait pas, et que cette lettre qui vous a donné lieu de le diffamer comme le dernier des hommes, n'était écrite qu'à vous. L'éclat que vous avez fait lui a fait tout le mal possible, et sa lettre ne vous en a fait aucun....

Après vous avoir dit aussi franchement mon avis, vous serez surpris peut-être de me voir presque revenu à l'avis de faire imprimer. La folie de Rousseau est telle qu'il a écrit ici différentes lettres dans lesquelles il regarde votre trahison comme si constante, et les démonstrations comme si terrassantes pour vous, qu'il vous défie de publier les pièces sans vous déshonorer, à moins que vous ne les falsifiez; ce ne sont pas ses termes, mais c'en est le sens. Si cette espèce de défi devenait public à un certain point, et faisait plus d'impression en Angleterre qu'il n'en peut faire en France, peut-être serez vous obligé d'imprimer.... Voilà quel est actuellement mon penchant. Mais comme je ne vois à cela rien de pressé, je crois que vous ferez bien de vous donner tout le temps d'y réfléchir. Plus vous mettrez dans cette affaire de modération et même d'indifférence, plus le tort de Rousseau deviendra évident[1]. »

Le sentiment de Turgot était donc semblable à celui de Mme de Saint-Maur : ne rien faire, à moins d'y être forcé par Rousseau. D'Alembert même avait été d'abord opposé à une publication. Mais dès le 21 juillet, à la suite d'une sorte de conseil de guerre tenu par les « philosophes », il a changé d'avis :

« Le hasard a voulu, écrit-il à Hume, que la plupart de vos amis et surtout ceux à qui vous me conseillez de lire votre lettre, se soient trouvés réunis chez Mlle de l'Espinasse, presque au moment que je l'ai reçue : M. Turgot, M. l'abbé Morellet, M. Roux, M. Saurin, M. Marmontel, M. Duclos. Tous unanimement (Turgot du moins et Saurin devaient changer bientôt de sentiment), ainsi que Mlle de l'Espinasse et moi, sommes d'avis que vous devez donner cette histoire au public, avec toutes ses circonstances.... » Suivent des conseils de prudence, et une sorte de plan pour la brochure que Hume devra composer. « Enfin, mon cher ami, nous vous recommandons et nous vous conjurons de mettre dans cette brochure la plus grande modération mais en même temps la plus grande clarté. »

Ce fut sans doute cet avis qui détermina Hume à composer le recueil au sujet duquel il consulta l'abbé Le Blanc, Mme de Saint-Maur et ses amis, Turgot, et d'Alembert lui-même. Mais, en cette circonstance, il eut dû se défier des « philosophes ». Leur conseil ne pouvait guère ne pas être intéressé, venant de gens qui se réjouissaient de tous les coups portés à Rousseau, et qui n'auraient pas vu échapper sans regret une occasion de le rendre odieux. C'est ce que Horace Walpole dit nettement à Hume. Walpole avait contribué pour une bonne part à exaspérer Rousseau. Il avait publié une prétendue lettre du roi de Prusse à Rousseau pour lui offrir un asile dans ses États, qui était d'une ironie méchante et cruelle. Rousseau l'avait d'abord attribuée à Voltaire. Ensuite il fut persuadé qu'elle était de d'Alembert. Et son irritation s'accrut encore quand il apprit, à n'en pouvoir douter, qu'un Anglais — un ami de Hume,

1. Burton, II, 332-3. Lettre du 7 septembre 1766.

— en était l'auteur. Walpole avoua en effet, et prit soin de dire que Hume n'avait été pour rien dans cette mystification. A Hume lui-même il écrivait, le 26 juillet :

« La clique des gens de lettres vos amis est telle qu'on peut l'attendre d'une clique de gens de lettres, c'est-à-dire, parfaitement absurde. Ils se constituent solennellement en consistoire pour décider comment on discutera avec un fou. Ils jugent indispensable pour votre réputation que vous leur donniez le plaisir de voir Rousseau livré au public, non pas parce qu'il vous a attaqué, mais parce qu'il les a attaqués, eux. Si Rousseau imprime, il faut que vous imprimiez aussi. Mais tant qu'il ne le fait pas, je ne le ferais sûrement pas non plus[1]. »

***

Pourquoi Hume n'a-t-il pas suivi le sage conseil que lui donnaient aussi les meilleurs de ses amis en France, ceux en qui il avait d'ordinaire le plus de confiance? Pourquoi se résolut-il à publier malgré tout sa brochure[2], en France et en Angleterre? Deux motifs semblent avoir surtout pesé sur sa décision. En refusant de faire ce que les « philosophes » lui recommandaient formellement, en renonçant à l'offensive qu'il avait commencé à prendre contre Rousseau, il risquait de les mécontenter, et de perdre ainsi les seuls alliés sur lesquels il pût compter pour le défendre devant l'opinion, si Rousseau l'attaquait, ou s'il ripostait. Pour être chaudement protégé par eux, il fallait d'abord les satisfaire, et ne pas leur dérober leur proie. Mais surtout — et cette raison à dû être décisive dans l'esprit de Hume : il le laisse entendre à plusieurs reprises, — il s'agissait pour lui de prendre les devants. Rousseau écrivait ses mémoires. Il l'avait dit; on le savait, et la foule de ses admirateurs les attendait avec une avide impatience. Hume allait-il se voir cloué au pilori dans ces mémoires? Rousseau y emploierait-il sa redoutable éloquence à le peindre sous la figure d'un traître? Qui sait si le génie de Rousseau ne prêterait pas quelque force aux imputations les plus fausses, et si Hume ne serait pas éternellement la victime d'un chef-d'œuvre de perfidie? Etre perdu de réputation devant la postérité!

1. Burton, II, 361.

2. *Exposé succinct de la contestation qui s'est élevée entre M. Hume et M. Rousseau, avec les pièces justificatives*, Paris, 1766.

A cette idée Hume se sentait au supplice et perdait tout sang-froid. Coûte que coûte, il fallait parer à ce danger. Or, il n'y avait qu'un moyen de l'écarter à coup sûr : publier, au plus tôt, toutes les pièces du procès. Le procédé était peu correct, et l'on peut ajouter, presque inhumain, à l'égard de Rousseau. Hume passa outre, néanmoins, tant ce qu'il redoutait lui paraissait intolérable. La peur fut plus forte que les scrupules. Pour répondre d'avance à qui l'accuserait d'avoir falsifié les documents, il offrit de déposer les originaux au British Museum. Celui-ci, on ne sait pourquoi, refusa de les prendre.

La suite des évènements fit voir que les craintes de Hume étaient vaines. Le bruit de la querelle tomba aussi vite qu'il s'était élevé ; peut-être parce que Rousseau ne se soucia pas de la prolonger et ne publia rien. En outre, les bizarreries de Rousseau, sa disparition subite de Wootton, le 1er mai 1767 et sa fuite inexplicable, la terreur folle dont il fut saisi à Douvres en voyant qu'il ne pouvait s'embarquer tout de suite, tout cela montra bien qu'il aurait mieux valu ne pas s'arrêter aux accusations de Rousseau comme s'il était de sang-froid et pleinement maître de lui-même. Enfin, les *Confessions* ne devaient rien contenir dont Hume pût s'alarmer.

« Je n'ai rien à dire de M. Hume, écrivait Rousseau, alors qu'il était encore à Wootton, quelque temps après la publication de la brochure de Hume, sinon que je le trouve bien insultant pour un bon homme, et bien bruyant pour un philosophe. » Les relations entre eux ne se renouèrent jamais. Au moment où Rousseau quitte l'Angleterre, en août 1767, Hume suit ses mouvements avec l'attention la plus vive : ses appréhensions ne l'ont pas encore quitté. « J'attends avec quelque curiosité de lire ses mémoires; ils suffiront, je suppose, à me justifier aux yeux de tout le monde, et aux miens, d'avoir publié ses lettres et un récit de l'affaire [1]. » — Et, huit jours plus tard, il écrit au même correspondant : « J'ai interrogé M. Davenport au sujet de ces mémoires que Rousseau disait être en train d'écrire, et je lui ai demandé s'il les avait jamais vus. Il m'a répondu que oui. C'est un ouvrage qui doit avoir douze volumes, mais Rousseau n'en a encore terminé que le premier, qu'il a composé entièrement à Wootton.... Je crois que je puis attendre en toute sécurité le récit qu'il fera de nos relations. Mais néanmoins

1. Burton, II, 378. Lettre à Adam Smith du 8 oct. 1767.

cet incident (la rédaction des mémoires) que je prévoyais, me justifie en quelque mesure d'avoir publié ses lettres, et peut excuser une démarche que vous, et moi-même, nous avons été parfois tentés de blamer, et souvent de regretter [1]. »

Hume sent bien que, pour se défendre contre un danger hypothétique, il a commis une cruauté certaine, et peu digne de son caractère. Comme le remarque son biographe, Burton, il n'était pas homme à exprimer bruyamment son repentir ou ses regrets. C'est dans son silence même et dans ses actes ultérieurs que l'on découvre son désir de trouver une compensation pour la peine excessive qu'il avait infligée à son adversaire. On voit, par les lettres de ses amis de France, que dès 1767 il s'employait activement à protéger Rousseau contre les rigueurs du gouvernement français, et à obtenir pour lui l'autorisation de résider en France. « La chose est possible hors du ressort du Parlement de Paris, lui écrit Turgot le 1er juin 1767, mais il faut que le roi y consente. Il n'y a que l'intérêt même que vous y prenez et la singularité de cette circonstance qui puisse peut-être adoucir le roi sur le compte de Rousseau, en faisant demander la chose en votre nom par M. de Choiseul [2]. » Ce n'était pas, de la part de Hume, générosité pure : c'était aussi une sorte d'aveu, et comme un désir de réparation.

L. LÉVY-BRUHL.

1. Burton, II, 379-80.
2. *Ibid.*, 381.

ROUSSEAU ET KANT

Dans le mouvement universel que Rousseau a excité de son temps par sa personne et par ses livres, on sait à quel point l'Allemagne de la dernière partie du XVIIIe siècle s'est laissé fièvreusement entraîner. L'invasion de l'esprit de Rousseau dans la littérature et la pensée allemande coïncide avec la réaction artistique et intellectuelle qui se produit de tous les côtés contre le médiocre et stérile rationalisme de l'*Aufklärung*, contre les longues habitudes d'asservissement à des règles abstraites et à des modèles tout faits. Dans la période d'émancipation, dite du *Sturm und Drang*, c'est la nature que l'on se plaît à glorifier de toutes les façons et sous toutes les formes, — la nature retrouvée dans sa simplicité première, ou interprétée, en dehors de toute convention factice, par cette merveilleuse puissance naturelle qu'est le génie. Que, dès lors, Rousseau apparût comme l'un des prophètes des temps nouveaux, ce n'était pas surprenant : il avait, par son œuvre, imprimé la secousse violente qui devait arracher le vieux monde à la tyrannie des préjugés artificiels et des traditions surannées. Tous les écrivains allemands de l'époque reconnaissent son inspiration comme la leur, Lenz, Klinger, Hamann, Herder, Jacobi, Schiller, Gœthe; et leur enthousiasme sans bornes va jusqu'à opérer d'assez singulières transfigurations de sa personne. Il arriva à Schiller d'écrire que Rousseau était beaucoup trop noble pour cette terre, et qu'après sa mort, libéré des indignes persécutions qui s'étaient déchaînées sur lui, il était remonté vers ceux qu'il avait quittés, vers les anges, ses frères.

C'est chose de prime abord inattendue, que le sévère philosophe de la raison pure, l'austère Kant, ait fait entendre dans ce concert d'admirations et d'adhésions une note concordante, et l'on ne peut avant tout s'empêcher de songer, quand on rapproche Rousseau et Kant, au contraste de leurs caractères, de leurs procédés de penser, à l'opposition même de leurs vies, dont l'une, pour ne pas dire plus, se laissa aller à tous les vagabondages, tandis que l'autre s'imposa toujours la plus stricte et la plus minutieuse discipline.

Et pourtant l'influence de Rousseau sur Kant fut profonde et décisive; et l'initiation de Kant à Rousseau fut d'une remarquable sagacité; à tel point qu'il se pourrait bien que Kant se fût approprié ce qui, dans l'œuvre de Rousseau, était le plus solide et le plus durable. Mettons qu'il y ait dans Rousseau, comme on nous l'a souvent dit, un romantique avant la lettre : Kant a dégagé la pensée de Rousseau de son romantisme et l'a transposée dans cette forme classique qui semble conférer aux idées et aux œuvres leur plus grande perpétuité.

C'est à un moment d'incertitude, ou tout au moins de tâtonnement dans la recherche, que Kant connut les écrits de Rousseau[1]. Lui aussi avait éprouvé le besoin de s'émanciper. Formé à l'école du rationalisme wolffien, il avait peu à peu reconnu le désaccord de ce rationalisme avec certaines exigences de la science qui lui paraissait le mieux établie, la science de Newton, et avec les exigences tout aussi précises d'une doctrine morale. Les idées de *perfection* et d'*obligation*, qui sont pour Wolff les idées morales fondamentales, ne sont rigoureusement définies par lui ni dans leur sens, ni dans leur usage; le parallélisme établi par lui, et même l'identité, entre la faculté de connaître le vrai et celle de discerner le bien, est entièrement factice; il apparaît que la faculté de discerner le bien ne prend point dans notre conscience la forme d'un savoir, — d'un savoir susceptible de définitions et de démonstrations. Dans son *Étude sur l'évidence des principes de la théologie et de la morale*, paru en 1764, Kant avait conclu que, du moment que la faculté de discerner le bien n'est pas strictement un savoir, ce n'est pas la raison qui la constitue : ce doit être le sentiment; et il reconnaissait là, comme aussi dans le *Programme des leçons pour le semestre d'hiver* 1765-1766, quelle influence l'avait conduit à cette conclusion : c'était l'influence des philosophes et moralistes anglais, Shaftesbury, Hutcheson, Hume. D'eux il avait appris que la moralité n'est pas œuvre de raison raisonnante, qu'elle se fait agréer immédiatement par sa beauté même, par l'accord qu'elle établit entre l'amour de nous-mêmes et l'amour d'autrui, par

1. Victor Delbos, *La philosophie pratique de Kant*. Première partie, ch. II.

l'harmonie qu'elle fait régner dans la vie sociale. Le sentiment, c'est à la fois ce qui en découvre la valeur et ce qui donne la force de l'accomplir.

L'aveu que Kant s'était fait à lui-même, et qu'il avait fait au public, de l'insuffisance du rationalisme wolffien, l'adhésion qu'il avait donnée à la morale anglaise du sentiment, l'autorisaient sans doute à entendre et à écouter une parole qui proclamait magnifiquement la simplicité essentielle de la vertu, le conflit de la morale avec les sciences et les arts, et qui en appelait des fausses clartés de la civilisation à la pure et immédiate lumière du cœur. Cependant la lecture de Rousseau faisait plus que continuer, précipiter ou achever, dans la pensée de Kant, une évolution déjà commencée; elle y déterminait un mouvement tout nouveau, et d'une tout autre sorte, qui consistait, non plus seulement dans un changement d'explication des vérités morales admises entre philosophes, mais dans la conquête ou la reprise de la vérité morale même. Que l'on compare du reste à cet égard les moralistes anglais et Rousseau : les moralistes anglais sont des écrivains animés de l'esprit de politesse et de sociabilité, plus préoccupés de dégager la théorie de la vertu de conventions intellectuelles que de dégager la vertu même de conventions mondaines, moins portés à affirmer la simplicité profonde de la vertu qu'à prendre la vertu simplement, en théoriciens lucides, qui croient d'emblée à l'accord de la vertu avec l'intérêt social, et même avec l'intérêt personnel. Or c'est à ce fonds même de croyances que s'attaque la pensée, autrement révolutionnaire, du sauvage Rousseau, et c'est la protestation qu'elle élève contre les artificielles et misérables dépendances de la vertu à l'égard de la civilisation et de la société existante qui va remuer Kant. Elle suscite donc chez Kant l'idée, non pas seulement d'une explication théorique nouvelle, mais d'une nouvelle appréciation pratique de ce qui est bien et de ce qui est mal, d'une *Umwerthung der Werthe*, comme on dit depuis Nietzsche, d'une conversion radicale des valeurs.

On imaginera sans peine que la lecture d'œuvres qui devaient provoquer un tel sursaut de conscience ne pouvait pas ne pas causer, même à un esprit froid et méthodique comme celui de Kant, quelque excitation et quelque trouble. De fait, le biographe de Kant, Borowski, nous apprend que l'*Émile*, arrivé aux mains de Kant, eut pour effet immédiat de le détourner pendant plusieurs jours de ses promenades ordinaires[1] : chose très grave pour un homme aux habitudes aussi méticuleuses. Mais écoutons la déclaration de Kant lui-même : « Je dois lire et relire Rousseau jusqu'à ce que la beauté de l'expression ne me trouble plus : car alors seulement je peux le saisir avec la raison[2]. » Kant lit donc Rousseau avec passion et avec enthousiasme; mais il ne le lit pas sans critique : « La première impression, observe-t-il encore, qu'un lecteur qui ne lit pas seulement par vanité et pour passer le temps reçoit des écrits de Jean-Jacques Rousseau, c'est qu'il se trouve devant une rare pénétration d'esprit, un noble élan de génie et une âme toute pleine de sensibilité, à un degré tel que peut-être jamais nul écrivain, en quelque temps ou en quelque pays que ce soit, ne peut avoir possédé ensemble de pareils dons. L'impression qui suit immédiatement celle-là, c'est celle de l'étonnement causé par les opinions singulières et paradoxales de l'auteur. Elles sont tellement à l'encontre de ce qui est généralement admis, qu'on en vient aisément à le soupçonner d'avoir seulement cherché à mettre en évidence ses extraordinaires talents et la magie de son éloquence, d'avoir voulu faire l'homme original qui, par une surprenante et engageante nouveauté d'idées, dépasse tous les rivaux en bel esprit[3]. » Si la raison de Kant, qui ne s'endormit jamais, même à l'époque où elle parut renoncer à être rationaliste, se tient si fermement en éveil contre certaines tendances ou certains procédés de Rousseau, si elle se défie du besoin de nouveauté à tout prix qui paraît parfois l'animer, elle accueille cependant de lui et elle adopte son plus profond paradoxe philosophique, en des termes qui ne laissent aucun doute ni sur la sincérité radicale ni sur l'importance décisive de cette adhésion. « Je suis par goût un chercheur, dit-il. Je sens la soif de connaître tout entière, le désir inquiet d'étendre mon savoir, ou encore la satisfaction de tout progrès accompli. Il fut un temps où je songeais que tout cela pouvait constituer l'honneur de l'humanité, et je méprisais le peuple, qui est ignorant de tout. C'est Rousseau qui m'a dessillé les yeux. Cette illusoire supériorité s'évanouit : j'apprends à honorer les hommes[4]. » Voilà accomplie l'*Umwerthung der Werthe*. Voilà consommée la

1. Borowski, *Darstellung des Lebens und Charakters Immanuel Kant's*, 1804, p. 170.
2. Éd. Hartenstein de 1867-1868. — T. VIII, p. 618.
3. *Ibid.*, p. 624.
4. *Ibid.*, p. 624.

rupture avec la longue tradition intellectualiste qui avait dominé les doctrines même les moins portées à défendre l'originalité de l'intelligence vis-à-vis des sens et de l'expérience, et qui faisait du savoir, du savoir philosophique, le principe suffisant, tout au moins prépondérant, de la vertu véritable, les vertus de l'humanité commune, vertus inférieures ou illusoires, relevant de la coutume, de l'exemple, de l'éducation, de l'autorité, toutes forces irrationnelles. Voilà bien engagée la lutte contre l'esprit qui avait animé les encyclopédistes en France, les philosophes de l'*Aufklärung* en Allemagne, contre l'idée qui attribuait, comme conséquence nécessaire, à la diffusion des lumières un accroissement de bonheur et de vertu.

Et dans les *Réflexions* qu'il a jetées sur son exemplaire de ses *Observations sur le sentiment du beau et du sublime*, Kant a accepté, interprété, commenté la plupart des conséquences développées par Rousseau. « L'homme, à l'état de simplicité, a peu de tentations de devenir vicieux : c'est uniquement le luxe qui l'y pousse avec force[1]. » « Dans l'état de nature on peut être bon sans vertu et raisonnable sans science[2]. » « C'est la différence de la fausse morale et de la saine morale, que la première ne recherche que des ressources contre les maux, tandis que la seconde veille à ce que les causes de ces maux n'existent point[3]. » Et c'est, chez Kant, la même confiance que chez Rousseau dans la bonté naturelle de l'homme; c'est la même proclamation de la supériorité de l'éducation négative, qui se borne à assurer le libre épanouissement des tendances instinctives, sur l'éducation positive, qui impose par contrainte des façons de penser et d'agir artificielles; c'est le même appel pressant à une réforme des régimes d'éducation, — et l'on sait avec quelle passion Kant s'intéressa au *Philanthropinum* et aux tentatives de Basedow; c'est, à l'égard de la science, une attitude non plus toute pareille, mais au moins analogue : Kant a, en effet, beaucoup plus de motifs que Rousseau de rester attaché à la science; seulement ce que, sous l'influence de Rousseau, il déclare avec force, c'est que la science est sortie de son rôle, qu'elle est devenue l'instrument du luxe et des besoins factices, qu'appliquée à l'homme, elle a perdu de vue son objet vrai, l'homme *naturel*, qu'elle a souvent engendré la vanité et la

1. Ed. Hartenstein de 1867-1868. — T. VIII, p. 613.
2. *Ibid.*, p. 612.
3. *Ibid.*, p. 617.

corruption, qu'enfin elle n'est pas essentielle au bonheur et à la perfection de l'espèce humaine. C'est aussi, pour ce qui est des rapports de la morale et de la religion, la même conception nouvelle de ces rapports. La notion d'une religion naturelle philosophique, d'une religion qui s'appuie sur tout un appareil de démonstrations métaphysiques et qui offre à la morale le même appui incertain, est contradictoire et mauvaise : elle est contradictoire, car s'il n'y a religion que là où il y a science, la religion perd son caractère d'universalité; elle est même mauvaise, car une religion philosophique est faite pour une moralité factice qui a besoin d'invoquer des raisons extérieures à la vertu, et des raisons plus capables de faire contrepoids à l'esprit d'égoïsme et de corruption que d'exprimer les harmonies requises par l'esprit de droiture et de sincérité. Et quelle laborieuse *Théodicée* sort de là! Rousseau, au contraire, a montré l'action profonde de la Providence là où elle est irrécusable, dans cette tendance au bien qui est le fait de l'homme primitif, et il n'a pas été forcé ainsi de rendre Dieu directement ou indirectement responsable de misères engendrées par la corruption des cœurs et la civilisation. Religion naturelle et morale naturelle s'accordent selon le vrai sens du mot *nature*; la piété est le complément de la bonté morale; la moralité réelle est la pierre de touche de toute religion.

A entendre ainsi Rousseau, à se l'approprier ainsi, Kant a dû être porté ou aidé par son éducation piétiste. Sans doute l'influence de cette éducation pourra plus tard reparaître plus visiblement, lorsque Kant fondera sa doctrine de *la Religion dans les limites de la raison* sur la théorie du mal radical; et il peut sembler que, pour l'instant, il y ait une assez forte opposition entre la notion piétiste du péché et des moyens de régénération et la notion, due à Rousseau, de la bonté naturelle de l'homme et du retour à la nature. Mais le piétisme était aussi une aspiration à la simplicité de la vie chrétienne primitive, une protestation contre les formes compliquées de la théologie, contre la suprématie tyrannique de l'enseignement extérieur; de telle sorte que si ce n'était pas tout le piétisme en soi, ni même tout le piétisme de Kant, d'ailleurs assez languissant à cette heure, c'était du moins une partie et comme l'une des tendances de ce piétisme qui pouvait créer une certaine parenté entre l'âme de Kant et la pensée de Rousseau.

Mais outre le Rousseau des *Discours* et de l'*Émile*, il y a le Rousseau du *Contrat social*. Et celui-ci également a agi sur Kant, mais, semble-t-il, un peu plus tard. Il a agi à un moment où Kant, en possession de son rationalisme à lui, d'un rationalisme qui interdisait l'attribution du principe moral au sentiment, était préoccupé de définir la moralité en elle-même et dans son rapport avec le droit.

L'idée qui s'était imposée à l'esprit de Rousseau, et dont le *Contrat social* fut l'expression systématique, c'est que la loi seule est capable de créer la discipline sociale indispensable, tout en respectant et en sauvegardant la liberté. « C'est à la loi seule, avait-il écrit dans son article de l'*Économie politique*, que les hommes doivent la justice et la liberté; c'est cet organe salutaire de la volonté de tous qui rétablit dans le droit l'égalité naturelle entre tous les hommes... C'est elle seule aussi que les chefs doivent faire parler quand ils commandent; car sitôt qu'indépendamment des lois un homme en prétend soumettre un autre à sa volonté privée, il sort à l'instant de l'état civil et se met vis-à-vis de lui dans le pur état de nature où l'obéissance n'est jamais prescrite que par la nécessité. » Le *Contrat social* avait pour but d'expliquer, avec l'origine de la société, les conditions auxquelles doit satisfaire l'établissement de la loi pour réaliser socialement la liberté. Or cette réalisation sociale de la liberté par l'institution d'un état juridique universel, outre qu'elle seule est conforme à cette condition idéale de la société qui est le contrat[1], est la fin à laquelle tend la société réelle elle-même à travers les vicissitudes et les phases contraires de son développement. Après avoir indiqué cette dernière thèse dans ses leçons d'anthropologie, Kant l'expose pleinement dans son *Idée d'une Histoire universelle au point de vue cosmopolitique* (1782); il montre là comment la société, cause et lieu du progrès de l'espèce humaine, met en œuvre les forces antagonistes et les mobiles contradictoires de l'homme, comment cette « insociable sociabilité » fait sentir de plus en plus le besoin d'une règle qui arrête l'empiétement des personnes les unes

1. Kant admet donc, du moins idéalement, que le droit est antérieur à la société formée par le contrat. Fichte marquera d'une façon plus catégorique la distinction entre ce droit abstrait et les droits réels. Selon lui, il n'y a pas de droits réels antérieurs à la société humaine, car l'homme ne peut être conçu qu'en société. Cependant la science ne peut pas faire abstraction d'un droit primitif (*Urrecht*) qui, tout en étant une fiction, est une fiction nécessaire, et ce droit primitif, c'est le droit qu'a la personne de n'être dans le monde sensible jamais que cause, et de n'être point traitée comme un effet. *Grundlage des Naturrechts nach Principien der Wissenschaftslehre*, *Werke*, III, p. 112 sq., 117, 119. Une bonne part de la doctrine de l'État chez Fichte résulte d'un examen critique de la théorie du *Contrat social*.

sur les autres. L'histoire va providentiellement dans le sens d'un ordre juridique qui substitue à la liberté sauvage la liberté gouvernée en même temps que garantie par la loi, qui fixe et consacre les droits des volontés particulières par la volonté générale. Cet ordre juridique, qui définit dès aujourd'hui les rapports des individus dans les divers États, définira, à la longue, les rapports des États entre eux, de façon à les faire vivre sous le régime de la paix perpétuelle. L'identité de la volonté générale et de la loi : telle est donc la notion par laquelle Kant détermine le principe constitutif de la vie en société et la fin du développement de l'espèce humaine. L'influence de Rousseau est ici trop manifeste pour avoir besoin d'être relevée avec insistance ; il vaut peut-être mieux montrer comment elle a plus ou moins directement servi à établir le fond de la doctrine morale de Kant, et comment il peut sembler que, dans le progrès de la morale Kantienne, Rousseau ait aidé à corriger Rousseau.

A partir d'un certain moment, Kant avait renoncé à la morale du sentiment et cherché le principe de la morale dans la raison pure, dont seulement il distinguait deux usages, l'un théorique, l'autre pratique. Il avait défini la raison dans son usage pratique par la loi morale, ou encore par l'impératif catégorique, qui commande sans condition, qui n'est relatif à aucun intérêt. Cependant il avait dû se poser cette question : si je ne suis conduit à respecter le devoir par aucun intérêt, il faut pourtant, sous peine d'être impuissant à l'accomplir, que je m'y intéresse tout de même de quelque façon. Si le devoir m'oblige, il faut qu'il y ait une raison de cette obligation et que cette raison soit capable d'agir sur moi. Cette raison ne pouvant être tirée, sans risquer de compromettre l'autorité du devoir, ni d'une puissance extérieure, ni d'une puissance supérieure, il faut qu'elle soit tirée de moi-même, mais de moi conçu comme volonté pure, et non comme volonté sensible. Je pourrai m'intéresser au devoir sans l'altérer, si c'est moi, comme être raisonnable, qui pose la loi à laquelle j'obéis, comme être à la fois raisonnable et sensible. Le fondement de l'obligation morale est dans l'autonomie. Or qu'est-ce cela, sinon la « volonté générale » de Rousseau intériorisée, transposée de l'ordre social dans l'ordre de la moralité? Qu'est-ce cela, sinon l'application à la vie morale de ce que Rousseau avait dit au livre I, ch. VIII de son *Contrat social* : « L'obéissance à la loi qu'on s'est prescrite est liberté »? Et toute la conception de l' « humanité fin en soi », celle même du « règne des fins » ne sont que des développements de cette pensée de Rousseau transposée. Comme l'esprit de justice s'oppose au sentiment aveugle, le rationalisme du *Contrat social* s'oppose au sentimentalisme des œuvres précédentes de Rousseau.

Kant, en possession de sa morale définitive, est sévère pour toutes les tentatives ayant pour objet de ramener la moralité, dans quelque mesure que ce soit, au sentiment. Devoir et obligation : voilà, nous dit-il, les seuls mots qui conviennent pour exprimer notre rapport à la loi morale. Ce que l'on a appelé le caractère juridique de la doctrine Kantienne ne semble faire triompher un certain esprit de Rousseau que pour vaincre un certain autre esprit du même Rousseau. Y a-t-il cependant une opposition de cette sorte dans les œuvres ou les tendances de Rousseau? Kant ne l'a pas cru, et dans ses *Conjectures sur le commencement de l'histoire de l'humanité*, il a donné de la suite des pensées de Rousseau une interprétation qui n'est pas seulement intéressante philosophiquement, qui pourrait bien être historiquement la plus exacte. Dans ses *Discours* sur les *sciences et les arts* et sur l'*inégalité*, Rousseau, nous dit Kant, a justement montré le conflit de la civilisation avec la nature du genre humain considéré comme espèce animale; dans son *Émile* et son *Contrat social*, il a en revanche essayé de résoudre le difficile problème que voici : comment faut-il entendre l'éducation et la société pour que les dispositions de l'humanité, comme espèce morale, puissent se développer dans le sens de leur destination, de telle sorte que l'humanité, comme espèce morale, ne soit plus en opposition avec l'humanité, comme espèce naturelle[1]? Du reste, au temps même où Kant avait subi la première influence de Rousseau et de ses paradoxes,

1. Fichte n'admettra pas aussi facilement que Rousseau ait eu conscience de vouloir dépasser l'état de nature. Dans la cinquième de ses *Leçons sur la destination du savant*, consacrée précisément à examiner les thèses de Rousseau concernant l'influence des arts et des sciences sur le bien-être de l'humanité, il reproche à Rousseau de n'avoir pas compris que le fait de poser le problème de l'éducation suppose une rupture avec la nature et que, par conséquent, la solution qui consiste à demander que l'homme se laisse guider par les tendances naturelles est la solution la plus fausse : l'homme doit, au contraire, cesser d'être un simple produit de la nature pour s'ériger, par une lutte incessante et un constant effort, en être raisonnable. Rousseau a cru faire triompher la raison en affaiblissant ou en tâchant de détruire les causes factices de la sensibilité; mais la raison qu'il sert, c'est la raison négative et vide, non la raison positive et pleine, la raison en repos, non la raison militante. En voulant par le retour à la nature tarir la source des vices, Rousseau tarit du même coup la source des vertus. — *Werke*, VI, p. 335-340.

il avait déclaré déjà que le retour à la nature n'est pas le retour à la vie sauvage, mais le retour à l'humanité vraie, à l'humanité non déformée. Il comparait Rousseau à Newton; il faisait de Rousseau le Newton du monde moral. Comme Newton, disait-il, a trouvé le principe simple qui relie entre elles les lois de la nature matérielle, Rousseau a découvert la notion d'une moralité simple et pure, grâce à laquelle s'éclairent toutes les profondeurs de la nature humaine.

Or, lorsque plus tard, appliquant à la morale son rationalisme nouveau, Kant entreprit de fonder en raison une doctrine de la pure conscience, il continua à invoquer le conflit que Rousseau avait éloquemment signalé entre l'usage de la raison et le bonheur pour conclure que la raison devait avoir une toute autre fonction pratique que de nous rendre heureux, pour assigner, en d'autres termes, à la raison pratique, comme contenu spécifique, la loi morale. Il confirmait, au surplus, cette conclusion par son analyse du jugement moral commun : analyse qui portait non pas sur tels et tels jugements particuliers, mais sur la faculté même de juger en matière morale; analyse qui par conséquent tenait pour non fondées les obligations ne dérivant pas de la seule *forme* du jugement moral. Le formalisme de la raison pratique chez Kant peut apparaître comme une expression rationnelle du caractère original attribué par Rousseau à la conscience.

On n'a pas manqué de penser à ce propos que l'œuvre morale de Kant garde la marque de ses origines, en particulier du sentimentalisme que lui a inculqué Rousseau; on a signalé, entre autres théories kantiennes, la distinction de la raison théorique et de la raison pratique comme une défaillance du rationalisme chez Kant. Interprétation assez superficielle. Car la distinction que l'on incrimine s'appuie au fond sur une conception identique de la raison dans la diversité de ses usages. Il y a chez Kant tout un formalisme de la raison théorique, qui autorise le formalisme de la raison pratique. Il y a chez lui une notion constante de la raison, entendue comme faculté de l'universel. La question peut donc se retourner : Est-ce que le sentiment, comme le faisait valoir Rousseau dans un langage souvent un peu vague, ne comporte pas des éléments rationnels? Est-ce qu'il n'est pas déjà, quand on le dégage de toute sensibilité littéraire, une sorte de raison pratique? Kant semble bien l'avoir dès le début plus ou moins interprété ainsi : car au sentiment admis comme principe de la morale il conférait une portée universelle ou un objet universel. Il distinguait le sentiment (*das Sentiment*) des sentiments particuliers tels que la sympathie, et il le définissait la faculté qu'à l'homme de ne pouvoir juger le particulier que dans l'universel. Loin donc de prétendre que le sentimentalisme de Rousseau, en s'introduisant dans la pensée de Kant et en y subsistant plus ou moins, en a faussé et vicié le rationalisme, plus apparent en conséquence que réel, il semble plus juste de croire que des éléments positifs rationnels se mêlaient à l'interprétation que Kant se donnait du sentiment selon Rousseau, peut-être aussi à l'idée que Rousseau lui-même se faisait du sentiment. En tout cas, s'il est permis de séparer dans Rousseau les pensées profondes des expressions de sensibilité qu'il y a associées, les vérités impersonnelles des exaltations individuelles qu'il y a mêlées, ces pensées profondes et ces vérités impersonnelles pourraient bien avoir conquis, à l'abri de la philosophie de Kant, leur plus sûre et leur plus durable capacité d'agir, la puissance de s'adresser, non plus seulement à des imaginations, mais à des esprits.

VICTOR DELBOS.

GŒTHE ET SCHILLER

CONTINUATEURS DE ROUSSEAU

Notre entreprise serait irréalisable, ou tout au moins téméraire, si nous nous proposions de caractériser Gœthe et Schiller comme de simples épigones de Rousseau, c'est-à-dire comme des disciples qui n'aient fait que développer telle ou telle partie de la doctrine de leur maître. Telle n'est pas notre intention. Ce que nous voudrions faire, c'est plutôt rechercher si la révolution opérée par Rousseau dans la vie moderne a porté des fruits, et par conséquent, si les plus grands poètes de l'Allemagne classique ont contribué à rendre cette révolution vraiment féconde.

On sait que les écrits de Rousseau ont eu en Allemagne un très grand retentissement. Nous avons essayé ailleurs de faire ressortir l'influence de Rousseau sur le mouvement philosophique et pédagogique en Allemagne à partir de Kant [1].

Contentons-nous ici de remarquer que des hommes tels que Kant et Herder furent saisis d'un sincère enthousiasme pour les écrits de Rousseau et que c'est Herder qui fut le plus grand promoteur du mouvement « *Sturm und Drang* ». Malgré les différences qui existent entre les représentants de ce mouvement, on peut dire que ce qui leur est commun, c'est un mécontentement profond à l'égard de la culture intellectualiste de l'*Aufklärung*, une antipathie pour le conventionnel, la règle et le factice, une grande soif de liberté, un désir ardent de s'élever vers un idéalisme du cœur et de réaliser la vraie nature de l'homme, dans toute sa plénitude.

Gœthe et Schiller sont les plus grands représentants et en même temps les plus heureux continuateurs de ce mouvement.

1. Cf. *Annales de la Société J.-J. Rousseau*, t. VIII.

I

Gœthe a admiré et aimé Rousseau de sa plus tendre jeunesse jusqu'à sa mort. Quand il parle de lui, il en parle presque toujours avec sympathie[1]. On peut dire que Gœthe a commencé dès son enfance à vivre dans un milieu rousseauiste, sa mère l'ayant élevé selon des principes d'éducation très rapprochés de ceux de Rousseau. A Francfort déjà il a eu l'occasion de connaître le *Devin du village*. Pendant son séjour à Leipzig, il essayait d'appliquer la méthode d'endurance de Rousseau, bien qu'il ait avoué plus tard avoir mal compris cette méthode. Dans les lettres qu'il écrit de Leipzig à sa sœur et à d'autres personnes, il se révolte contre les distinctions sociales et prétend que plus les mœurs s'affinent, plus les hommes se dépravent. Dès ce moment, il a une haine profonde pour les « philistins ». Le séjour à Strasbourg a contribué à augmenter l'admiration du jeune Gœthe pour Rousseau, et cela surtout grâce à l'influence de Herder. Dans sa thèse de doctorat, Gœthe s'est efforcé de développer l'idée du *Contrat social* d'après laquelle le législateur non seulement a le droit, mais aussi le devoir d'établir un certain culte, obligatoire pour les représentants de l'Eglise aussi bien que pour les profanes. Gœthe croyait, grâce à ce projet, éviter les conflits éternels entre l'Eglise et l'Etat. Lorsque Kestner a vu Gœthe à Wetzlar il n'a pu s'empêcher d'écrire que Gœthe avait la plus grande estime pour Rousseau, sans être pour cela son adorateur fanatique.

Le premier ouvrage de Gœthe, dans lequel ses tendances de *Sturm und Drang* sont exprimées avec force est *Götz von Berlichingen* (1773). L'auteur revendique dans ce drame les droits de la nature opprimée, il se révolte contre tout ce qu'il y a de conventionnel et de factice dans l'état de société et prêche le retour à un état de vraie simplicité et de liberté.

Pour le sujet qui nous occupe, grande est l'importance de son roman *Die Leiden des jungen Werther* (1774). La ressemblance de ce roman avec la *Nouvelle Héloïse* est frappante. Il y a analogie non seulement dans les tendances, mais encore dans les motifs, dans le style et dans les héros de ces deux romans. C'est surtout Werther

1. Voir en particulier : *Dichtung und Wahrheit*, 3e partie, liv. XI.

qui est en quelque sorte une réincarnation de Saint-Preux. Il est vrai qu'il y a, dans *Werther* comme dans la *Nouvelle Héloïse*, trop de sentimentalisme. Werther est, comme Saint-Preux, essentiellement passif. C'est un mécontent plutôt qu'un réformateur. Mais cela ne doit pas nous empêcher de voir tout ce qu'il y a de noble dans ses aspirations et dans sa lutte contre l'intellectualisme, la rigidité de la morale officielle, l'inégalité des conditions, l'orgueil de la noblesse, bref contre la déraison de son temps. Si Werther, de même que Saint-Preux, déclare la guerre à l'humanité de son siècle, c'est qu'il est guidé par un idéal d'humanité supérieure. Schiller a eu donc raison de le considérer comme un « sentimental ». Werther n'est pas pessimiste au sens schopenhauerien du mot. Il croit à la bonté originelle de l'homme. De là son amour pour les enfants, pour le peuple et pour les gens simples. Il n'admet pas que la vraie moralité soit un pur produit des progrès de la civilisation. S'il aime les enfants, c'est surtout parce qu'il croit que chez l'enfant la vertu se trouve dans un état beaucoup plus pur. Il va même jusqu'à dire que la vraie moralité consiste dans un retour à l'enfance, et il cite à cette occasion « le mot d'or » de l'Evangile : « Si vous ne devenez pas comme un de ceux-ci (les enfants), vous n'arriverez pas au royaume du ciel ». Non moins caractéristique de l'optimisme de Werther est sa conviction que le mal ne nous vient pas du dehors, qu'il dépend de notre état d'âme, de notre paresse, et que l'activité joyeuse est un des meilleurs moyens de le surmonter.

Nous ne voulons pas insister davantage sur la parenté des deux romans, d'autant plus que tous les biographes de Gœthe admettent l'influence de Rousseau à cet égard. Ce qui nous paraît cependant indispensable, c'est de rechercher s'il y a continuité dans la pensée de Gœthe, et jusqu'à quel point, par conséquent, l'influence de Rousseau se manifeste dans ses autres travaux.

Il est d'abord certain que l'un des plus remarquables ouvrages de l'âge mûr de Gœthe, *Dichtung und Wahrheit*, est inintelligible sans les *Confessions* de Rousseau [1]. Il est vrai que les tendances de ces deux ouvrages ne sont pas les mêmes. Les *Confessions* de Rousseau sont un véritable examen de conscience. L'auteur veut avant tout justifier sa vie. Le souci principal de Gœthe est, au contraire, de nous donner une genèse aussi parfaite qu s-

1. Cf. Hermann Grimm, *Gœthe*, III, Aufl. 1882, p. 24.

sible de son œuvre. Tandis que Rousseau nous fait assister à toutes les angoisses de sa conscience tourmentée, Gœthe semble être surtout préoccupé de léguer à la postérité un exemple vivant de son idéal d'éducation. Mais, tels quels, les *Mémoires* de Gœthe peuvent être considérés comme une très importante continuation des *Confessions* de Rousseau.

Nous devons renoncer ici à faire ressortir le Rousseauisme des ouvrages tels que *Egmont*, *Tasso*, *Iphigénie*, *Hermann und Dorothea* et les *Wahlverwandtschaften*. Nous nous bornerons à examiner les deux ouvrages auxquels Gœthe a travaillé jusqu'à ses derniers jours : *Wilhelm Meister* et *Faust*.

Wilhelm Meister et *Faust*, de même que l'*Émile* et la *Nouvelle Héloïse*, sont des ouvrages d'éducation. La recherche de l'homme nouveau constitue pour ainsi dire l'âme du roman aussi bien que de la tragédie de Gœthe. Mais, tandis que le but principal de Rousseau est de réformer l'éducation de l'enfant, Gœthe s'attache surtout à nous montrer la possibilité d'une éducation de soi-même par soi-même. En ce sens, l'entreprise de Gœthe peut être considérée comme une continuation de l'œuvre réformatrice de Rousseau.

Déjà le titre *Wilhelm Meisters Lehrjahre* est assez caractéristique Wilhelm Meister est en réalité un disciple, un apprenti homme. Gœthe ne nous décrit pas un homme tout fait et encore moins un homme parfait; il nous fait plutôt assister au développement interne d'un homme préoccupé uniquement de réaliser la vocation pour laquelle il se croit né. De même que Rousseau, Gœthe a horreur de toute éducation qui ne vise qu'à élever l'enfant pour telle ou telle profession au lieu de faire de lui avant tout un homme. Wilhelm Meister, comme Werther, est un adversaire de tout utilitarisme mesquin. Ce qui lui importe avant tout, c'est de développer harmonieusement sa personnalité. « A quoi bon fabriquer du fer, écrit-il à Werner, quand mon propre intérieur est plein de scories? » Et quand Werner, ce véritable type d'homme pratique, attire l'attention de Wilhelm sur les « grands avantages des affaires commerciales », celui-ci lui répond : « D'ordinaire, avec vos additions et vos bilans, vous oubliez le véritable total de la vie[1] ». Wilhelm s'insurge contre la société quand celle-ci apprécie les hommes non pas d'après ce qu'ils sont, mais d'après

1. Liv. I, chap. x.

ce qu'ils paraissent, c'est-à-dire d'après les services qu'ils lui rendent. On croirait entendre Rousseau quand Wilhelm s'écrie : « Oh, comme elles sont bizarres les prétentions de la société civile qui d'abord nous trouble et nous égare et qui ensuite exige de nous plus que ne fait la nature! Malheur à toute espèce d'éducation qui détruit les moyens les plus efficaces de l'éducation véritable et qui fixe nos yeux sur le but au lieu de nous rendre heureux sur la route[1]! » La prévoyance, l'éducation positive — voilà, pour Gœthe et pour Rousseau, les plus grands obstacles à toute véritable éducation. L'un et l'autre protestent contre toute éducation qui croit imposer à l'enfant du dehors telle ou telle aptitude, au lieu d'aider le développement interne de ses facultés propres. Ils croient, tous deux, à l'existence d'un fond de perfection et de bonté dans la nature humaine ou, pour parler avec Jean Paul, à un homme idéal enveloppé dans chaque individu. Et ils assignent par conséquent à l'éducation la tâche d'étudier l'individualité de l'enfant. Inutile de remarquer que Gœthe et Rousseau sont loin de nous conseiller d'abandonner l'enfant à lui-même, dans l'espoir que les germes qui sont en lui se développeront sans notre intervention. Gœthe attache sans doute une grande importance à l'expérience individuelle, mais cela ne l'empêche pas d'assigner à l'éducation le but d'éviter autant que possible les égarements. Pour ce qui est de la mission théatrale de Wilhelm, il faut dire que Gœthe, dans les *Lehrjahre* aussi bien que dans *Wilhelm Meisters theatralische Sendung* qu'on a découvert dernièrement, est loin de méconnaître les côtés défavorables de cette profession. Si Wilhelm se consacre au théâtre, ce n'est pas seulement parce qu'il croit que cette vocation lui a été prédestinée par la nature, mais aussi parce qu'il veut à tout prix se délivrer des mesquineries de la vie bourgeoise ou, comme il dit lui-même[2], *aus dem stockenden schleppenden bürgerlichen Leben*. Mais, lorsque ses propres expériences lui ont fait voir tout ce qu'il y a de lamentable dans la vie des acteurs, il n'hésite pas à le reconnaître[3]. Et n'entendons-nous pas, dans les années d'apprentissage, une voix mystérieuse qui à différentes reprises dit à Wilhelm : *Flieh, Jungling! Flieh!*[4] et le

1. Liv. VIII, chap. I.
2. *Wilhelm Meisters theatralische Sendung*, liv. I, XVIII.
3. Liv. I, chap. XII; liv. IV, chap. VI, VII.
4. *W. M. Lehrjahre*, liv. V, chap. XIII.

décide à quitter le théâtre et à se consacrer à une activité plus noble et plus réglée? De sorte que Wilhelm, à travers tous les égarements, est parvenu à se retrouver lui-même : il est devenu un homme. Et, en voyant cela, Frédéric ne peut s'empêcher de lui dire : « Il me semble voir Saül, le fils de Cis, qui partit pour chercher les ânesses de son père, et qui trouva un royaume ».

Non moins grande est la parenté entre Rousseau et Gœthe dans *Wilhelm Meisters Vanderjahre.* Ce qui préoccupe Gœthe dans ce roman, c'est surtout une réforme pédagogique et sociale. Il est très difficile d'établir jusqu'à quel point Gœthe s'est inspiré à cet égard des doctrines de son temps. Mais on peut affirmer qu'il ne pouvait pas, par exemple, rester complètement étranger à la doctrine d'un Pestalozzi. On a montré dernièrement que la « province pédagogique » des *Années de voyage* présente une grande analogie avec l'institut pédagogique de Fellenberg que Gœthe a connu[1]. Et Fellenberg fut un des disciples de Pestalozzi, quoiqu'il n'appliquât pas aveuglément les idées de son maître. L'antipathie de Gœthe pour la méthode de Pestalozzi provient peut-être de ce qu'il n'a connu que le côté trop mathématique de cette méthode; et Gœthe est, comme on sait, un adversaire du mathématisme et de l'intellectualisme. Mais, au fond, je crois qu'il n'y a pas de contradiction entre l'esprit de la pédagogie de Pestalozzi et l'idéal d'éducation de Gœthe. Un souffle de vrai Rousseauisme pénètre les idées du grand poète aussi bien que celles du grand pédagogue.

En effet, de même que dans ses autres ouvrages, Gœthe exprime, dans les *Années de voyage*, à plusieurs reprises, sa foi inébranlable dans la bonté originelle de l'homme. Il va même jusqu'à faire du respect (*Ehrfurcht*) pour ce qu'il y a de divin dans l'homme le respect suprême (*oberste Ehrfurcht*), car il croit que c'est grâce à ce respect que « l'homme s'élève au plus haut point où il est capable d'atteindre; qu'il peut se considérer lui-même comme le plus parfait ouvrage que Dieu et la nature aient produit; qu'il peut même demeurer à ce point d'élévation, sans retomber dans un état vulgaire par l'égoïsme et la vanité[2] ». Non moins rousseauiste me paraît l'exclusion des spectacles en matière de pédagogie. Ce que Gœthe dit ici contre les spectacles en général et contre la profession d'acteur en particulier rappelle dans l'esprit et dans la lettre cer-

1. Cf. Karl Muthesius, *Gœthe und Pestalozzi*, Leipzig, 1908.
2. *Wilhelm Meisters Wanderjahre*, liv. II, chap. I.

tains passages de la *Lettre à d'Alembert* sur les spectacles. On a même essayé dernièrement de confronter ce passage avec les idées de Rousseau[1]. Ne croirait-on pas, en effet, entendre Rousseau quand Gœthe écrit que le drame suppose une foule oisive, peut-être même une populace; qu'il oblige les acteurs à exciter dans la foule des sentiments qu'ils n'éprouvent pas eux-mêmes, que c'est là une école d'hypocrisie et que, par conséquent, il faut bannir ces dangereuses « jongleries »? De même que dans les *Années d'apprentissage*, et d'accord avec Rousseau, Gœthe dit dans les *Années de voyage* que le secret de toute véritable éducation est dans le développement interne des facultés que les enfants portent avec eux. Tout comme Rousseau, Gœthe attache une grande importance au travail manuel et fait même l'éloge de l'artisan. Les personnages du roman forment une société, dont les membres doivent exercer un métier. Wilhelm lui-même est chirurgien.

Ainsi, nous voyons que les traits rousseauistes des *Années de voyage* ne sont pas moins caractéristiques que ceux des *Années d'apprentissage* et je dirais même que ceux de *Werther*.

Le deuxième ouvrage auquel Gœthe a travaillé presque pendant toute sa vie, c'est le *Faust*. Quelques jours avant sa dernière maladie, le 17 mars 1832, Gœthe écrit à Guillaume de Humboldt : « Il y a plus de *soixante* ans que la conception de *Faust* était en moi dans toute sa clarté ». Le chef-d'œuvre de Gœthe remonte donc à 1772, c'est-à-dire à une époque où il éprouvait la plus grande sympathie pour Rousseau. Et l'on peut dire que le *Faust* est, en dépit de la diversité de ses motifs, la réalisation suprême du plus grand rêve de jeunesse de Gœthe — la régénération de la vie individuelle et sociale, l'intériorisation ou plutôt la divinisation de l'existence.

Certes, il est très difficile de dire jusqu'à quel point Gœthe s'est inspiré, pendant la composition du *Faust*, de tel ou tel de ses maîtres. Mais si l'on se souvient que Gœthe a connu, admiré et aimé Rousseau dès sa plus tendre jeunesse, on nous permettra, croyons-nous, d'indiquer les traits rousseauistes de cet ouvrage.

Et, d'abord, y a-t-il quelque chose de plus rousseauiste que le pes-

1. Kurt Jahn : *Zu den Wanderjahren*, *Gœthe-Jahrbuch*, 1905.

simisme de Faust à l'égard de la civilisation, dans le commencement de la première partie du drame? C'est en s'appuyant sur de terribles expériences personnelles que Faust déclare que l'accumulation des connaissances ou plutôt le progrès de la civilisation ne constitue pas le vrai bonheur du genre humain. Il est las d'une civilisation qui ne lui procure aucune satisfaction intérieure. On croirait entendre le brigand Karl Moor quand Faust s'écrie : *Mir ekelt lange vor allem Wissen.* Il a horreur du verbalisme et du pédantisme intellectualiste. Il sent comme Rousseau que la vie est avant tout action. Au lieu de la nature vivante, dans laquelle Dieu a créé l'homme, il se voit entouré de squelettes et de cadavres. Lui aussi, il est tourmenté du désir du retour à la nature. Lui aussi, il voit dans la nature la source de toute vie véritable. *Flieh! Auf! Hinaus ins freie Land!....*

> Wo fass'ich dich, unendliche Natur?
> Euch Brüste, wo? Ihr Quellen alles Lebens.

Après avoir rompu définitivement avec la civilisation, il cherche le bonheur dans la satisfaction des besoins égoïstes. Mais cela ne lui prépare que des déceptions et des amertumes beaucoup plus grandes que l'accumulation des connaissances : non seulement il se sent lui-même malheureux, mais encore il souffre de voir l'état de misère dans lequel il a plongé les autres afin de satisfaire ses besoins égoïstes.

Cependant le pessimisme de Faust à l'égard de la civilisation et des jouissances égoïstes n'est pas un pessimisme absolu. Le mécontentement de Faust est, de même que chez Rousseau, la conséquence nécessaire d'un idéal supérieur de la destination humaine qu'il sent confusément en lui. Et c'est dans la deuxième partie de la tragédie que le poète nous montre comment Faust s'efforce de s'élever à un idéal plus pur et plus conforme à la noblesse de la nature humaine.

Je ne crois pas exagérer en disant que l'influence de Rousseau se manifeste aussi dans la Profession de foi de Faust. Il est vrai que l'influence d'un Spinoza, d'un Herder, et d'un Lavater [1] n'est pas moins grande, à cet égard. Mais cela ne doit pas nous empêcher de

1. Voir, pour ce qui est de l'influence de Lavater, Ch. Andler, « Interprétation nouvelle de la scène de la profession de foi, dans le Faust de Gœthe », *Revue Germanique*, 1905, III.

constater le caractère profondément rousseauiste de cette profession de foi. Pour Gœthe, comme pour Rousseau, la religion n'est pas affaire d'entendement, et encore moins consiste-t-elle dans un certain nombre de dogmes et d'articles de foi. L'un et l'autre font appel au sentiment intérieur. Pour tous les deux, *Gefühl ist Alles*, *Der Name ist Schall und Rauch*, *Umnebelnd Himmelsglut*. D'une certaine importance pour la parenté religieuse entre Rousseau et Gœthe nous paraît aussi la *Lettre du pasteur de... au nouveau pasteur de...* » Car non seulement ce que Gœthe met dans la bouche du pasteur correspond à certains passages de la *Profession de foi du Vicaire savoyard*; mais Gœthe invoque même l'autorité du Vicaire savoyard.

Nous ne pouvons pas faire ressortir ici tous les autres traits rousseauistès de *Faust*. Contentons-nous de remarquer que le Rousseauisme se manifeste non seulement dans le dernier désir de Faust de voir réalisé un jour le véritable idéal de liberté (*auf freiem Grund mit freiem Volke stehen*), mais aussi et surtout dans le triomphe du principe du bien dans le monde. Faust est sans doute empêché et souvent même paralysé par des forces contraires, dans son aspiration vers un idéal de vie supérieure. Mais à la fin il triomphe de tous les obstacles. C'est Méphistophélès qui perd le pari; tandis que Faust est élevé par « l'éternel féminin » vers des sphères supérieures. On peut dire, par conséquent, que le Faust de Gœthe est la plus belle illustration de la foi de Rousseau dans la bonté originelle de l'homme.

II

Passons à Schiller.

Dans son étude *Ueber naive und sentimentalische Dichtung*, Schiller appelle Rousseau un poète « sentimental ». Ce qui caractérise, selon Schiller, le poète sentimental, c'est l'énorme distance qu'il aperçoit ou qu'il établit entre l'idéal et la réalité. Le poète « sentimental » critique la réalité donnée parce que son âme est enthousiaste de l'idéal et parce qu'il voudrait établir l'harmonie dans la vie. Son pessimisme vient de ce qu'il a horreur de l'anarchie morale, de l'arbitraire et de toute sorte de désordre. Son sentiment pour la nature est celui du malade pour la santé.

Or je crois que, en ce sens, Schiller aussi peut être considéré comme un poète « sentimental ». Il est vrai que Schiller, de même que Gœthe, a évolué. Son œuvre de jeunesse est dans une certaine mesure le fruit d'un sentiment profond de révolte. Schiller est à cette époque un insurgé contre la barbarie de la civilisation. Plus tard, au contraire, il ne se contente pas de critiquer son temps : il s'efforce d'édifier un monde nouveau. Mais cela ne nous autorise pas du tout à prétendre que le Schiller de la « deuxième » ou de la « troisième période », soit totalement différent du Schiller de la « première période », ou, ce qui revient au même, que Schiller, dans son âge mûr, ait brûlé ce qu'il adorait dans sa jeunesse. Pour ce qui est, en particulier, des rapports entre Schiller et Rousseau, nous admettons que l'enthousiasme de Schiller pour Rousseau est beaucoup plus grand dans sa jeunesse que plus tard et que, dans sa « troisième période », il a critiqué sévèrement Rousseau. Mais, si on y regarde de près, on verra que Schiller ne critique plus tard que l'image qu'il s'était faite de Rousseau dans sa jeunesse et qui n'est, au fond, que le Rousseau des deux premiers *Discours*. Je ne vois pas en effet de quel droit l'on admet d'une part des périodes d'évolution dans l'œuvre de Schiller, tandis que d'autre part on confond les idées des deux premiers discours avec la pensée totale de l'œuvre de Rousseau. On oublie que Rousseau aussi a évolué. Non seulement il dit plus tard qu'il ne songe pas à nous faire retourner à un état primitif de simplicité et encore moins à un état de sauvagerie; mais il s'efforce, dans l'*Émile*, dans la *Nouvelle Héloïse*, etc., de tracer l'idéal d'une culture infiniment supérieure à celle de son temps.

Quoi qu'il en soit, il est incontestable que l'influence de Rousseau sur le jeune Schiller a été très grande. Schiller lui-même nous dit que c'est en Rousseau que son indignation contre la misère morale de son temps a trouvé le contenu et la forme, la réalisation et le but.

Cette influence se manifeste d'abord dans quelques-unes des poésies les plus caractéristiques de la « première période », telles que l'*ode à Rousseau*, les *poésies à Laura*, l'*Amitié*, l'*Élégie sur la mort d'un adolescent*, etc. L'*Ode à Rousseau* a été composée à l'occasion de la mort du philosophe. Schiller glorifie Rousseau en le comparant à Socrate. Il s'indigne de voir l'homme, qui a voulu recruter des hommes parmi les chrétiens, être la victime des persécutions. Il profite de cette occasion pour exprimer toute son aversion pour la civilisation de son temps ou, comme il dit lui-même, *dieses Lebens Jahrmarktsdudelei.*

Le même esprit d'indignation remplit aussi l'*Élégie sur la mort d'un adolescent.* Schiller y condamne avec véhémence les mensonges de la civilisation. Il va même jusqu'à prétendre que, s'il est dur de mourir si jeune, il est cependant consolant d'être sauvé de cet état d'anarchie qu'est l'organisation actuelle de la vie, et cela surtout parce qu'on y est dupe de cette fille bâtarde qu'on appelle la justice.

L'ouvrage le plus caractéristique du jeune Schiller est, sans aucun doute, *Die Räuber.* L'influence de Rousseau se fait sentir non seulement dans l'ensemble de cette tragédie, mais aussi et surtout dans les paroles que Schiller met dans la bouche de son héros préféré, Karl Moor. Pour bien apprécier cette pièce, il ne faut pas oublier que la révolte de Karl Moor est la conséquence nécessaire de l'idéal qu'il s'est fait de la destinée de l'homme et de la société. Déjà le premier mot de Karl Moor est caractéristique à cet égard : « Ce siècle écrivassier me dégoûte quand je lis mon Plutarque sur l'action des grands hommes ». Le motif principal de son mécontentement, c'est la scission profonde qu'il croit apercevoir entre la vie intérieure et la vie extérieure de son temps. Il est indigné de voir la saine nature cloîtrée dans d'absurdes conventions et dans des lois; car il croit que les lois nous obligent à marcher à pas de tortue, tandis que la liberté fait éclore des colosses. Ce n'est pas seulement son amour pour la nature inanimée qui l'oblige à s'enfuir dans les forêts bohémiennes, mais aussi son désir de rétablir la justice parmi les hommes. Son retour à la nature ne signifie pas un retour à l'état de barbarie, mais un retour à l'état de justice : *Mein Handwerk ist Wiedervergeltung* (IIe acte). C'est la foi dans la bonté originelle de l'homme qui le pousse à déclarer la guerre aux hypocrisies de la vie sociale : *Menschen haben Menschheit vor mir verborgen da ich an Menschheit appellierte.* Karl Moor souffre surtout de voir régner une si grande désharmonie entre la nature inanimée et la vie humaine. On croirait entendre Rousseau quand le héros de Schiller s'écrie : « Il y a une harmonie si divine dans la nature inanimée : pourquoi y aurait-il une telle dissonance dans la nature raisonnable? » (IV, 5).

Le sujet de la deuxième pièce de Schiller : *Die Verschwörung des Fiesco zu Genua*, est relativement plus restreint que celui des *Brigands.* Ici encore on peut parler d'une influence de Rousseau.

Schiller lui-même n'a pas pu mieux recommander son héros au public, avant la première représentation, qu'en disant que Rousseau le porta dans son cœur. Le combat de Fiesco contre la tyrannie est en même temps une lutte pour la liberté du peuple. « Péris, tyran! s'écrie-t-il. Sois libre, Gênes, et moi ton plus heureux citoyen! » (II, 19.) Il ne s'agit plus ici d'un isolement dans les forêts bohémiennes ni d'un complot contre la société civile, mais plutôt d'un effort énergique pour réaliser l'idéal de liberté et de justice au sein même de la société organisée.

Le Rousseauisme de la troisième pièce, *Kabale und Liebe* (1783), me paraît plus caractéristique que celui de *Fiesco*. Je ne crois pas exagérer en disant que cette « tragédie bourgeoise » est en quelque sorte le developpement dramatique du problème social de la *Nouvelle Héloïse*. L'inégalité sociale qui rend impossible le mariage de Julie avec Saint-Preux est le *leitmotiv* de *Kabale und Liebe*. Le rapport entre Ferdinand et Louise est le même que celui entre Julie et Saint-Preux. Ferdinand, qui est sans aucun doute le porte-parole des idées de Schiller, se révolte contre l'inégalité des conditions parce qu'il croit que la véritable noblesse est la noblesse intérieure, et que, par conséquent, la « femme d'un charbonnier est plus respectable que la maîtresse d'un prince », comme dit Rousseau. La véritable noblesse n'est pas la noblesse du sang ou de l'argent, mais la noblesse du cœur. « Vous allez me rappeler mon rang, — ma naissance, les principes de mon père! dit Ferdinand à Lady Milford, — mais j'aime. Mon espérance monte d'autant plus haut, que la nature a croulé plus bas sous le poids des conventions. Ma résolution et le préjugé! Nous allons voir qui de la *mode* ou de l'*humanité* restera sur le champ de bataille. » (II, 3.) Il fera tout ce qu'il pourra pour rompre les chaînes de fer du préjugé (II, 5).

Que si maintenant nous passons aux écrits de la « deuxième période » nous constaterons en effet que Schiller s'est peu à peu délivré des tendances essentiellement négatives, ou du moins que ces tendances se sont purifiées et perfectionnées. Mais Schiller ne cesse pas d'être pour cela un poète « sentimental ». C'est toujours la disproportion entre l'idéal et la vie qui le tourmente. Il ne rompt pas avec Rousseau, ou plutôt oui : il rompt avec le Rousseau de ses années de révolte pour passer à la réalisation du véritable idéal de Rousseau. L'influence de Kant, de Gœthe et de Fichte a été à cet égard, sans aucun doute, bienfaisante.

Y a-t-il en effet quelque chose de plus rousseauiste que cette figure noblement orgueilleuse du marquis Posa dans *Don Carlos?* Posa est le type du vrai cosmopolite luttant avec le plus grand désintéressement pour la liberté de penser, pour le vrai bonheur des nations et pour le renouvellement intérieur du monde. Il y a des passages dans le dialogue entre le Roi et le Marquis (dans la xe scène du IIIe acte) que Rousseau serait certainement ravi d'entendre. Et quand Schiller fait dire à Posa : « Ce siècle n'est pas mûr pour mon idéal. Je vis avant le temps, citoyen des siècles à venir » (III, 10), ne se révèle-t-il pas à nous comme un vrai poète sentimental? Et le dernier mot de Posa à la reine : « O Dieu, la vie est pourtant belle! » n'exprime-t-il pas la grande disproportion qui existe entre l'organisation actuelle de la société et l'idéal que le héros s'est fait de la vie?

Un « sentimentalisme » du même genre se retrouve aussi à travers quelques-unes des poésies les plus remarquables de la deuxième période. C'est ainsi que dans *Résignation* (1786), le poète se plaint de ne pas trouver dans la réalité donnée l'état idéal de nature : « Moi aussi, j'étais né en Arcadie : des larmes cependant, c'est tout ce que m'a donné le rapide printemps ». La seule chose qui lui rend la vie supportable, c'est le renoncement aux jouissances terrestres et l'espoir dans la réalisation future de l'idéal. Le poème *Les Dieux de la Grèce* nous paraît surtout d'une grande importance. Car l'intention de Schiller n'est pas de glorifier l'antiquité grecque. Il n'aspire pas non plus à un retour à l'état de nature sauvage. Ce qui le pousse à regretter la disparition de l'âge d'or du passé, c'est qu'il croit que les hommes de l'antiquité étaient plus divins que ceux d'aujourd'hui : « Puisque les Dieux étaient encore plus humains, les hommes aussi étaient plus divins ». C'est le mécontentement vis-à-vis des désharmonies de son temps qui est la cause de son exclamation : « Monde charmant, où es-tu? Reviens, doux printemps de la nature. » Il souffre de ce que « la divinité ne s'offre plus à son regard ». En un mot, le dernier but de son aspiration, c'est la divinisation de la vie moderne.

Je ne sais pas si je me trompe en croyant que la chanson *A la joie*, en tant qu'elle est un hymne à l'amitié et à l'amour, exprime, sous forme poétique, une des tendances fondamentales de la *Nouvelle Héloïse*. De même, il me semble que Fester n'a pas tout à fait tort de voir une certaine analogie entre les vers les plus caractéristiques de cette chanson et le passage suivant du *Discours sur l'inégalité* : « ... la commisération naturelle, qui, perdant de société en société presque toute la force qu'elle avait d'homme à homme, ne réside plus que dans quelques grandes âmes cosmopolites, franchissant les barrières imaginaires qui séparent les peuples, et, à l'exemple de l'Etre souverain qui les a créées, embrassant tout le genre humain dans leur bienveillance ».

Quant au magnifique poème *Die Künstler*, il présente sans doute un progrès non seulement au point de vue artistique, mais aussi au point de vue de la pensée. Il contient les germes des idées que Schiller développera plus tard dans ses *Lettres sur l'Éducation esthétique de l'homme*. Mais cela ne nous autorise pas à voir dans ce poème une négation absolue des aspirations de jeunesse de Schiller ou, ce qui revient au même, une réfutation de l'idéal de Rousseau. On se trompe lourdement quand on s'obstine à voir dans *les Artistes* une glorification de la civilisation. « Rien de plus faux et de plus injuste, remarque M. Eucken, que de vouloir attribuer à Schiller une atténuation des contrastes frappants, un compromis commode avec les circonstances existantes du monde et de la vie, une idéalisation hypocrite de la réalité empirique [1]. » Ce que Schiller glorifie dans ce poème, ce n'est pas la civilisation, c'est plutôt la conception idéaliste de l'art. On peut même aller plus loin et dire que ce poème est, au fond, un hymne à la noblesse et à la grandeur morale de l'homme. Schiller veut nous montrer que l'homme est capable de surmonter en lui l'animalité et de s'élever vers des sphères supérieures.

« Im Fleisse kann dich die Biene meistern,
In der Geschicklichkeit ein Wurm dein Lehrer sein,
Dein Wissen teilst du mit vorgezogenen Geistern,
Die Kunst, o Mensch, hast du allein. »

Ces vers ne contiennent-ils pas une critique de la civilisation purement extérieure? Schiller nous dit avec la plus grande netteté que la civilisation (l'industrie, la technique et même la science) ne constitue pas la véritable grandeur de l'homme. Le seul moyen, pour l'homme, de dépasser tous les autres êtres, c'est de surmonter en lui la sensualité et de trouver le bonheur dans la joie intérieure. Et c'est précisément en cela que consiste la tâche de l'art. Tout art

1. Cf. « Was können wir heute aus Schiller gewinnen ». Kantstudien, 1905.

véritable doit contribuer à l'ennoblissement de la vie. En ce sens, l'artiste est le guide et le maître de ses contemporains. « La dignité de l'homme est remise en vos mains, dit Schiller aux artistes, gardez-la ! Elle tombe avec vous ! C'est avec vous qu'elle s'élèvera ! »

Ce que nous avons dit de la deuxième période s'applique sans aucune restriction à la « troisième période ». Cette partie de l'œuvre de Schiller aussi nous prouve que ce qui constitue l'unité de sa pensée, malgré les différentes étapes qu'il a traversées, c'est précisément son désir ardent de surmonter l'abîme entre la réalité donnée et l'idéal qu'il s'est fait de la vie humaine. Cela est évident, par exemple, dans le poème *L'Idéal et la Vie* (1795), pour lequel Guillaume de Humboldt éprouvait la plus grande admiration. Dans ce poème aussi, Schiller est loin de méconnaître tout ce qu'il y a de lamentable dans la réalité empirique. Mais il n'aboutit pas au désespoir. Il trouve plutôt que le seul moyen de se sauver des mesquineries de la vie, c'est de sortir des bornes des sens et de la torpeur de la vie civilisée et de se réfugier dans l'empire de l'idéal, ou dans « les régions plus sereines, où habitent les formes pures ».

Cependant, le poème le plus important de la troisième période pour le problème qui nous préoccupe ici, c'est *Der Spaziergang* (1795). Ce poème renferme toute une philosophie de l'histoire. Il est en quelque sorte l'expression poétique de ce que M. Boutroux appelle la « dialectique de Rousseau », c'est-à-dire la considération de l'état de nature (innocence), de l'état de civilisation (corruption, scission) et de l'état de nature restaurée (régénération, nouvelle harmonie). Dans la première partie du poème, Schiller s'efforce surtout de faire ressortir la grande harmonie qui règne non seulement dans la nature inanimée, mais aussi dans la vie des êtres qui sont encore près de la nature, et en particulier dans la vie simple des paysans. Dans la deuxième partie, il donne d'abord une superbe illustration des prodiges de la civilisation. Il montre comment l'homme, grâce aux progrès de la science, de l'industrie, du commerce, de la technique et de l'art a su s'emparer de la nature et organiser d'une manière admirable sa vie extérieure. Mais, tout de suite après, Schiller décrit avec la même franchise et la même puissance, le terrible désordre intérieur de la vie civilisée, l'appauvrissement intérieur au milieu de tant de richesses extérieures. Je ne puis m'empêcher de laisser ici la parole à Schiller, car cette description des hypocrisies de la civilisation me paraît d'une grande importance pour notre problème :

« Aus dem Gespräche verschwindet die Wahrheit, Glauben und Treue
Aus dem Leben, es lügt selbst auf der Lippe der Schwur.
In der Herzen vertraulichsten Bund, in der Liebe Geheimnis
Drängt sich der Sykophant, reisst von dem Freunde der Freund.
Auf die Unschuld schielt der Verrat mit verschlingendem Blicke,
Mit vergiftendem Biss tötet des Lästerers Zahn.
Feil ist in der geschändeten Brust der Gedanke, die Liebe
Wirft *des freien Gefühls göttlichen Adel* hinweg;
Deiner heiligen Zeichen, o Wahrheit, hat der Betrug sich
Angemasst, *der Natur köstlichste Stimme entweiht*,
Die das bedürftige Herz in der Freude Drang sich erfindet.
Kaum gibt wahres Gefühl noch durch Verstummen sich kund.
Auf der Tribüne prahlet das Recht, in der Hütte die Eintracht,
Des Gesetzes Gespenst steht auf der Könige Thron. »

On voit que le pessimisme de Schiller à l'égard de la civilisation est, dans ce poème, aussi grand que celui de sa jeunesse, et je dirais même plus grand que celui de Rousseau. Mais, de même que chez Rousseau, ce pessimisme n'est pas le dernier mot de Schiller. Lui aussi, il croit que nous pouvons surmonter cette crise, et cela par un retour à la nature, c'est-à-dire par un retour à un état de nature enrichie par les expériences de la civilisation, en d'autres termes, par une intériorisation de la vie, et non pas par le retour à un état de simplicité primitive. Le poème se termine par un optimisme inébranlable :

« Reiner nehm'ich mein Leben von deinem[1] reinen Altare
Nehme den fröhlichen Mut hoffender Jugend zurük...
Und die Sonne Homers, siehe! sie lächelt auch uns. »

Quant aux écrits philosophiques et aux derniers drames de Schiller, ils ne font, je crois, que confirmer ce que nous avons dit de la troisième période en général. Grâce à l'influence de Gœthe et de l'antiquité, d'une part, et à l'horreur qu'il éprouvait pour les excès de la Révolution française, d'autre part, Schiller s'est sans doute peu à peu délivré du sentimentalisme exagéré de sa jeunesse. Mais il n'en est pas moins vrai qu'il continua à lutter avec la même énergie pour un idéal de vraie liberté et de vraie culture. En ce sens, Hettner a eu raison de dire que *Wilhelm Tell* est un retour approfondi et purifié à la poésie de jeunesse de Schiller.

Mais ce qui nous autorise surtout à considérer l'idéal de la troi-

1. Schiller s'adresse à la nature.

sième période comme un perfectionnement de l'idéal de jeunesse de Schiller, ce sont ses deux études : *Briefe über die ästhetische Erziehung des Menshen* (1795) et *Ueber naive und sentimentalische Dichtung* (1795-1796). Car le désir ardent de combler l'abîme qui sépare la réalité empirique de l'idéal constitue pour ainsi dire l'âme de ces deux études.

Si nous considérons d'abord les *Lettres sur l'Éducation esthétique*, nous trouvons que Schiller y fait une critique très sévère de la civilisation. Le pessimisme de Schiller à l'égard de la civilisation dépasse, dans quelques-unes de ces lettres, même celui du *Discours sur les arts et les sciences*. Ne croirait-on pas, en effet, entendre l'auteur du Premier Discours quand Schiller écrit dans la dixième lettre : « En effet, il est digne de réflexion que, presque à toutes les époques de l'histoire où les arts fleurissent et où le goût règne, on trouve l'humanité déchue et qu'on ne peut citer un seul exemple d'un haut degré et d'une grande diffusion de la culture esthétique associés chez un peuple à la liberté politique et à la vertu sociale, de belles mœurs unies aux bonnes mœurs, et de la politesse extérieure fraternisant avec la sincérité de la conduite ». En ce qui concerne en particulier son siècle, Schiller le juge avec la plus grande sévérité. Dans la huitième lettre, il ne peut s'empêcher de se demander, presque dans les mêmes termes que Rousseau : Comment se fait-il que, au milieu de tant de lumières et de maximes sublimes, nous soyons encore des barbares? Dans la cinquième lettre, il est indigné de voir les classes inférieures de la société tombées dans un état d'abrutissement, tandis que, d'autre part, il est dégoûté de la dépravation des classes dites civilisées de son temps. « Les lumières de l'entendement, écrit Schiller, dont les classes raffinées se vantent, non sans quelque raison, sont en général si loin d'ennoblir les sentiments par leur influence, qu'elles fournissent plutôt des maximes pour étayer la corruption. » Et plus bas : « Bien loin de nous mettre en liberté, la civilisation, avec chaque faculté qu'elle développe en nous, ne fait qu'éveiller un nouveau besoin... C'est ainsi qu'on voit l'esprit du temps osciller entre la perversité et la rudesse, entre la nature brute et ce qui est contre nature, entre la superstition et l'incrédulité morale, et ce n'est que l'équilibre du mal qui parfois encore met des bornes au mal. » La sixième lettre surtout importe à notre sujet. Schiller est loin de contester la supériorité de notre civilisation par rapport à celle du passé et en particulier de l'antiquité grecque. Mais, d'autre part, quelle pauvreté de vie personnelle chez l'individu moderne! « Quel est le moderne, demande Schiller, qui sortira des rangs pour disputer à un Athénien, dans un combat corps à corps, le prix de l'humanité? » Dans l'antiquité, malgré la grande simplicité de vie extérieure, toute l'humanité était représentée dans un seul individu. L'homme moderne, au contraire, n'a de valeur que par rapport à la société dont il fait partie. Nous ne sommes que des petits fragments, des rouelles inanimées de cette horrible machine qu'est la civilisation. Ce qu'il y a de plus triste dans la vie moderne, selon Schiller, c'est que « nous voyons non seulement quelques individus, mais des classes entières d'hommes, ne développer qu'une partie de leurs facultés, tandis que les autres, comme dans les plantes rabougries, ne sont marquées que par quelques vagues traces ». Au lieu de développer les germes d'humanité que nous portons au fond de nous-mêmes, nous devenons l'empreinte de notre métier, en tant qu'hommes d'affaires, et de notre science en tant qu'intellectuels. Le penseur abstrait a un cœur froid, l'homme d'affaires un cœur étroit. La vie individuelle et concrète est graduellement anéantie afin que le tout abstrait, « la société » ou « l'État », puisse végéter. Le sentiment est complètement banni de la vie civilisée. Nous sommes de purs entendements. C'est pourquoi Schiller rompt définitivement avec cet état de choses. Il ne veut plus tolérer que l'homme intérieur soit sacrifié à un but lointain, tel que le progrès de la civilisation. Il condamne toute culture de l'entendement en tant qu'elle ne contribue pas à l'ennoblissement du caractère. Ici encore, il trouve le salut dans le retour à la vraie nature. Il écrit dans la sixième lettre : « Il faut que le caractère du temps se relève d'abord de sa profonde dégradation morale : d'un côté qu'il se délivre de l'aveugle pouvoir de la nature, et que de l'autre il revienne à sa simplicité, à sa vérité et à sa plénitude ». Il faut établir la totalité, l'harmonie dans notre vie. Et, pour cela, il faut que la civilisation prenne son point de départ dans le caractère; « car la route qui aboutit à la tête, dit Schiller, doit être frayée à travers le cœur. Faire l'éducation du sentiment est donc le besoin le plus pressant de l'époque » (Lettre VIIIe). Et c'est précisément cela qui constitue la tâche de l'art véritable. L'art supérieur, dit Schiller, doit rétablir la totalité dans notre nature que l'art a détruit (Lettre VIe). Délivrez les hommes des jouissances purement sensuelles, chassez de leurs plaisirs l'arbitraire, la frivolité, la brutalité, et vous les bannirez insensiblement de leurs actes et enfin de leurs convictions morales (Lettre IX). La scission disparaîtra alors d'elle-même, et l'unité, l'harmonie sera rétablie dans notre vie. En ce sens, non seulement la question sociale, mais aussi la question morale est, pour Schiller, une question esthétique. De même que Rousseau, Schiller est un adversaire convaincu des révolutions et des bouleversements. Tous les deux attendent du renouvellement intérieur des citoyens une réforme radicale de la société.

Pour ce qui est de l'étude *Ueber naive und sentimentalische Dichtung*, nous avons déjà indiqué plus haut que Schiller, en caractérisant le poète « sentimental », s'est caractérisé lui-même. Nous espérons que le bref examen de ses écrits les plus importants a confirmé notre thèse. Nous avons vu que la recherche de l'idéal ou de la nature est le centre de toutes ses préoccupations. *Toute sa poésie repose sur le contraste entre l'idéal et la réalité brute.* Et en tant qu'il est, comme Rousseau, orienté vers la réalisation de l'idéal plutôt que vers la négation de la réalité existante, il est un poète « élégiaque », et non pas un « poète satirique ». De même que Rousseau, il cherche la nature comme un idéal et avec une perfection qu'elle n'a jamais eue, que peut-être elle n'aura jamais, et dont pourtant il ne peut s'empêcher de déplorer la disparition, afin de donner à la vie une impulsion. Tout le sérieux, toute la force, toute la profondeur, toute l'élévation de ses écrits vient de ce qu'il suppose l'harmonie au commencement plutôt qu'à la fin, bref de ce qu'il croit à la divinité de l'humaine nature. Mais Schiller n'est pas pour cela un « fantasque ». C'est par la combinaison du « réalisme » et de « l'idéalisme » qu'il croit pouvoir surmonter le contraste entre la réalité brute et l'idéal ou la vive réalité vivante.

Notre conclusion sera brève. Nous avons vu que l'œuvre de Gœthe et de Schiller a été une ascension ininterrompue vers des hauteurs de plus en plus hautes. Ni chez Gœthe ni chez Schiller il ne peut être question de « périodes » complètement distinctes les unes des autres ». Ni le Gœthe de la deuxième partie de *Faust* n'a brûlé ce qu'adorait l'auteur de *Werther*, ni l'auteur des *Lettres sur l'Éducation esthétique* n'a révoqué les aspirations du jeune Schiller. Si le mot d'Alfred de Vigny : « Qu'est-ce qu'une grande vie? Une pensée de jeunesse exécutée par l'âge mûr », est vrai, il l'est surtout de

Gœthe et de Schiller. Ils ont été des rousseauistes : non pas en ce sens qu'ils ont adoré aveuglément un de leurs maîtres, ni qu'ils se sont efforcés d'appliquer servilement telle ou telle doctrine, telle ou telle idée de Rousseau. Leur Rousseauisme consiste plutôt dans un combat énergique contre les hypocrisies de la civilisation purement intellectualiste, et dans une lutte pour un ennoblissement intérieur de la vie individuelle et sociale. En ce sens, Gœthe et Schiller sont les continuateurs de Rousseau.

J. Benrubi.

ROUSSEAU ET TOLSTOÏ[1]

S'il est une influence reconnue et avouée, c'est bien celle de Rousseau sur Tolstoï. Ce dernier a débuté dans la carrière d'écrivain par une étude sur Rousseau; dans la suite, il a repris ses œuvres, les a étudiées à fond, indiquant, comme ses notes particulières en font foi, l'effet tantôt « très grand », tantôt « considérable » de cette lecture (*Léon Tolstoï, Vie et œuvres*, Mémoires réunis par Birukov, I, 174; Paris, *Mercure de France*); il a déclaré dans une interview qu'il avait lu l'œuvre de Rousseau, d'un bout à l'autre, y compris le dictionnaire de musique. Y a-t-il beaucoup d'écrivains à propos desquels Tolstoï puisse répéter une affirmation semblable? Je ne le crois pas. Il s'est occupé dans toute la dernière partie de sa vie, de problèmes analogues à ceux qui tourmentaient Rousseau. Nul doute que nous ne soyons ici en présence d'une influence littéraire et philosophique dans le sens le plus entier du mot.

Or, en lisant comparativement Rousseau et Tolstoï, on constate sans doute une similitude dans les préoccupations religieuses, philosophiques et morales; et pourtant, rarement, deux hommes furent plus différents et par le caractère et par l'expression des sentiments. Il n'en faudrait pas plus pour réduire à néant la méthode des critiques qui s'amusent volontiers au petit jeu des influences et vont jusqu'à en inventer, quand historiquement, ils ne parviennent pas à en relever. Ici même, où l'influence est reconnue, elle reste sans effet sur la nature profonde de l'écrivain, sur son *style*. On parlera d'influences, et avec raison, dans un certain nombre de cas bien définis : s'agit-il de l'ascendant d'un homme de génie sur des esprits moins puissants qui, attirés par lui, graviteront autour de sa personnalité dominante? Dans ce cas, l'influence est directe. Elle s'affirme encore chez un groupe d'écrivains ou d'artistes se rattachant

1. Leçon faite à l'École des Hautes-Études sociales, le 22 décembre 1911.

à un mouvement déterminé, entraînés collectivement par un courant social.

Mais quand on parle d'un écrivain original, d'un créateur, l'essentiel est toujours sa réaction propre, son caractère et la vision qui lui est particulière. Les influences qui s'exercent sur un tel homme sont plutôt des suggestions : il est, sans doute plus qu'un autre, accessible aux impressions et aux idées qui lui viennent du monde extérieur, mais s'il les accepte, c'est pour les transformer à tel point qu'il les incorpore, sous une forme inattendue, dans son œuvre à lui : elles y sont dès lors résorbées, mais après une transmutation intégrale. Elles deviennent les éléments d'un tout nouveau.

Qu'est-ce qui, dans Rousseau, a pu intéresser Tolstoï? Voilà deux natures antithétiques par leur tempérament, leur naissance, leur éducation; ils vivent dans des milieux sociaux qui ne se ressemblent guère. Rousseau, fils de petits bourgeois, citoyen d'une république restreinte, relativement libre pour son temps au point de vue politique et religieux, ne voit guère chez lui que désordre et incohérence; son caractère s'en ressent; adolescent, il est vicieux, trompeur, d'une nature inconsistante; il change de religion sans aucune conviction; il pratique le vol domestique, il rappelle ces valets fourbes et habiles que Rotrou, puis Molière, ont représentés. Son instruction se fait sans méthode et au hasard des lectures; le futur moraliste prêt à morigéner le genre humain, l'auteur de pages acerbes contre la corruption qui rongerait Genève si l'on y établissait un théâtre, commence sa carrière par un système de notation musicale et par des partitions d'opéra. Plus tard, quand il sera célèbre, lu par un public enthousiaste, protégé par des gens de haute noblesse autant que par des écrivains éminents, il prendra ombrage des intentions les plus bienveillantes, sera en proie à la manie de la persécution, deviendra le plus imaginaire des malades et se rendra presque impotent à soigner des maladies qu'il n'a pas.

Tout autre Tolstoï : rien ne lui manque, éducation soignée, aisance, considération; son développement physique est vigoureux; son esprit, ouvert à l'observation des choses et à l'analyse ferme et aiguë des âmes, attentif enfin à ce qui croît et éclôt dans son cœur, lui assure la santé morale; il ne doit pas s'inquiéter de la recherche du pain quotidien; la situation sociale de sa famille lui épargne toute démarche humiliante; il va devant lui, jouit de la vie, se lance avec le même entrain dans l'existence de plaisir de ses camarades et dans les discussions des cénacles littéraires; ici, il tranche sur les autres par son caractère hautain, par sa propension à la critique acerbe qu'il ne s'épargne pas, au surplus, à lui-même. Dans les grandes villes ou en pleine nature, un souffle large et bienfaisant le vivifie.

L'origine des écrits moraux est différente aussi chez Rousseau et chez Tolstoï. On sait que pour Rousseau, une question de concours commentée par un entretien avec Diderot fut l'occasion des premiers écrits; il serait faux de croire que si Rousseau traita la thèse du progrès social de la manière que l'on sait, il se complut dans un paradoxe. Au contraire, c'est avec la plus profonde conviction qu'il critique la civilisation; ce sont ses rancœurs qui donnent tant de mordant au raisonnement; mais sous la critique perce de tous côtés une foi, la croyance en une humanité originairement bonne, déformée moralement par la culture intellectuelle. Avoir une théorie, d'apparence solide, à opposer à la théorie de Hobbes; étendre à l'humanité une idée associée au sentiment de la nature qui commençait à gagner les cœurs; rapprocher, dans son origine, l'homme et Dieu, pour opposer Dieu et l'homme en soi aux vices et à tous les malheurs nés de la propriété et du luxe avec leurs conséquences; fonder ainsi une morale religieuse libre, accessible à tous les hommes de bonne volonté : ne sont-ce pas là des innovations suffisantes pour assurer le succès de livres écrits avec une passion inquiète, assez violente pour agiter et troubler les esprits? Non! il ne faut pas croire que Rousseau ait voulu soutenir un paradoxe. Il écrivait avec sa foi et la force secrète que la foi communique peut seule expliquer l'engouement du public pour ses théories.

Tolstoï est, dès la jeunesse, porté à s'observer lui-même; il se censure avec sévérité; pendant les années qu'il passe au service militaire, disposant d'assez de temps pour partager ses loisirs entre les lettres et l'existence déréglée de jeunes gens riches et bien doués, le problème de la lutte de l'esprit et des sens requiert son attention, non pas dans des termes théoriques, mais aussi directement que toute question vitale se pose à un artiste. Ils se sent lui-même entraîné par la sensibilité la plus effrénée, au lendemain d'élévations vers l'idéal, et il subit le va-et-vient de ces deux tendances, l'affinement de l'esprit et la violence des sens. Ce genre d'expériences et d'autres semblables ne sont pas acceptées par lui sans réflexion; comme le dit si bien Romain Rolland, la lutte s'est toujours poursuivie en lui dans le secret de son cœur, « entre les passions et Dieu » (*Vie de Tolstoï*, p. 21), et il rappelle un passage du *Journal* où Tolstoï note « les trois démons qui le dévorent : 1° *Passion du jeu*. Lutte possible. 2° *Sensualité*. Lutte très difficile. 3° *Vanité*. La plus terrible de toutes » (*ibid*). Mais Tolstoï est doué d'un pouvoir d'auto-analyse très pénétrant. Orienté vers la vie de l'esprit, il cherche l'idéal, il a besoin d'y croire et cette foi ne l'abandonne jamais. Le problème religieux, dans le sens le plus grave, s'est posé à lui dès le début et l'absorbera tout entier dans les dernières années de sa vie. Aussi serait-il erroné de croire que toute la dernière période de l'écrivain tranchât sur l'époque des grandes œuvres d'art que sont *Guerre et Paix* et *Anna Karénine*. Le développement de son esprit offre une admirable continuité. C'est en 1879 qu'éclatera dans toute sa force la crise religieuse qui se préparait depuis l'adolescence chez Tolstoï. Et c'est surtout du problème religieux que se préoccupe Tolstoï dans ses *Confessions*.

En comparant les *Confessions* de Rousseau et celles de Tolstoï, on se rendra compte de la distance considérable qui sépare l'expression de leurs sentiments, quelle que soit au surplus la similitude des questions qu'ils préfèrent l'un et l'autre. Rien, chez Tolstoï, de l'étalage de misères qui attriste les *Confessions* de Rousseau. La réserve est beaucoup plus grande; il y a infiniment plus de distinction chez Tolstoï. Rousseau étale avec complaisance ses aventures personnelles, ses impressions purement subjectives et ses manies. Tolstoï s'attache surtout à la crise de la foi, telle qu'il l'a observée en lui et qu'il la retrouve chez beaucoup de ses contemporains. La conception que ces deux penseurs se font de l'humanité les éloigne tout autant que leur manière propre d'éprouver l'émotion. Pour Rousseau, l'essentiel est l'organisation nationale, le rapport entre l'individu et la communauté, la représentation de la volonté du peuple, le rôle de l'État. C'est ce que l'on voit dans le *Contrat Social*. Pour Tolstoï, l'État importe peu; il faut transformer les consciences et les amener à s'entendre par un principe intérieur de foi. La république des âmes ne s'établira pas selon des maximes politiques, mais par une illumination intérieure.

En dépit de ces différences, les *Confessions* de Rousseau ont ému profondément Tolstoï. Il juge qu'à représenter à nu ses vices, ses ambitions, ses lâchetés en même temps que ses convictions, il faut un courage que peu d'hommes ont su avoir. Et c'est un acte d'humilité aussi, un acte altruiste enfin, car on livre en exemple sa détresse autant que sa valeur et l'on aide ses semblables à développer leurs qualités et à éviter la peine. Tolstoï dans ses *Confessions* et dans son *Journal*, livre à son tour au lecteur le spectacle de son inquiétude et de ses luttes. Cet homme, au comble de l'honneur, de la gloire littéraire, du bonheur familial, se débat contre des idées de suicide; le genre de vie que la plupart des hommes désireraient pour eux repose sur la vanité et le mensonge; pour l'accepter, il faut fermer les yeux, se contenter d'être le jouet des circonstances, subir la bonne fortune, en un mot, renoncer à penser. Tolstoï n'hésite pas à décrire les tourments de son âme. Il songe même à partir, à s'en aller n'importe où, pourvu qu'il se rapproche de ceux qui souffrent. La sympathie pour les humbles et les simples s'éveille en lui. L'existence de choix qui est celle des riches, des intellectuels, des classes dirigeantes en général, lui apparaît comme mensongère, nourrie d'erreurs, anti-humaine : « J'étais considéré comme un admirable artiste et comme un grand poète.... Moi, artiste et poète, j'enseignais ce que je ne savais pas moi-même. On me payait pour cela, j'avais une bonne table, un bel appartement, des femmes, de la société; j'avais la gloire. Par conséquent ce que j'enseignais était très bon.

« Cette foi dans l'importance de la poésie et du développement de la vie était une religion dont j'étais un des pontifes C'était très agréable et très avantageux d'être un de ces pontifes, et je vécus assez longtemps dans cette religion, sans douter une seule fois que ce ne fût la vraie » (Tolstoï, *Œuvres complètes*, trad. Bienstock, XIX, p. 11-12, Paris, Stock). Et plus loin : « Nous étions tous convaincus, alors, qu'il nous fallait parler et écrire, imprimer le plus vite et le plus possible; que tout cela était nécessaire pour le bien de l'humanité. Et des milliers d'entre nous, tout en se nuisant et s'invectivant mutuellement, publiaient, écrivaient et instruisaient les autres. Sans remarquer que nous ne savions rien, qu'à la question la plus simple de la vie : Qu'est-ce qui est bon et qu'est-ce qui est mauvais? nous ne savions que répondre, tous, sans écouter personne, nous parlions tous ensemble; feignant parfois d'approuver et de louer autrui afin d'être également approuvés et loués, parfois nous irritant les uns contre les autres, comme dans une maison de fous » (*ibid.*, p. 13-14).

C'est donc au moment de sa plus grande gloire que la question du sens de la vie devait se poser à Tolstoï. Et cette question vrille sa conscience et la trouble jusqu'en son tréfonds. L'existence qu'il mène lui donne dès lors le sentiment du néant. Toujours plus torturante l'obsède la question du sens de la vie; et dans sa vie à lui, il n'y trouve pas de réponse; cette vie lui paraît vide et sans but. Alors, il cherche une réponse chez les auteurs, savants et métaphysiciens. La morale scientifique ne lui apprend rien : elle réunit des faits, mais ne guide personne. L'idéal de la morale métaphysique d'autre part, obscur, difficile à définir, est souvent éloigné de la réalité. Et les Sages — dont il choisit quatre types : Salomon, le Bouddha, Socrate et Schopenhauer, — sont également pessimistes et répondent que la vie n'est que vanité.

Que font d'autre part les hommes que Tolstoï observe autour de lui? Comment vivent-ils? Les uns ne comprennent pas quel problème se pose; leur conscience s'ignore elle-même; certains, qui voient le problème, adoptent l'attitude épicurienne et prennent le parti d'éviter le tourment et de tirer plaisir de tout; d'autres, effrayés de leur néant et sans force pour y faire face, se suicident; d'autres enfin, tout en se rendant compte de la nullité de leur vie, préfèrent, par lâcheté, traîner une existence sans but.

Tel l'ensemble des privilégiés. Celui qui vit parmi eux ne voit qu'eux. Et chez eux, il ne trouvera pas d'éléments pour résoudre le problème de la vie. Or, il existe une multitude d'hommes qui n'appartiennent à aucune de ces quatre catégories de privilégiés; ils vivent, ils acceptent la vie. Pourquoi et comment? c'est qu'ils sont soutenus par la foi. Or, Tolstoï nous a raconté, au début des *Confessions*, qu'avec de nombreux jeunes gens instruits et riches, il s'était détaché de la foi; la plupart des privilégiés ne pratiquent la religion que du bout des lèvres et par bon ton. La foi, dans ses formules, lui avait apparu absurde, contredite par la raison. Et maintenant, le peuple lui apprenait que ni la science ni la philosophie ne soutenaient l'homme, mais qu'il fallait puiser sa force dans la foi. « On ne peut vivre sans foi ». (*ibid.*, p. 74). « Connaître Dieu et vivre, c'est la même chose. Dieu, c'est la vie » (p. 95). Cette vérité s'impose à la réflexion, et Tolstoï constate que, depuis l'origine des hommes, les idées venues du rapport entre l'individu et l'infini avaient obsédé la pensée; c'est dans la croyance qui l'exprime, que l'homme puise la force de la vie; même les superstitions auxquelles

les gens instruits opposent la raison, prennent un sens quand on les étudie chez les simples.

Dès ce moment, le problème religieux chez Tolstoï englobe le problème social; il va vers les humbles et reprend goût à la vie : « Il arriva non seulement que la vie de notre monde, des riches, des savants, me dégoûta, mais aussi qu'elle perdit tout sens pour moi. Toutes nos actions, nos raisonnements, nos sciences, nos arts, tout cela m'apparut sous un jour nouveau. Je compris que toutes ces choses n'étaient que des passe-temps, auxquels il ne faut pas chercher de sens. Et la vie du peuple travailleur, de toute l'humanité qui soutient la vie, se présenta à moi dans sa vraie signification. Je compris que c'était la vie elle-même et que le sens attribué à cette vie était la vérité. Et je l'acceptai » (*ibid.*, p. 83-84). La critique de la vie des riches se retrouve, développée, dans *Que devons-nous faire?* (*Œuvres complètes*, t. XXVI). Il faut y lire les expériences personnelles de Tolstoï, l'opposition entre sa vie aisée et les asiles de nuit ainsi que les logements de pauvres qu'il visite. Tolstoï apprend à connaître les questions sociales de la manière la plus poignante.

Mais revenons à la question religieuse. Telle que la croyance s'épanouit dans le cœur du peuple, directe, naïve, sincère, Tolstoï l'aime et la comprend : la *Vie des Saints*, les *Légendes mystiques*, les *Évangiles* sont des trésors de sentiments et d'inépuisables sources de vie. Mais ce christianisme véritable, resté chez les humbles ce qu'il était à l'origine chez Jésus, apparaît déformé dans l'Église. Les doctrines et les sectes sont odieuses. L'autorité ecclésiastique conduit à l'opposé de la doctrine du Christ. La violence et l'oppression sociales se réclament de l'Église. Il faut donc constater d'abord qu'en suivant les prétendus progrès de la civilisation et en s'adaptant aux transformations d'une société capitaliste et industrialiste, l'Église s'est reniée elle-même. Elle sanctionne les injustices sociales et on lui opposera avec raison l'idéal d'égalité et de fraternité tel qu'il est exprimé dans le *Sermon sur la Montagne*.

Ici se découvre nettement la conception sociale à laquelle aboutira Tolstoï et qu'il développera dans la série d'écrits des trente dernières années de sa vie. Cette conception peut se caractériser de la manière suivante : la vie religieuse est à la base de toute autre forme de vie, et la vie religieuse la plus belle est celle de Jésus. Tolstoï a fait une étude approfondie des Évangiles avec traduction de la version des Septante et commentaire détaillé (*Œuvres complètes*, t. XXI); il a pris parti contre la théologie dogmatique (t. XX); il s'est efforcé de reconstituer le sens des paroles de Jésus et de comprendre son exemple. Il lui importe de retrouver la véritable doctrine du Christ et de l'opposer à ce qu'elle est devenue entre les mains des prêtres. Or, la vie de Jésus est un modèle d'élévation et de pureté; de chaque geste, de chaque parole se dégage une impression de bonté, de sacrifice, de dévouement. Pour atteindre un tel idéal, qui seul donne à la conscience une parfaite satisfaction et un contentement complet, il faut vaincre en soi la tentation d'obéir aux penchants égoïstes et mauvais qui se résument dans la sensualité. Or, toute notre société sacrifie à la sensualité et se détourne de la pensée de Jésus. La vanité des hommes et des femmes, le désir de possession entraînant l'adultère que l'on commet dans son cœur par le seul fait de regarder une femme avec un penchant affectif, l'égoïsme et la lutte qui naissent de cette chute des âmes, voilà ce qu'on observe autour de soi, partout. La *Sonate à Kreutzer* est une réaction violente chez Tolstoï, contre cet état de choses, une réaction outrée, excessive. On sent que l'auteur du livre a vécu lui-même les tourments dont il tâche de se défaire en s'élevant à des idées supérieures et plus nobles.

Ainsi la civilisation présente tout entière collabore à l'abaissement de l'homme. Nous trouvons ici une thèse analogue à celle de Rousseau, et comme chez Rousseau, l'expérience personnelle a conduit Tolstoï à admettre cette thèse. Pas de paradoxe ni de parti-pris chez aucun des deux, en dépit des apparences, mais une révolte contre la tentation qui menace l'individu et contre le mensonge qui règne universellement. Les manifestations les plus intellectualisées de la civilisation n'échappent pas à la critique, et certaines pages que Tolstoï consacre dans *Qu'est-ce que l'art?* au développement du drame lyrique, viennent d'une même inspiration que les reproches de Rousseau à Racine, ou à Molière. Tous deux sont pénétrés de cette conviction que l'art pourrait remplir un autre rôle que celui qu'il tient et l'aurait en effet s'il vivait d'un élan intérieur, d'un sentiment vraiment divin.

La réforme que réclame Tolstoï doit être d'abord une réforme des consciences. Elle aura son retentissement social si elle émane des individus, acquis à une foi naturelle et à une vie sincère; elle s'étendra d'eux à la société par l'entente qui résultera de ce que la sensualité et l'égoïsme auront fait place à une bonté toute chrétienne, à un renoncement parfait. Aucune des lois économiques préconisées par les socialistes ne suffit; ce n'est pas l'extérieur des choses qu'il faut modifier, mais les esprits qu'il s'agit de ramener à leur honnêteté naturelle. La thèse de Rousseau reçoit chez Tolstoï une approbation en ce sens que pour tous deux, l'homme vaut mieux en lui-même que l'observation de l'état social ne permet de le supposer.

C'est dans *Le Salut est en vous*, que Tolstoï expose le plus nettement ses critiques au point de vue social. La pensée directrice du livre est celle-ci : l'humanité ne peut être régénérée que par l'avènement du christianisme dans le sens que Tolstoï attache à ce terme : le christianisme primitif, la doctrine de Jésus, qu'il s'agit de dégager des déformations que lui ont imposées les Églises. Or, cette doctrine lutte et fait des efforts inouïs pour s'établir, en dépit des forces hostiles qui arrêtent son expansion. Et les Églises ne sont pas le moindre obstacle au règne du Christ : « Ce que les Églises font des hommes est terrible, mais, si on examine bien leur situation, on reconnaît qu'elles ne peuvent agir autrement. Il y a un dilemme posé devant les Églises : le Sermon sur la Montagne ou le Symbole de Nicée. L'un exclut l'autre. Si l'homme croit sincèrement au Sermon sur la Montagne, le Symbole de Nicée perd fatalement pour lui tout sens et toute valeur, et, avec le Symbole de Nicée, l'Église et ses représentants. Et, s'il croit au Symbole de Nicée, c'est-à-dire à l'Église, c'est-à-dire à ceux qui s'intitulent ses représentants, le Sermon sur la Montagne devient pour lui inutile. C'est pourquoi les Églises ne peuvent pas ne pas faire tous les efforts imaginables pour obscurcir le sens du Sermon sur la Montagne et attirer les hommes à elles. Ce n'est que grâce à cette action intense des Églises, dans ce sens, que leur influence a pu se maintenir jusqu'ici. Que pour le moment le plus court, l'Église arrête cette influence sur la masse par l'hypnotisation, et sur les enfants par le mensonge, et les hommes comprendraient aussitôt la doctrine évangélique, et l'intelligence de cette doctrine anéantirait les Églises et leur influence. Et c'est pourquoi les Églises n'arrêtent pas un instant leur action. Et c'est cette action qui fait que la plupart des hommes prétendus chrétiens ne comprennent pas la doctrine du Christ » (*Le Salut est en vous*, p. 89-90. Paris, Perrin, éditeur).

Que la vie chrétienne véritable doive s'établir dans le monde, cela ne fait, pour Tolstoï, aucun doute, car il n'y a que trois conceptions possibles de la vie : la vie personnelle ou animale, la vie sociale ou païenne, la vie universelle ou divine (*ibid.*, p. 94-95). Or, l'humanité tend, depuis l'apparition du christianisme, à passer à la troisième. La plupart des savants actuels ne le comprennent pas ; leur doctrine à eux n'a pas « les bases fermes et nettes » que le christianisme a dans l'âme humaine. L'amour pour l'État ou l'Humanité, tel que l'entendent socialistes et positivistes, est une abstraction vide ; on propose ici d'adorer des fictions. L'amour pour Dieu au contraire est un sentiment vivant (*ibid.*, p. 110 et suivantes).

Cela posé, tous les hommes étant frères et ayant droit à la même part d'amour divin, les contradictions de la société présente éclatent aux yeux. L'inégalité y domine et aussi l'injustice, la tyrannie des lois hostiles. Quelle est la valeur de la loi ? « Les hommes y croient-ils ?... Nullement.... On comprend que les hommes de l'antiquité se soient soumis à leur loi ; ils croyaient absolument que leur loi (qui d'ordinaire était aussi religieuse) était l'unique, la véritable, celle à laquelle tous les hommes devaient se soumettre. Mais nous ? Nous savons pertinemment que la loi de notre état est, non point la seule, l'éternelle loi, mais seulement une loi comme les autres, si nombreuses, des différents états, également imparfaite et souvent même nettement fausse et injuste » (*ibid.*, p. 130). Puis, plus bas : « Nous savons bien tous comment se confectionnent ces lois. Nous avons été tous dans les coulisses ; nous savons qu'elles sont enfantées par la cupidité, par la fourberie, par la lutte des partis ; qu'il n'y a pas et qu'il ne peut y avoir de justice véritable. C'est pourquoi les hommes de notre époque ne peuvent pas croire que la soumission aux lois sociales et politiques satisfasse aux exigences de la raison et de la nature humaines. Les hommes savent depuis longtemps déjà qu'il est déraisonnable de se soumettre à une loi dont la vérité est douteuse, et, par suite, ils ne peuvent pas ne pas souffrir en se soumettant à une loi dont ils ne reconnaissent pas la sagesse et le caractère obligatoire » (*ibid.*, p. 131).

Ailleurs, Tolstoï fait le procès des gouvernements, qui sont toujours entre les mains des gens violents. Ils ont mille subterfuges pour faire croire à leur nécessité. Ils maintiennent les hommes dans l'esclavage ; la situation des ouvriers est vraiment une situation d'esclaves. Devons-nous ouvrir une parenthèse et faire remarquer la nature excessive de ce raisonnement ? Nous savons qu'en Angleterre, en France, en Allemagne, en Belgique, les ouvriers ont depuis cinquante ans conquis des droits et des avantages sans cesse croissants; qu'ils ont entre les mains un moyen de lutte redoutable dans l'organisation syndicaliste et dans la grève; que leur situation est beaucoup plus avantageuse sous ce rapport que celle de nombreux citoyens plus instruits et travaillant plus qu'eux, employés, artistes, professeurs, et que sans doute Tolstoï parle spécialement pour les Russes dans ce passage.

Et maintenant, comment les gouvernants maintiennent-ils leur autorité? Par l'armée, qui est surtout un instrument d'oppression, comme Caprivi l'avouait un jour au Reichstag (*ibid.*, p. 189). Et ici, l'essence même de tout gouvernement, la violence, est à l'opposé des préceptes chrétiens. Le Christ veut qu'on réponde à la violence par la bonté : c'est la doctrine de la non-résistance au mal : « Les gouvernements de notre époque, les plus despotiques comme les plus libéraux, sont devenus ce qu'a si bien nommé Herzen *Gengis-Kan avec le télégraphe*, c'est-à-dire une organisation de la violence n'ayant pour principe que l'arbitraire le plus grossier et profitant, pour la domination et l'oppression, de tous les perfectionnements que la science a créés pour la vie sociale pacifique des hommes libres et égaux.

« Les gouvernements et les classes dirigeantes s'appuient aujourd'hui non pas sur le droit, ni même sur un semblant de justice, mais sur une organisation si ingénieuse, grâce au progrès de la science, que tous les hommes sont pris dans un cercle de violence d'où ils n'ont aucune possibilité de sortir » (*ibid.*, p. 208). Intimidation, corruption, hypnotisation du peuple : tels sont les moyens employés par les gouvernements. C'est donc contre toute forme de violence, c'est contre la guerre sous tous ses aspects que Tolstoï élève la voix, fort de la parole du Christ. Et quels moyens pratiques propose-t-il pour mettre fin au régime de la violence? Le refus du service militaire et le refus de l'impôt; on a résumé cette doctrine, dans son aspect social, sous le nom d'anarchie passive.

Tolstoï croit que le règne de Dieu est proche et que nécessairement il arrivera. Tout d'abord, les assises même de la société antichrétienne dans laquelle nous vivons aujourd'hui, deviennent de plus en plus caduques; cette société ne croit plus à elle-même; elle n'a plus de force vitale; sa décomposition est particulièrement avancée. Écoutons le réquisitoire de l'auteur du *Salut est en vous* :

« Nous voyons toujours, dans le monde chrétien, les mêmes gouvernants et les mêmes gouvernements, les mêmes armées, les mêmes tribunaux, les mêmes impôts, le même clergé, les mêmes riches, propriétaires fonciers, industriels, capitalistes, mais leur situation vis-à-vis les uns des autres n'est plus la même. Les mêmes chefs d'état ont les mêmes entrevues, les mêmes rencontres, les mêmes fêtes, le même apparat; les mêmes diplomates ont les mêmes conversations sur les alliances et les guerres, les mêmes parlements discutent les mêmes questions d'Orient et d'Afrique, et les cas de guerre, et le *Home Rule* et la journée de huit heures; toujours les mêmes changements de ministères, les mêmes discours, les mêmes incidents, mais pour ceux qui s'aperçoivent comment un article de journal change parfois la situation plus que des dizaines d'entrevues de monarques et de sessions parlementaires, apparaît de plus en plus nettement que ce ne sont pas ces entrevues et ces débats parlementaires qui dirigent les affaires, mais quelque chose d'indépendant de tout cela et qui ne réside nulle part.

« Les mêmes généraux, officiers et soldats, les mêmes canons, forteresses, revues, manœuvres; mais la guerre ne se produit pas. Un an, dix ans, vingt ans se passent. En même temps on a de moins en moins confiance dans l'armée pour réprimer les émeutes, et il devient de plus en plus évident que les généraux, les officiers et les soldats sont simplement des figurants de processions solennelles, objets d'amusement des gouvernements, des sortes de corps de ballet qui coûtent trop cher.

« Les mêmes procureurs et juges, les mêmes assises, mais il devient de plus en plus évident que les tribunaux civils rendent leurs arrêts sans souci de la justice, et que les tribunaux criminels n'ont aucun sens, parce que les punitions n'atteignent pas le but poursuivi par les juges eux-mêmes. Ces institutions ne servent donc qu'à nourrir des hommes incapables d'autre chose plus utile.

« Les mêmes prêtres, archevêques, mais il devient de plus en plus évident que ces hommes ne croient plus eux-mêmes à ce qu'ils enseignent et, par suite, ne peuvent plus donner à personne une foi qu'ils n'ont plus.

« Les mêmes percepteurs d'impôts, mais de plus en plus incapables de prendre par la force le bien des contribuables, et il devient de plus en plus évident que, sans percepteurs d'impôts, les hommes peuvent, par une souscription volontaire, pourvoir à tous les besoins sociaux.

« Les mêmes riches, mais il devient de plus en plus évident qu'ils ne peuvent être utiles qu'en cessant d'être les administrateurs personnels de leurs biens et en les abandonnant à la société, totalement ou du moins en partie.

« Et, lorsque tout cela deviendra tout à fait évident, il sera naturel aux hommes de se demander : Quelle utilité de nourrir, d'entretenir tous ces rois, empereurs, présidents et membres de toutes sortes de chambres et de ministères, si de toutes leurs réunions et de tous leurs discours rien ne résulte? Ne vaut-il pas mieux, comme a dit un plaisant, faire une reine en caoutchouc?

« Et à quoi bon l'armée avec ses généraux, ses musiciens, ses chevaux, ses tambours? Quelle est son utilité, puisqu'il n'y a pas de guerre, que personne ne veut conquérir personne, et que, si même la guerre éclatait, les autres peuples ne permettraient pas d'en retirer un bénéfice, tandis que, sur les nationaux, l'armée refuse de tirer?

« Et à quoi bon ces juges et procureurs, qui, au civil, ne jugent pas d'après la justice, et qui, au criminel, reconnaissent eux-mêmes l'inutilité du châtiment?

« A quoi bon les percepteurs d'impôts, qui s'acquittent de leur tâche à contre-cœur, puisqu'on peut réunir sans eux les sommes nécessaires?

« A quoi bon le clergé, qui ne croit plus depuis longtemps en ce qu'il prêche?

« A quoi bon les capitaux, concentrés entre les mains de quelques-uns, puisqu'ils ne peuvent être utiles qu'en devenant la propriété de tous?

« Et une fois ces questions posées, les hommes ne peuvent pas ne pas arriver à la résolution de cesser d'entretenir toutes ces institutions devenues inutiles.

« Plus encore, les hommes qui occupent ces positions privilégiées seront amenés à la nécessité de les abandonner. L'opinion publique condamne de plus en plus la violence, et c'est pourquoi ces positions, qui sont basées sur la violence, sont de moins en moins recherchées » (*ibid.*, p. 282-284).

Ce que sera la société nouvelle, fondée sur la fraternité, la confiance des hommes en Dieu et l'amour désintéressé de son semblable, Tolstoï ne nous le dit pas d'une manière positive. Et il serait impossible de le dire, puisque la conception divine de la vie est fondée uniquement sur le cœur. Or, rien n'est moins définissable qu'un sentiment. Chaque sentiment a sa nuance; sa nature est d'être éprouvé, non pas d'être codifié. La société, selon Tolstoï, devrait être sans doute une humanité prise d'une émotivité continue, mais d'une émotivité élevée, noble, dégagée de tout égoïsme, de tout penchant sensuel, et animée tout entière du souffle de Dieu.

Tolstoï a trouvé, incontestablement, chez Rousseau un modèle pour les critiques qu'il adresse à l'état social. Il a appris chez Rousseau que le luxe, produit par le développement des sciences et des arts, est une cause profonde de désagrégation; que de l'application des connaissances, il est provenu plus de mal que de bien pour l'humanité; que la philosophie est incapable d'apporter un remède aux hommes et ne fait le plus souvent que fournir des arguments à leur égoïsme effréné; que le développement de la civilisation a produit l'inégalité entre les hommes et qu'elle pourrait se résumer par la misère chez les pauvres et l'indigestion chez les riches. Luxe, inégalité, égoïsme : tel est l'aboutissement de la civilisation. Or, les hommes qui se dérobent à un pareil état social, ceux qui vivent simples et solitaires, restent forts, sains et bons; à l'opposé de l'homme selon Hobbes, c'est la pitié qui est leur sentiment originaire; leurs mœurs sont douces; elles échappent aux sentiments compliqués qui, chez les civilisés, causent le désordre et la luxure; l'exemple des Caraïbes n'est-il pas probant? Et quelle est l'origine de la dépravation et de la faiblesse actuelles? C'est la propriété. « Le premier qui, ayant enclos un terrain, s'avisa de dire : *Ceci est à moi*, et trouva des gens assez simples pour le croire, fut le vrai fondateur de la Société civile ». Et la parole de Locke doit être adoptée : « Il ne saurait y avoir d'injure où il n'y a pas de propriété. » La propriété ne peut se maintenir que par la violence. De là dérive l'organisation de la société dite civilisée : elle est fondée sur la violence qui, aux mains de ses gouvernants, sert à maintenir l'inégalité et tous les vices qui s'y rattachent.

Les analogies sont évidentes entre ces propositions et les idées de Tolstoï. Mais la différence entre les natures si opposées de ces deux hommes est la raison première des différences qui séparent leurs théories; et ces différences sautent aux yeux. Tout d'abord, la vertu que Rousseau accorde à l'homme primitif, Tolstoï la reporte sur le christianisme. Il est, comme Rousseau, adversaire de l'industrialisme, du développement excessif des sciences et des arts; il accuse aussi ces formes d'activité sociale de provoquer le goût du luxe, l'égoïsme, la dépravation; la propriété est critiquée par lui avec plus de vigueur encore que par Rousseau. Ici pourtant, une nouvelle différence se marque : Rousseau est plus théoricien, ses arguments sont plus déclamatoires; il parle en moraliste. Tolstoï au contraire, a toute l'acuité d'observation du romancier réaliste; il a regardé autour de lui; les privilégiés et les maîtres, ce n'est pas à travers Plutarque ou dans les contes qu'il a tâché de se les imaginer; il les a côtoyés, il est l'égal des plus fiers d'entre eux, il a vécu leur vie et pendant de longues années il a entendu en lui sa conscience qui le questionnait sans cesse et dont la voix s'imposait, de plus en plus pressante; et c'est au comble des honneurs, de la richesse et du bonheur conjugal que les doutes le saisirent le plus violemment sur l'inanité des avantages auxquelles les hommes de sa classe semblaient tenir le plus. Et, il s'aperçut que richesses, honneurs et plaisirs distrayaient l'homme, sans cependant le libérer du problème angoissant qui l'obsédait : Que signifie la vie? Qu'est-ce que vivre?

L'évolution psychologique de son inquiétude différencie une fois de plus par le caractère Tolstoï de Rousseau. Rien en Tolstoï de l'envie que l'on a signalée chez Rousseau envers les puissants, rien de « l'âme de valet » que l'on a reprochée à Rousseau; rien non plus du déclamateur moraliste. Ici, Tolstoï est incontestablement plus haut que Rousseau. Mais la distinction s'accuse dans la théorie autant que dans les caractères, si l'on envisage d'un côté l'idéal humain de Tolstoï et d'autre part la conception que Rousseau développe dans le *Contrat Social*. Tous deux sont ennemis des grands états. Tous deux font appel à la bonne entente entre les hommes, mais ici Rousseau est beaucoup plus précis que Tolstoï. Il appartient à une époque où les courants sociaux conduisent les écrivains à constituer une société. Tolstoï par contre appartient à un temps qui se caractérise par la critique de la société que Rousseau et la Révolution ont bâtie : la critique surgit de tous côtés contre la législation issue de la Révolution; les écoles traditionalistes aussi bien que les révolutionnaires actuels lui reprochent d'avoir fait banqueroute. Rousseau conçoit un état fort, établi par le consensus de citoyens libres et originairement égaux; cet état lui apparait aussi indispensable qu'à Hobbes, mais pour d'autres raisons; la souveraineté lui importe avant tout. Tolstoï rêve un accord intérieur, une république des âmes, puisant sa cohérence et sa force dans une foi suprême, épurée, ennoblie. Il renonce pour elle à toute organisation extérieure. C'est l'État qui doit être nié; il n'y a de souveraineté que celle de Dieu. En cela, il se rapproche des mystiques et s'éloigne parfaitement de Rousseau.

Son caractère énergique, la lutte de sa noblesse d'âme contre les instincts, l'éloignent encore plus du désordre de cœur de Rousseau, quand il s'agit de régler les rapports d'homme à femme. Rousseau juge que le « devoir d'une éternelle fidélité ne sert qu'à faire des adultères », et que « les lois même de la continence et de l'honneur étendent nécessairement la débauche et multiplient les avortements ». Il réduirait volontiers l'amour à ce que nous le voyons être chez les animaux et en ferait une fonction purement physique, tandis que Tolstoï, avec la conception chrétienne, en arrive à répudier tout ce qui est physique dans l'amour, au point que sa *Sonate à Kreutzer* semble conseiller plutôt la séparation des sexes que de perpétuer l'avilissement dans lequel la débauche a fait tomber la société actuelle.

Nous ne dirons que quelques mots, pour terminer, des idées de l'un et de l'autre sur l'éducation. Ici encore, un rapprochement s'impose. Je crois même que c'est dans ce domaine que l'influence de Rousseau sur Tolstoï est la plus directe. La théorie de Rousseau est trop connue pour que j'insiste. On sait toutes les idées fécondes de l'*Émile* et aussi le dogmatisme de certaines pratiques, inévitables chez n'importe quel novateur. Pour Rousseau, tout doit viser au développement de la personnalité libre; il faut briser, dans l'éducation, les entraves physiques et intellectuelles; l'effort personnel doit être éveillé; « l'art d'agir » est au premier plan. La culture excessive de la mémoire doit faire place à l'observation des choses; les langues anciennes et l'histoire céderont aux langues modernes, aux notions d'astronomie, de physique, de botanique, ainsi qu'aux travaux manuels; jusqu'à douze ans, on laissera le corps et les sens se développer; la réflexion scientifique viendra ensuite, puis la réflexion morale.

En 1842, transitoirement, en 1860 d'une manière sérieuse et suivie, mais pour peu de temps, malheureusement, Tolstoï s'efforça de réaliser à Yasnaïa-Poliana le système d'éducation auquel il était arrivé par ses lectures, ses voyages, ses observations personnelles. Tout d'abord, la liberté de l'enfant doit être respectée, comme le veut Rousseau, et chacun doit être éduqué selon ses dons. Instruire, c'est éveiller. Le système qui règne partout, est le pire de tous, avec le même enseignement donné à des ensembles d'individus essentiellement différents. Cela tue l'originalité et ne mène à rien. Car, au fond, l'instruction en soi, ce n'est là qu'une abstraction vide, comme l'est le progrès, la civilisation. Lire et écrire n'ont de but que si vraiment ces connaissances s'adaptent à la vie. « Nous voyons des gens qui connaissent très bien tous les faits nécessaires à la science de l'agronomie et le grand nombre de rapports mutuels existant entre eux, et qui ne savent ni lire ni écrire. Ou nous voyons d'excellents chefs militaires, de bons marchands, des gérants, des inspecteurs de travaux, des contremaîtres, des artisans, des hommes tout simplement instruits par la vie, en avoir acquis beaucoup de connaissances et de bon sens et qui ne savent ni lire ni écrire, tandis que nous voyons des gens qui savent lire et écrire et qui n'ont acquis au moyen de cet art aucune connaissance nouvelle. Quiconque examine sérieusement l'instruction du peuple, non seulement en Russie, mais en Europe, se convainc malgré soi que le peuple s'instruit tout à fait indépendamment de l'art de lire et écrire, et que cet art, à de très rares exceptions de capacités extraordinaires, reste un art stérile et même un art nuisible : nuisible, parce que rien dans la vie ne peut rester indifférent. Si la lecture et l'écriture ne servent pas à la vie et sont inutiles, alors elles sont nuisibles » (*Œuvres complètes*, t. XIII, p. 47-48).

Il n'y a donc pas de *culture* en soi; ce qui importe, c'est le développement original de chacun, variable suivant les peuples, les époques et les individus. L'éducation des écoles est sombre et triste; elle accable la personnalité sous l'abstraction vide des programmes. « L'instruction scolaire obligatoire exclut la possibilité de tout progrès » (*ibid.*, p. 22). Les efforts que les Allemands ont fait pour perfectionner l'enseignement, le rend plus nuisible encore et, par-dessus tout, ridicule. Tolstoï n'est pas tendre pour l'enseignement intuitif. Le maître ouvre un livre et montre l'image d'un poisson. « Mes chers enfants, qu'est-ce que c'est? — Cela, voyez-vous, s'appelle ANSCHAUUNGSUNTERRICHT. — Les pauvres enfants se réjouissent en voyant le poisson, s'ils ne savent pas déjà, pour l'avoir entendu des autres écoliers ou de leurs frères aînés, à quelle sauce on leur sert ce poisson et comment on les torture moralement à cause de lui. »

« De toute façon ils disent : — C'est un poisson. — Non, reprend le professeur (tout ceci n'est pas une invention ni une satire, mais le récit exact d'un fait que, sans exception, j'ai vu dans toutes les écoles de l'Allemagne et dans les écoles anglaises, qui ont adopté cette bonne et excellente méthode!) Non, dit le professeur. Que voyez-vous donc? — Les enfants se taisent. N'oubliez pas qu'ils sont obligés d'être assis tranquilles, chacun à sa place, et de ne pas se mouvoir. — Ruhe und Gehorsam. Que voyez-vous donc? — Un livre, dit le plus sot. Pendant ce temps, tous les enfants intelligents se sont déjà demandé mille fois ce qu'ils voient, ils sentent qu'ils ne pourront pas deviner ce qu'exige le professeur, et qu'il faut répondre que ce poisson n'est pas un poisson, mais quelque chose qu'ils ne savent pas nommer. — Oui, oui, fait le maître avec joie. Très bien, un livre, après? — Les intelligents s'enhardissent; le sot ne sait lui-même de quoi on le félicite. — Et qu'y a-t-il dans le livre? demande le maître. Les plus intelligents et les plus spirituels devinent et disent avec une joie fière : Des lettres. — Non, non, pas du tout, répond avec tristesse le maître; il faut réfléchir avant de parler. — De nouveau tous les intelligents sont tristes et se taisent; même ils ne cherchent plus; ils pensent aux lunettes du professeur, se demandant pourquoi il ne les ôte pas et regarde à travers, etc. — Alors qu'y a-t-il dans le livre? — Tous se taisent. — Qu'est-ce qu'il y a ici ? — Un poisson, dit un audacieux. — Oui, c'est un poisson, mais est-ce un poisson vivant? — Non, pas vivant. — Très bien. — Est-il mort? — Non. — Bon. Alors qu'est-ce que c'est que ce poisson? — Ein Bild, — une image. — C'est ça! Bon! — Tous répètent : c'est une image, et pensent que c'est terminé. Non, il faut dire encore que c'est une image qui représente un poisson. Et par la même voie, le maître obtient que les élèves disent que c'est une image représentant un poisson. Il s'imagine que les élèves raisonnent et il ne songe nullement que si on l'oblige d'apprendre à ses élèves à dire que c'est une image qui représente un poisson, ou s'il le veut lui-même, il serait alors beaucoup plus simple de les forcer d'apprendre par cœur cette formule extraordinaire » (*ibid.*, p. 63-65).

Tolstoï, comme on le voit, a étudié de près les systèmes d'éducation. On lira avec le plus grand profit les *Articles pédagogiques*, réunis dans le tome XIII des *Œuvres complètes*. On trouvera dans le même volume la description pittoresque de l'école de Yasnaïa-Poliana, le désordre des débuts de classe, la spontanéité maladroite des enfants de paysans, et l'on partagera l'émotion de Tolstoï, quand il découvrit un talent sobre et concis de description et d'observation chez un des enfants de son école, sans cependant vouloir, comme il le fait, comparer les pages qu'il rapporte aux plus beaux récits des plus grands écrivains.

L'expérience de Tolstoï dura peu. L'école fut fermée par la police. Que les préceptes de Tolstoï soient meilleurs que ceux d'autres pédagogues, il serait difficile de le dire. Tous les programmes d'enseignement ont leurs qualités et leurs défauts. J'en ai lu des quantités, j'en ai vu appliquer plusieurs, j'en ai proposé moi-même, et finalement, je suis arrivé à cette conviction que dans ce domaine on essaiera toujours sans jamais aboutir. On est frappé de la rapidité des changements dans les programmes d'enseignement des différents pays d'Europe depuis cinquante ans; on abandonne aujourd'hui ce qu'on préconisait hier, quitte à y revenir demain avec plus d'ardeur. — Quelle est la meilleure base? L'histoire, les langues, l'observation scientifique, le raisonnement mathématique? Qui le décidera jamais? Quelle connaissance est le plus apte à donner une culture humanitaire aux jeunes gens? L'étude des poètes anciens? des modernes? la physique? la biologie? Qui oserait l'affirmer? En réalité, le développement de l'élève dépend de ses facultés et de la personnalité du professeur : donnez à un pédant mécanique le plus beau programme, il ne fera jamais que ses élèves deviennent des hommes; mais qu'un homme véritable, un esprit ouvert, qui s'émeut des belles choses et qui aime son métier, enseigne n'importe quoi, mathématiques, philosophie, sciences exactes, histoire, lettres, religion, son enseignement sera vivifiant et humain. C'est dans la compagnie de Tolstoï, dans sa bonté, dans ses conseils d'artiste génial et non dans les programmes que ses élèves trouvaient certes le meilleur guide, le seul.

La morale que nous appliquons part toujours d'un élan de sympathie de notre part pour certaines tendances sociales que nous acceptons, certains hommes que nous imitons, certaines idées que le rêve et l'espoir ont illuminées à nos yeux. S'il est question de l'action pratique, il ne faut pas chercher plus loin : la théorie n'est qu'une justification de notre cœur; mais notre action, notre choix, nos préférences jaillissent de la réaction de tout notre être; et le raisonnement qui l'accompagne n'est guère que la traduction superficielle de ce langage inconscient de la personnalité tout entière, et aucun rapport logique ne l'épuisera jamais. Les hommes qui agissent selon la raison et avec prédominance de celle-ci sont des privilégiés; ils constitueront toujours l'exception, ou si l'on aime mieux un autre mot, l'élite.

Le moraliste critique, pour expliquer le choix de chacun, devra chercher les causes auxquelles l'individu agissant obéit et qu'il ne démêle pas. En effet, ce qui suffit à l'action n'est pas assez pour qui se demande quel est le sens des choses. Inversement, il n'est pas de son rôle de juger. Le critère lui échappe. Seul celui qui agit d'après ce qu'il croit ou d'après ce qu'il juge le mieux, prétend posséder un critère : mais ce sera sa foi et sa conviction. Or, il arrive qu'elle laisse indifférent ou rende hostile même ceux qu'elle n'éclaire pas.

Nous n'avons donc pas à condamner ou à justifier, mais à comprendre. Et pour cela, notre critique devra se contenter de dégager les tendances qui déterminent le choix moral des personnalités que nous étudions. Or, ces tendances se ramènent à trois titres : les courants sociaux, que Durkheim a si bien mis en évidence; ensuite le facteur individuel ou psychologique; enfin un certain accord graduel des consciences qui se constitue après mille oscillations, mais tend à se fixer en termes toujours plus précis et qu'on appellera le rationnel en morale.

Tolstoï a observé autour de lui, en Russie, une situation politique qui semble aussi confuse et au moins aussi peu libérale que celle de la France avant la Révolution : il y a, dans les conditions sociales qui l'ont entouré, une certaine analogie avec l'époque dans laquelle vécut Rousseau. Cette analogie pourrait être poussée plus loin encore et l'on montrerait aisément que certains courants entraînaient, d'un côté comme de l'autre, les esprits élevés vers un idéal de plus grande justice.

D'autre part, la conception de la vie sociale par petites républiques, qui, chez Rousseau, vient sans doute de Genève, trouve son pendant chez Tolstoï quand il préconise, contrairement aux grands états organisés et à la civilisation scientifique et industrielle, des communautés paysannes et croyantes; il est permis de supposer que cette notion lui a été suggérée par la vie des paysans dans les parties de la Russie qui sont éloignées des grands centres urbains. En recueillant chez les gens simples ce qu'il y a de bon et en les secondant par les principes d'une vie chrétienne, comme Jésus la prêchait à des communautés populaires vivant du produit de leur pêche, Tolstoï construisait l'utopie de son humanité régénérée, sauvée du luxe, de l'âpre désir du gain et de tous les besoins dispendieux qu'entraîne la civilisation.

La vanité de l'existence des classes riches en Russie, qu'il voyait livrées au plaisir et sans souci des progrès du peuple, l'éloignement entre la manière de vivre des privilégiés et de la masse, les abus innombrables auxquels donnait lieu cette inégalité, avaient attristé Tolstoï, et faisant un retour sur lui-même, il s'était découvert pour les humbles une immense sympathie.

Mais ces influences sociales et les besoins nouveaux qui naissaient de la réaction contre les abus de l'inégalité, tout en expliquant certains aspects de la morale de Tolstoï, doivent être complétés par les facteurs personnels à l'écrivain; nous les avons signalés au courant de notre étude. Il suffit de rappeler la critique qu'il exerça sur ses propres actes, la lutte qu'il soutint en sa conscience contre la sensualité et la vanité, et surtout ce caractère essentiel du génie, de pouvoir comprendre mieux les choses et les hommes, de s'élever à la conception d'une justice plus haute et d'une vie plus digne, plus détachée des contingences et des petitesses. Il faut pour cela une grande sincérité. Et, comme ils se ressemblent par leur sincérité, Rousseau et Tolstoï se rapprochent par la faculté de s'analyser et de discuter avec force et pénétration leur expérience individuelle.

Enfin, le résultat des tendances sociales devinées et dégagées par le penseur génial, se combinant avec ses tendances personnelles, donne un système d'action, un ensemble d'idées sur la vie et la morale : cet ensemble d'idées résulte d'une élévation de la pensée qui va de l'expérience sociale et psychologique à la conception de vérités valables non pour un homme ni pour un temps, mais pour l'humanité. Ce travail se fait sous le contrôle logique des lois rationnelles acquises par l'exercice de la pensée. Et, si le contenu dont elles remplissent l'idéal présente des différences, il n'en est pas moins vrai qu'entre ces différents idéaux quelque chose de commun subsiste : le travail de l'esprit pour découvrir le sens des choses, pour indiquer la voie qu'il convient le mieux que nous suivions, afin de réaliser le plus largement nos possibilités humaines. C'est ainsi que des morales qu'il jugeait les plus proches de la vie véritable, Tolstoï tentait d'extraire la quintessence et de fondre finalement ce qui lui paraissait le plus pleinement humain en elles avec les tendances de son propre cœur et les données d'une observation directe et d'un effort à comprendre, portés vers plus de bonté et de justice. Les modalités diffèrent de système à système; mais la vie intérieure qui les anime toutes importe surtout. L'essentiel est que nous la sentions à travers une œuvre et qu'elle éveille notre conscience.

GEORGES DWELSHAUVERS.

L'éditeur-gérant : MAX LECLERC.

Coulommiers. — Imp. PAUL BRODARD.

Revue de Métaphysique et de Morale

Secrétaire de la Rédaction : M. XAVIER LÉON

Extrait du numéro spécialement consacré à J.-J. ROUSSEAU

(Mai 1912).

Librairie Armand Colin

5, rue de Mézières, Paris

Publication paraissant tous les deux mois. — Le numéro : 3 francs. — (6 numéros) : France et Colonies, 12 fr.; Union postale, 15 fr. (Les abonnements partent du 15 Janvier).

Revue de Métaphysique et de Morale

Secrétaire de la Rédaction : M. XAVIER LÉON

Extrait du numéro spécialement consacré à J.-J. ROUSSEAU

(Mai 1912).

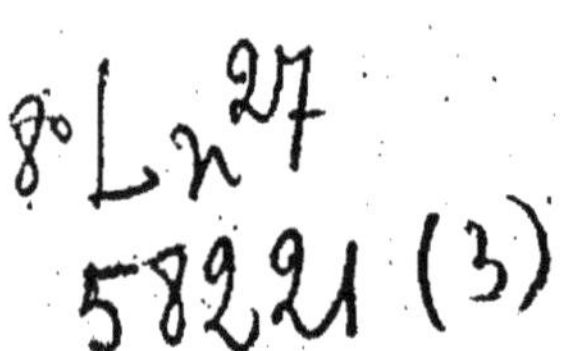

Librairie Armand Colin

5, rue de Mézières, Paris

Publication paraissant tous les deux mois. — Le numéro : 3 francs. —
…n (6 numéros) : France et Colonies, 12 fr.; Union postale, 15 fr.
… abonnements partent du 15 Janvier).

Revue de Métaphysique et de Morale

Secrétaire de la Rédaction : M. XAVIER LÉON

Extrait du numéro spécialement consacré à J.-J. ROUSSEAU

(Mai 1912).

Librairie Armand Colin

5, rue de Mézières, Paris

Publication paraissant tous les deux mois. — Le numéro : 3 francs. — [Abonnement] (6 numéros) : France et Colonies, 12 fr.; Union postale, 15 fr. [Les a]bonnements partent du 15 Janvier).

Revue de Métaphysique et de Morale

PARAISSANT TOUS LES DEUX MOIS

Secrétaire de la Rédaction : XAVIER LÉON

ABONNEMENT ANNUEL (de janvier)

FRANCE ET COLONIES. . . . 12 fr. » | UNION POSTALE. . . . . . 15 fr. »

Le numéro.............................. 3 fr. »

Chaque année de la *Revue de Métaphysique et de Morale* (un fort volume in-8° raisin, broché) est mise en vente au prix de **18** fr., sous réserve des exceptions suivantes :

1° En raison des numéros exceptionnels qu'elles renferment : l'année 1900 est vendue 20 fr. ; l'année 1904 est vendue 24 fr. 50; l'année 1905 et l'année 1906, chacune 20 fr.; l'année 1908, 23 fr.; l'année 1911, 22 fr. 50.

2° L'année 1893 (*Première année*) est *incomplète*, les N°s 2, 3, 5 étant épuisés.

3° L'année 1896 (prix 20 fr., en raison du numéro exceptionnel (*Descartes*) qu'elle contient), et l'année 1903, dont il ne reste qu'un très petit nombre d'exemplaires, ne peuvent être vendues qu'aux acheteurs de la collection.

Les N^{os} des années parues, non épuisés, peuvent être fournis au prix de 3 fr. chacun. — Sont épuisés les N°s 2, 3 et 5 de *1893*; 4 et 5 de *1895*; 4 de *1896*; 1 de *1900*; 4 de *1902*; 1 de *1903*.)

La **Revue de Métaphysique et de Morale** s'est proposé de restaurer en France l'étude de la philosophie conçue dans son unité comme la discipline supérieure de la connaissance et de l'action.

L'idée même d'une telle discipline avait été oblitérée par suite des progrès de l'esprit positiviste qui démembre la philosophie en sciences spéciales, presque les plus spéciales de toutes, et partant les plus étrangères à la pensée spéculative.

Pour rétablir cette idée et pour rendre par là à la philosophie, autant que possible, la place qui lui appartient dans la direction de la vie pratique, la **Revue de Métaphysique et de Morale** a fait appel aux esprits spéculatifs qui pouvaient se rencontrer et mettre en valeur leurs méditations solitaires.

Chacun de ses numéros contient :

des *Articles de fond* consacrés à des problèmes de Psychologie, de Métaphysique, de Morale, de Sociologie, de Philosophie des Sciences, de Logique générale, d'Histoire de la Philosophie ;

des *Études critiques* relatives aux ouvrages récemment parus;

des *Discussions* relatives aux questions de l'Enseignement;

des *Questions pratiques* et un *Supplément bibliographique* consacré aux ouvrages soumis, aux analyses des revues et périodiques, aux échos et nouvelles, etc.

Revue de Métaphysique et de Morale

Secrétaire de la Rédaction : **M. XAVIER LÉON**

Extrait du numéro spécialement consacré à J.-J. ROUSSEAU

(Mai 1912).

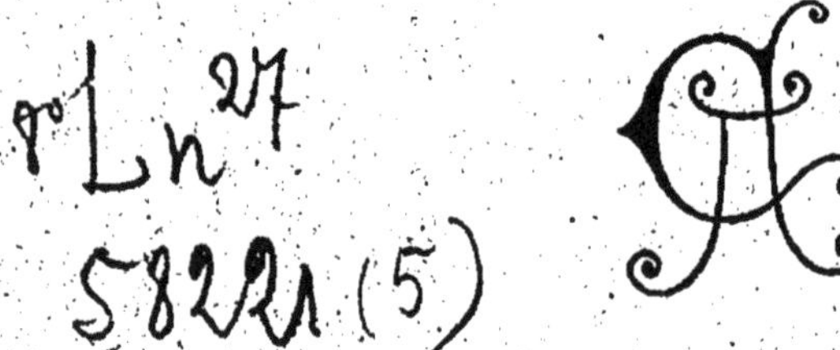

Librairie Armand Colin

5, rue de Mézières, Paris

Publication paraissant tous les deux mois. — Le numéro : 3 francs. — Un an (6 numéros) : France et Colonies, 12 fr.; Union postale, 15 fr.

(Les abonnements partent du 15 Janvier).

Revue de Métaphysique et de Morale

Secrétaire de la Rédaction : M. XAVIER LÉON

Extrait du numéro spécialement consacré à J.-J. ROUSSEAU

(Mai 1912).

Librairie Armand Colin

5, rue de Mézières, Paris

Publication paraissant tous les deux mois. — Le numéro : 3 francs. —
(6 numéros) : France et Colonies, 12 fr.; Union postale, 15 fr.
…onnements partent du 15 Janvier).

Revue
de
Métaphysique
et de
Morale

Secrétaire de la Rédaction : M. XAVIER LÉON

Extrait du numéro spécialement consacré à J.-J. ROUSSEAU

(Mai 1912).

Librairie Armand Colin

5, rue de Mézières, Paris

Publication paraissant tous les deux mois. — Le numéro : 3 francs. — Un an (6 numéros) : France et Colonies; 12 fr.; Union postale, 15 fr. (Les abonnements partent du 15 Janvier).

LIBRAIRIE ARMAND COLIN, rue de Mézières, 5, PARIS

Bulletin
de la
Société française de Philosophie

HUIT NUMÉROS PAR AN

Administrateur : XAVIER LÉON | *Secrétaire général :* ANDRÉ LALANDE

ABONNEMENT ANNUEL (de janvier)

FRANCE ET COLONIES. . . . 8 fr. » | UNION POSTALE. . . . . . . 10 fr. »

Le numéro : 1 fr. 50

Bibliographie de la Philosophie française . . . . 4 fr.

La **Société française de Philosophie** a été constituée au lendemain du premier Congrès international de Philosophie et comme sa consécration. Elle se propose essentiellement de remédier à la dispersion des travaux philosophiques en créant un centre de communications et d'informations; de travailler au rapprochement des savants et des philosophes; d'instituer entre ceux-ci des discussions pour préciser le sens et la position des différents problèmes; de critiquer et de déterminer le langage philosophique; de s'occuper des questions relatives à l'enseignement de la philosophie; de préparer l'organisation des futurs Congrès; d'instituer une *Bibliographie philosophique* de la langue française.

Elle se réunit une fois par mois à la Sorbonne, de novembre à juin; chacune de ces séances comporte l'exposé par un des membres de la Société d'une question choisie parmi celles qui rentrent dans son objet et la discussion de cette question par les autres membres.

La *Société française de Philosophie* étant une société fermée, le public n'est pas admis à ses séances. Mais la Société estimant que ses travaux, en dehors du cercle restreint de ses membres actifs, pourraient intéresser tous les amis de la philosophie, a décidé de publier le compte rendu *in extenso* de ses séances en une série de fascicules constituant le *Bulletin* de la Société. Il paraît 8 fascicules par an. Le dernier fascicule est consacré, depuis 1910, à la *Bibliographie de la Philosophie française* pour l'année antérieure.

Ainsi pourra profiter des discussions de la Société le public philosophique tout entier, et les lecteurs du *Bulletin* deviendront, par leur réflexion, les collaborateurs d'une œuvre aussi intéressante.

Coulommiers. — Imp. PAUL BRODARD.

LIBRAIRIE ARMAND COLIN, rue de Mézières, 5, PARIS

Bulletin
de la
Société française de Philosophie

HUIT NUMÉROS PAR AN

Administrateur : **XAVIER LÉON** | *Secrétaire général :* **ANDRÉ LALANDE**

ABONNEMENT ANNUEL (de janvier)

FRANCE ET COLONIES. . . . 8 fr. » | UNION POSTALE. . . . . . 10 fr. »

Le numéro : 1 fr. 50

Bibliographie de la Philosophie française . . . . 4 fr.

La **Société française de Philosophie** a été constituée au lendemain du premier Congrès international de Philosophie et comme sa consécration. Elle se propose essentiellement de remédier à la dispersion des travaux philosophiques en créant un centre de communications et d'informations; de travailler au rapprochement des savants et des philosophes; d'instituer entre ceux-ci des discussions pour préciser le sens et la position des différents problèmes; de critiquer et de déterminer le langage philosophique; de s'occuper des questions relatives à l'enseignement de la philosophie; de préparer l'organisation des futurs Congrès; d'instituer une *Bibliographie philosophique* de la langue française.

Elle se réunit une fois par mois à la Sorbonne, de novembre à juin; chacune de ces séances comporte l'exposé par un des membres de la Société d'une question choisie parmi celles qui rentrent dans son objet et la discussion de cette question par les autres membres.

La *Société française de Philosophie* étant une société fermée, le public n'est pas admis à ses séances. Mais la Société estimant que ses travaux, en dehors du cercle restreint de ses membres actifs, pourraient intéresser tous les amis de la philosophie, a décidé de publier le compte rendu *in extenso* de ses séances en une série de fascicules constituant le *Bulletin* de la Société. Il paraît 8 fascicules par an. Le dernier fascicule est consacré, depuis 1910, à la *Bibliographie de la Philosophie française* pour l'année antérieure.

Ainsi pourra profiter des discussions de la Société le public philosophique tout entier, et les lecteurs du *Bulletin* deviendront, par leur réflexion, les collaborateurs d'une œuvre aussi intéressante.

— 891 —

Coulommiers. — Imp. PAUL BRODARD.

Revue de Métaphysique et de Morale

NUMÉROS EXCEPTIONNELS ET SUPPLÉMENTAIRES

Ier Congrès international de Philosophie, Paris, 1er-5 Août 1900 (Numéro de septembre 1900). Prix de ce numéro (214 pages). . . . . 5 fr. »

IIe Congrès international de Philosophie, Genève, 4-8 Septembre 1904 (Numéro de novembre 1904). Prix de ce numéro (240 pages). . . . . 5 fr. »

IIIe Congrès international de Philosophie, Heidelberg, 31 Août-5 Septembre 1908 (Numéro de novembre 1908). Prix de ce numéro (400 pages). . . . . . . 8 fr. »

IVe Congrès international de Philosophie, Bologne, 6-11 avril 1911 (Numéro de juillet 1911). Prix de ce numéro (288 pages). . . . . 7 fr. 50

Centenaire de la mort de Kant (Numéro de mai 1904). Prix de ce numéro (370 pages), avec *un portrait de Kant* en héliogravure. . . . . 7 fr. 50

Cournot (mai 1905). Prix de ce numéro (264 pages), avec *une héliogravure*. . 5 fr. »

Six Manuscrits inédits de Maine de Biran (Numéro *supplémentaire* de mai 1906). Prix de ce numéro. . . . . 2 fr. »

Trois Lettres d'Epicure (Numéro *supplémentaire* de mai 1910) . . 1 fr. »

2e Centenaire de la naissance de J.-J. Rousseau (mai 1912) . . . . 5 fr. »

BIBLIOTHÈQUE DU CONGRÈS INTERNATIONAL DE PHILOSOPHIE

I. — **Philosophie générale et Métaphysique.** . . . . (*Épuisé*)

II. — **Morale générale.** In-8° de 430 pages, br. . . . . 12 fr. 50

BIRCH-REICHENWALD AARS : La responsabilité morale. — BELOT : La véracité. — BOUGLÉ : Sociologie en action sociale. — BUISSON : L'idée de sanction en morale. — Dr CARUS : La religion de la science. — RAUH : Notes sur l'idée de justice. — Mrs RUSSELL : L'éducation des femmes. — RUYSSEN : De la méthode dans la philosophie de la paix. — MOCH : L'arbitrage universel. — BAROY : Les sociétés de culture morale en Amérique. — STANTON COIT : Le mouvement éthique en Angleterre, etc., etc.

III. — **Logique et Histoire des Sciences.** In-8° de 690 p., br. 25 fr. »

CANTOR : Origines du calcul infinitésimal. — MILHAUD : Note sur les origines du calcul infinitésimal. — BOUASSE : Sur l'histoire des principes de la thermodynamique. — MAC COLL : La logique symbolique et ses applications. — JOHNSON : Sur la théorie des équations logiques. — SCHRÖDER : Sur une extension de l'idée d'ordre. — BURALI-FORTI : Sur les différentes méthodes logiques pour la définition du nombre réel. — PADOA : Essai d'une théorie algébrique des nombres entiers. — MACFARLANE : Les idées et principes du calcul géométrique. — LECHALAS : De la comparabilité des divers espaces. — HADAMARD : Note sur l'induction et la généralisation en mathématiques. — BLONDLOT : Exposé des principes de la mécanique. — POINCARÉ : Sur les principes de la mécanique, etc.

IV. — **Histoire de la Philosophie.** In-8° de 530 p., br. . . . 12 fr. 50

BOUTROUX : De l'objet et de la méthode dans l'histoire de la philosophie. — BERTHELOT : L'idée de physique mathématique chez les philosophes grecs entre Pythagore et Platon. — BROCHARD et DAURIAC : Le devenir dans la philosophie de Platon. — F. C. S. SCHILLER : Sur la conception de l'ἐνέργεια ἀκινησίας. — TANNERY : Des principes de la science de la nature chez Aristote. — LYON : La logique inductive dans l'école épicurienne. — PICAVET : La valeur de la scolastique. — DELBOS : Sur la notion de l'expérience dans la philosophie de Kant. — BELOT : L'idée et la méthode de la philosophie chez Auguste Comte, etc.

LIBRAIRIE ARMAND COLIN, rue de Mézières, 5, PARIS

Bulletin de la Société française de Philosophie

HUIT NUMÉROS PAR AN

Administrateur : XAVIER LÉON | *Secrétaire général :* ANDRÉ LALANDE

ABONNEMENT ANNUEL *(de janvier)*

FRANCE ET COLONIES. . . . 8 fr. » | UNION POSTALE. . . . . . 10 fr. »

Le numéro : 1 fr. 50

Bibliographie de la Philosophie française . . . . 4 fr.

La **Société française de Philosophie** a été constituée au lendemain du premier Congrès international de Philosophie et comme sa consécration. Elle se propose essentiellement de remédier à la dispersion des travaux philosophiques en créant un centre de communications et d'informations; de travailler au rapprochement des savants et des philosophes; d'instituer entre ceux-ci des discussions pour préciser le sens et la position des différents problèmes; de critiquer et de déterminer le langage philosophique; de s'occuper des questions relatives à l'enseignement de la philosophie; de préparer l'organisation des futurs Congrès; d'instituer une *Bibliographie philosophique* de la langue française.

Elle se réunit une fois par mois à la Sorbonne, de novembre à juin; chacune de ces séances comporte l'exposé par un des membres de la Société d'une question choisie parmi celles qui rentrent dans son objet et la discussion de cette question par les autres membres.

La *Société française de Philosophie* étant une société fermée, le public n'est pas admis à ses séances. Mais la Société estimant que ses travaux, en dehors du cercle restreint de ses membres actifs, pourraient intéresser tous les amis de la philosophie, a décidé de publier le compte rendu *in extenso* de ses séances en une série de fascicules constituant le *Bulletin* de la Société. Il paraît 8 fascicules par an. Le dernier fascicule est consacré, depuis 1910, à la *Bibliographie de la Philosophie française* pour l'année antérieure.

Ainsi pourra profiter des discussions de la Société le public philosophique tout entier, et les lecteurs du *Bulletin* deviendront, par leur réflexion, les collaborateurs d'une œuvre aussi intéressante.

891 —

Coulommiers. — Imp. PAUL BRODARD.

Revue de Métaphysique et de Morale

NUMÉROS EXCEPTIONNELS ET SUPPLÉMENTAIRES

Ier Congrès international de Philosophie, Paris, 1er-5 Août 1900 (Numéro de septembre 1900). Prix de ce numéro (214 pages). . . . . 5 fr. »

IIe Congrès international de Philosophie, Genève, 4-8 Septembre 1904 (Numéro de novembre 1904). Prix de ce numéro (240 pages). . . . . 5 fr. »

IIIe Congrès international de Philosophie, Heidelberg, 31 Août-5 Septembre 1908 (Numéro de novembre 1908). Prix de ce numéro (400 pages). . . . . . . 8 fr. »

IVe Congrès international de Philosophie, Bologne, 6-11 avril 1911 (Numéro de juillet 1911). Prix de ce numéro (288 pages). . . . . 7 fr. 50

Centenaire de la mort de Kant (Numéro de mai 1904). Prix de ce numéro (370 pages), avec *un portrait de Kant* en héliogravure. . . . . 7 fr. 50

Cournot (mai 1905). Prix de ce numéro (264 pages), avec *une héliogravure*. 5 fr. »

Six Manuscrits inédits de Maine de Biran (Numéro *supplémentaire* de mai 1906). Prix de ce numéro. . . . . 2 fr. »

Trois Lettres d'Epicure (Numéro *supplémentaire* de mai 1910) . . 1 fr. »

2e Centenaire de la naissance de J.-J. Rousseau (mai 1912) . . . . 5 fr. »

BIBLIOTHÈQUE DU CONGRÈS INTERNATIONAL DE PHILOSOPHIE

I. — **Philosophie générale et Métaphysique**. . . . . (*Épuisé*)

II. — **Morale générale**. In-8° de 430 pages, br. . . . . 12 fr. 50

Birch Reichenwald Aars : La responsabilité morale. — Belot : La véracité. — Bouglé : Sociologie en action sociale. — Buisson : L'idée de sanction en morale. — Dr Carus : La religion de la science. — Rauh : Notes sur l'idée de justice. — Mrs Russell : L'éducation des femmes. — Ruyssen : De la méthode dans la philosophie de la paix. — Moch : L'arbitrage universel. — Baroy : Les sociétés de culture morale en Amérique. — Stanton Coit : Le mouvement éthique en Angleterre, etc., etc.

III. — **Logique et Histoire des Sciences**. In-8° de 600 p., br. 25 fr. »

Cantor : Origines du calcul infinitésimal. — Milhaud : Note sur les origines du calcul infinitésimal. — Bouasse : Sur l'histoire des principes de la thermodynamique. — Mac Coll : La logique symbolique et ses applications. — Johnson : Sur la théorie des équations logiques. — Schröder : Sur une extension de l'idée d'ordre. — Burali-Forti : Sur les différentes méthodes logiques pour la définition du nombre réel. — Padoa : Essai d'une théorie algébrique des nombres entiers. — Macfarlane : Les idées et principes du calcul géométrique. — Lechalas : De la comparabilité des divers espaces. — Hadamard : Note sur l'induction et la généralisation en mathématiques. — Blondlot : Exposé des principes de la mécanique. — Poincaré : Sur les principes de la mécanique, etc.

IV. — **Histoire de la Philosophie**. In-8° de 530 p., br. . . 12 fr. 50

Boutroux : De l'objet et de la méthode dans l'histoire de la philosophie. — Berthelot : L'idée de physique mathématique chez les philosophes grecs entre Pythagore et Platon. — Brochard et Dauriac : Le devenir dans la philosophie de Platon. — F. C. S. Schiller : Sur la conception de l'ἐνέργεια ἀκινησίας. — Tannery : Des principes de la science de la nature chez Aristote. — Lyon : La logique inductive dans l'école épicurienne. — Picavet : La valeur de la scolastique. — Delbos : Sur la notion de l'expérience dans la philosophie de Kant. — Belot : L'idée et la méthode de la philosophie chez Auguste Comte, etc.

Coulommiers. — Imp. PAUL BRODARD.

Revue de Métaphysique et de Morale

NUMÉROS EXCEPTIONNELS ET SUPPLÉMENTAIRES

Ier Congrès international de Philosophie, Paris, 1er-5 Août 1900 (Numéro de septembre 1900). Prix de ce numéro (214 pages). . . . . 5 fr. »

IIe Congrès international de Philosophie, Genève, 4-8 Septembre 1904 (Numéro de novembre 1904). Prix de ce numéro (240 pages). . . . . 5 fr. »

IIIe Congrès international de Philosophie, Heidelberg, 31 Août-5 Septembre 1908 (Numéro de novembre 1908). Prix de ce numéro (400 pages). . . . . 8 fr. »

IVe Congrès international de Philosophie, Bologne, 6-11 avril 1911 (Numéro de juillet 1911). Prix de ce numéro (288 pages). . . . . 7 fr. 50

Centenaire de la mort de Kant (Numéro de mai 1904). Prix de ce numéro (370 pages), avec *un portrait de Kant* en héliogravure. . . . . 7 fr. 50

Cournot (mai 1905). Prix de ce numéro (264 pages), avec *une héliogravure*. 5 fr. »

Six Manuscrits inédits de Maine de Biran (Numéro *supplémentaire* de mai 1906). Prix de ce numéro. . . . . 2 fr. »

Trois Lettres d'Epicure (Numéro *supplémentaire* de mai 1910) . . 1 fr. »

2e Centenaire de la naissance de J.-J. Rousseau (mai 1912) . . . . 5 fr. »

BIBLIOTHÈQUE DU CONGRÈS INTERNATIONAL DE PHILOSOPHIE

I. — **Philosophie générale et Métaphysique.** . . . . (*Épuisé*)

II. — **Morale générale.** In-8° de 430 pages, br. . . . . 12 fr. 50

Birch Reichenwald Aars : La responsabilité morale. — Belot : La véracité. — Bouglé : Sociologie en action sociale. — Buisson : L'idée de sanction en morale. — Dr Carus : La religion de la science. — Rauh : Notes sur l'idée de justice. — Mrs Russell : L'éducation des femmes. — Ruyssen : De la méthode dans la philosophie de la paix. — Moch : L'arbitrage universel. — Barby : Les sociétés de culture morale en Amérique. — Stanton Coit : Le mouvement éthique en Angleterre, etc., etc.

III. — **Logique et Histoire des Sciences.** In-8° de 690 p., br. 25 fr. »

Cantor : Origines du calcul infinitésimal. — Milhaud : Note sur les origines du calcul infinitésimal. — Bouasse : Sur l'histoire des principes de la thermodynamique. — Mac Coll : La logique symbolique et ses applications. — Johnson : Sur la théorie des équations logiques. — Schröder : Sur une extension de l'idée d'ordre. — Burali-Forti : Sur les différentes méthodes logiques pour la définition du nombre réel. — Padoa : Essai d'une théorie algébrique des nombres entiers. — Macfarlane : Les idées et principes du calcul géométrique. — Lechalas : De la comparabilité des divers espaces. — Hadamard : Note sur l'induction et la généralisation en mathématiques. — Blondlot : [illegible] osé des principes de la mécanique. — Poincaré : Sur les principes de la mécanique, etc.

IV. — **Histoire de la Philosophie.** In-8° de 530 p., br. . . 12 fr. 50

Boutroux : De l'objet et de la méthode dans l'histoire de la philosophie. — Berthelot : L'idée de physique mathématique chez les philosophes grecs entre Pythagore et Platon. — Brochard et Dauriac : Le devenir dans la philosophie de Platon. — F. C. S. Schiller : Sur la conception de l'ἐνέργεια ἀκινησίας. — Tannery : Des principes de la science de la nature chez Aristote. — Lyon : La logique inductive dans l'école épicurienne. — Picavet : La valeur de la scolastique. — Delbos : Sur la notion de l'expérience dans la philosophie de Kant. — Belot : L'idée et la méthode de la philosophie chez Auguste Comte, etc.

LIBRAIRIE ARMAND COLIN, rue de Mézières, 5, PARIS

Bulletin de la Société française de Philosophie

HUIT NUMÉROS PAR AN

Administrateur :	*Secrétaire général :*
XAVIER LÉON	**ANDRÉ LALANDE**

ABONNEMENT ANNUEL (*de janvier*)

France et Colonies. . . . 8 fr. » | Union postale. . . . . . . 10 fr. »

Le numéro : 1 fr. 50

Bibliographie de la Philosophie française . . . . 4 fr.

La **Société française de Philosophie** a été constituée au lendemain du premier Congrès international de Philosophie et comme sa consécration. Elle se propose essentiellement de remédier à la dispersion des travaux philosophiques en créant un centre de communications et d'informations; de travailler au rapprochement des savants et des philosophes; d'instituer entre ceux-ci des discussions pour préciser le sens et la position des différents problèmes; de critiquer et de déterminer le langage philosophique; de s'occuper des questions relatives à l'enseignement de la philosophie; de préparer l'organisation des futurs Congrès; d'instituer une *Bibliographie philosophique* de la langue française.

Elle se réunit une fois par mois à la Sorbonne, de novembre à juin; chacune de ces séances comporte l'exposé par un des membres de la Société d'une question choisie parmi celles qui rentrent dans son objet et la discussion de cette question par les autres membres.

La *Société française de Philosophie* étant une société fermée, le public n'est pas admis à ses séances. Mais la Société estimant que ses travaux, en dehors du cercle restreint de ses membres actifs, pourraient intéresser tous les amis de la philosophie, a décidé de publier le compte rendu *in extenso* de ses séances en une série de fascicules constituant le *Bulletin* de la Société. Il paraît 8 fascicules par an. Le dernier fascicule est consacré, depuis 1910, à la *Bibliographie de la Philosophie française* pour l'année antérieure.

Ainsi pourra profiter des discussions de la Société le public philosophique tout entier, et les lecteurs du *Bulletin* deviendront, par leur réflexion, les collaborateurs d'une œuvre aussi intéressante.

Coulommiers. — Imp. Paul BRODARD.

Revue de Métaphysique et de Morale

Secrétaire de la Rédaction : M. XAVIER LÉON

Extrait du numéro spécialement consacré à J.-J. ROUSSEA

(Mai 1912).

Librairie Armand Colin

5, rue de Mézières, Paris

…lication paraissant tous les deux mois. — Le numéro : 3 francs. —
(6 numéros) : France et Colonies, 12 fr.; Union postale, 15 fr
abonnements partent du 15 Janvier).

Bulletin
de la
Société française de Philosophie

HUIT NUMÉROS PAR AN

Administrateur : XAVIER LÉON | *Secrétaire général :* ANDRÉ LALANDE

***ABONNEMENT ANNUEL** (de janvier)*

FRANCE ET COLONIES. . . . . 8 fr. » | UNION POSTALE. . . . . . . 10 fr. »

Le numéro : 1 fr. 50

Bibliographie de la Philosophie française . . . . 4 fr.

La **Société française de Philosophie** a été constituée au lendemain du premier Congrès international de Philosophie et comme sa consécration. Elle se propose essentiellement de remédier à la dispersion des travaux philosophiques en créant un centre de communications et d'informations; de travailler au rapprochement des savants et des philosophes; d'instituer entre ceux-ci des discussions pour préciser le sens et la position des différents problèmes; de critiquer et de déterminer le langage philosophique; de s'occuper des questions relatives à l'enseignement de la philosophie; de préparer l'organisation des futurs Congrès; d'instituer une *Bibliographie philosophique* de la langue française.

Elle se réunit une fois par mois à la Sorbonne, de novembre à juin; chacune de ces séances comporte l'exposé par un des membres de la Société d'une question choisie parmi celles qui rentrent dans son objet et la discussion de cette question par les autres membres.

La *Société française de Philosophie* étant une société fermée, le public n'est pas admis à ses séances. Mais la Société estimant que ses travaux, en dehors du cercle restreint de ses membres actifs, pourraient intéresser tous les amis de la philosophie, a décidé de publier le compte rendu *in extenso* de ses séances en une série de fascicules constituant le *Bulletin* de la Société. Il paraît 8 fascicules par an. Le dernier fascicule est consacré, depuis 1910, à la *Bibliographie de la Philosophie française* pour l'année antérieure.

Ainsi pourra profiter des discussions de la Société le public philosophique tout entier, et les lecteurs du *Bulletin* deviendront, par leur réflexion, les collaborateurs d'une œuvre aussi intéressante.

— 891 —

Coulommiers. — Imp. PAUL BRODARD.

u

de

Métaphysique

et de

Morale

Secrétaire de la Rédaction : M. XAVIER LÉON

Extrait du numéro spécialement consacré à J.-J. ROUSSEAU

(Mai 1912).

Librairie Armand Colin

5, rue de Mézières, Paris

Publication paraissant tous les deux mois. — Le numéro : 3 francs. — Un an (6 numéros) : France et Colonies, 12 fr.; Union postale, 15 fr.

(Les abonnements partent du 15 Janvier).

LIBRAIRIE ARMAND COLIN, rue de Mézières, 5, PARIS

Revue de Métaphysique et de Morale

PARAISSANT TOUS LES DEUX MOIS

Secrétaire de la Rédaction : **XAVIER LÉON**

ABONNEMENT ANNUEL (de janvier)

FRANCE ET COLONIES. . . . 12 fr. » | UNION POSTALE. . . . . . 15 fr. »

Le numéro.......................... 3 fr. »

Chaque année de la *Revue de Métaphysique et de Morale* (un fort volume in-8° raisin, broché) est mise en vente au prix de **18** fr., sous réserve des exceptions suivantes :

1° En raison des numéros exceptionnels qu'elles renferment : l'année 1900 est vendue 20 fr.; l'année 1904 est vendue 24 fr. 50; l'année 1905 et l'année 1906, chacune 20 fr.; l'année 1908, 23 fr.; l'année 1911, 22 fr. 50.

2° L'année 1893 (*Première année*) est *incomplète*, les Nos 2, 3, 5 étant épuisés.

3° L'année 1896 (prix 20 fr., en raison du numéro exceptionnel (*Descartes*) qu'elle contient), et l'année 1903, dont il ne reste qu'un très petit nombre d'exemplaires, ne peuvent être vendues qu'aux acheteurs de la collection.

Les Nos des années parues, non épuisés, peuvent être fournis au prix de 3 fr. chacun. — Sont épuisés les Nos 2, 3 et 5 de *1893*; 4 et 5 de *1895*; 4 de *1896*; 1 de *1900*; 4 de *1902*; 1 de *1903*.

La **Revue de Métaphysique et de Morale** s'est proposé de restaurer en France l'étude de la philosophie conçue dans son unité comme la discipline supérieure de la connaissance et de l'action.

L'idée même d'une telle discipline avait été oblitérée par suite des progrès de l'esprit positiviste qui démembre la philosophie en sciences spéciales, presque les plus spéciales de toutes, et partant les plus étrangères à la pensée spéculative.

Pour rétablir cette idée et pour rendre par là à la philosophie, autant que possible, la place qui lui appartient dans la direction de la vie pratique, la **Revue de Métaphysique et de Morale** a fait appel aux esprits spéculatifs qui pouvaient se rencontrer et mettre en valeur leurs méditations solitaires.

Chacun de ses numéros contient :

des *Articles de fond* consacrés à des problèmes de Psychologie, de Métaphysique, de Morale, de Sociologie, de Philosophie des Sciences, de Logique générale, d'Histoire de la Philosophie ;

des *Etudes critiques* relatives aux ouvrages récemment parus;

des *Discussions* relatives aux questions de l'Enseignement;

des *Questions pratiques* et un *Supplément bibliographique* consacré aux ouvrages soumis, aux analyses des revues et périodiques, aux échos et nouvelles, etc.

Revue de Métaphysique et de Morale

Secrétaire de la Rédaction : **M. XAVIER LÉON**

Extrait du numéro spécialement consacré à J.-J. ROUSSEA[U]

(Mai 1912).

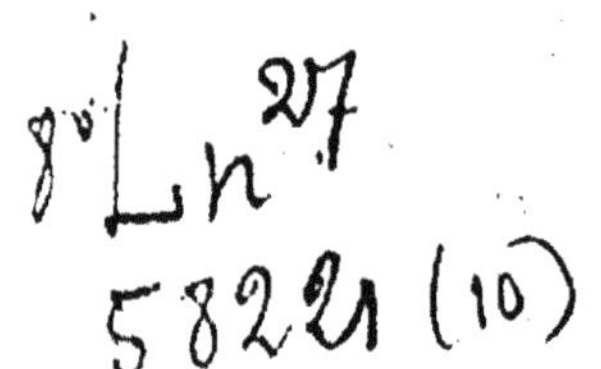

Librairie Armand Colin

5, rue de Mézières, Paris

Publication paraissant tous les deux mois. — Le numéro : 3 francs. —
Un an (6 numéros) : France et Colonies, 12 fr.; Union postale, 15 fr.
(Les abonnements partent du 15 Janvier).

Revue
de
Métaphysique
et de
Morale

Secrétaire de la Rédaction : M. XAVIER LÉON

Extrait du numéro spécialement consacré à J.-J. ROUSSEA

(Mai 1912).

Librairie Armand Colin

5, rue de Mézières, Paris

Publication paraissant tous les deux mois. — Le numéro : 3 francs. — Un an (6 numéros) : France et Colonies, 12 fr.; Union postale, 15 fr.

(Les abonnements partent du 15 Janvier).

Revue
de
Métaphysiqu
et de
Morale

Secrétaire de la Rédaction : **M. XAVIER LÉON**

Extrait du numéro spécialement consacré à J.-J. ROUSSEA

(Mai 1912).

Librairie Armand Colin

5, rue de Mézières, Paris

Publication paraissant tous les deux mois. — Le numéro : 3 francs. —
Un an (6 numéros) : France et Colonies, 12 fr.; Union postale, 15 fr.
s abonnements partent du 15 Janvier).

Revue de Métaphysique et de Morale

PARAISSANT TOUS LES DEUX MOIS

Secrétaire de la Rédaction : **XAVIER LÉON**

***ABONNEMENT ANNUEL** (de janvier)*

FRANCE ET COLONIES. . . . 12 fr. » | UNION POSTALE. . . . . . . 15 fr. »

Le numéro. . . . . 3 fr. »

Chaque année de la *Revue de Métaphysique et de Morale* (un fort volume in-8° raisin, broché) est mise en vente au prix de **18 fr.**, sous réserve des exceptions suivantes :

1° En raison des numéros exceptionnels qu'elles renferment : l'année 1900 est vendue 20 fr.; l'année 1904 est vendue 24 fr. 50; l'année 1905 et l'année 1906, chacune 20 fr.; l'année 1908, 23 fr.; l'année 1911, 22 fr. 50.

2° L'année 1893 (*Première année*) est *incomplète*, les N°s 2, 3, 5 étant épuisés.

3° L'année 1896 (prix 20 fr., en raison du numéro exceptionnel (*Descartes*) qu'elle contient), et l'année 1903, dont il ne reste qu'un très petit nombre d'exemplaires, ne peuvent être vendues qu'aux acheteurs de la collection.

Les N°s des années parues, non épuisés, peuvent être fournis au prix de 3 fr. chacun. — Sont épuisés les N°s 2, 3 et 5 de *1893*; 4 et 5 de *1895*; 4 de *1896*; 1 de *1900*; 4 de *1902*; 1 de *1903*.

La **Revue de Métaphysique et de Morale** s'est proposé de restaurer en France l'étude de la philosophie conçue dans son unité comme la discipline supérieure de la connaissance et de l'action.

L'idée même d'une telle discipline avait été oblitérée par suite des progrès de l'esprit positiviste qui démembre la philosophie en sciences spéciales, presque les plus spéciales de toutes, et partant les plus étrangères à la pensée spéculative.

Pour rétablir cette idée et pour rendre par là à la philosophie, autant que possible, la place qui lui appartient dans la direction de la vie pratique, la **Revue de Métaphysique et de Morale** a fait appel aux esprits spéculatifs qui pouvaient se rencontrer et mettre en valeur leurs méditations solitaires.

Chacun de ses numéros contient :

des *Articles de fond* consacrés à des problèmes de Psychologie, de Métaphysique, de Morale, de Sociologie, de Philosophie des Sciences, de Logique générale, d'Histoire de la Philosophie ;

des *Etudes critiques* relatives aux ouvrages récemment parus;

des *Discussions* relatives aux questions de l'Enseignement;

des *Questions pratiques* et un *Supplément bibliographique* consacré aux ouvrages soumis, aux analyses des revues et périodiques, aux échos et nouvelles, etc.

Revue
de
Métaphysique
et de
Morale

Secrétaire de la Rédaction : M. XAVIER LÉON

Extrait du numéro spécialement consacré à J.-J. ROUSSEA

(Mai 1912).

Librairie Armand Colin

5, rue de Mézières, Paris

Publication paraissant tous les deux mois. — Le numéro : 3 francs. —
Un an (6 numéros) : France et Colonies, 12 fr. ; Union postale, 15 fr.
(Les abonnements partent du 15 Janvier).

Revue de Métaphysique et de Moral

NUMÉROS EXCEPTIONNELS ET SUPPLÉMENTAIRES

Ier Congrès international de Philosophie, Paris, 1er-5 Août 1900 (Numéro de se tembre 1900). Prix de ce numéro (214 pages). . . . . 5 fr.

IIe Congrès international de Philosophie, Genève, 4-8 Septembre 1904 (Numéro novembre 1904). Prix de ce numéro (240 pages). . . . . 5 fr.

IIIe Congrès international de Philosophie, Heidelberg, 31 Août-5 Septembre 19 (Numéro de novembre 1908). Prix de ce numéro (400 pages). . . . . . 8 fr.

IVe Congrès international de Philosophie, Bologne, 6-11 avril 1911 (Numéro juillet 1911). Prix de ce numéro (288 pages). . . . . 7 fr.

Centenaire de la mort de Kant (Numéro de mai 1904). Prix de ce numé (370 pages), avec *un portrait de Kant* en héliogravure. . . . . 7 fr.

Cournot (mai 1905). Prix de ce numéro (264 pages), avec *une héliogravure.* 5 fr.

Six Manuscrits inédits de Maine de Biran (Numéro *supplémentaire* de mai 190 . Prix de ce numéro. . . . . 2 fr.

Trois Lettres d'Epicure (Numéro *supplémentaire* de mai 1910) . . 1 fr.

2e Centenaire de la naissance de J.-J. Rousseau (mai 1912) . . . . 5 fr.

BIBLIOTHÈQUE DU CONGRÈS INTERNATIONAL DE PHILOSOPHIE

I. — **Philosophie générale et Métaphysique.** . . . . (*Épuis*

II. — **Morale générale.** In-8° de 430 pages, br. . . . . 12 fr.

BIRCH REICHENWALD AARS : La responsabilité morale. — BELOT : La véracité. — BOUGL Sociologie en action sociale. — BUISSON : L'idée de sanction en morale. — Dr CARUS : religion de la science. — RAUH : Notes sur l'idée de justice. — Mrs RUSSELL : L'éducati des femmes. — RUYSSEN : De la méthode dans la philosophie de la paix. — MOCH : L'ar trage universel. — DAROY : Les sociétés de culture morale en Amérique. — STANTON CO Le mouvement éthique en Angleterre, etc., etc.

III. — **Logique et Histoire des Sciences.** In-8° de 690 p., br. 25 fr.

CANTOR : Origines du calcul infinitésimal. — MILHAUD : Note sur les origines du calc infinitésimal. — BOUASSE : Sur l'histoire des principes de la thermodynamique. — MAC COL La logique symbolique et ses applications. — JOHNSON : Sur la théorie des équatio logiques. — SCHRÖDER : Sur une extension de l'idée d'ordre. — BURALI-FORTI : Sur les dif rentes méthodes logiques pour la définition du nombre réel. — PADOA : Essai d'une thé rie algébrique des nombres entiers. — MACFARLANE : Les idées et principes du calcul gé métrique. — LECHALAS : De la comparabilité des divers espaces. — HADAMARD : Note s l'induction et la généralisation en mathématiques. — BLONDLOT : Exposé des principes la mécanique. — POINCARÉ : Sur les principes de la mécanique, etc.

IV. — **Histoire de la Philosophie.** In-8° de 530 p., br. . . 12 fr.

BOUTROUX : De l'objet et de la méthode dans l'histoire de la philosophie. — BERTHELO L'idée de physique mathématique chez les philosophes grecs entre Pythagore et Plat — BROCHARD et DAURIAC : Le devenir dans la philosophie de Platon. — F. C. S. SCHILLE Sur la conception de l'ἐνέργεια ἀκινησίας. — TANNERY : Des principes de la science de nature chez Aristote. — LYON : La logique inductive dans l'école épicurienne. — PICAVE La valeur de la scolastique. — DELBOS : Sur la notion de l'expérience dans la philosop de Kant. — BELOT : L'idée et la méthode de la philosophie chez Auguste Comte, etc.

LIBRAIRIE ARMAND COLIN, rue de Mézières, 5, PARIS

Bulletin
de la
Société française de Philosophie

HUIT NUMÉROS PAR AN

Administrateur :
XAVIER LÉON

Secrétaire général :
ANDRÉ LALANDE

ABONNEMENT ANNUEL *(de janvier)*

FRANCE ET COLONIES. . . . 8 fr. » | UNION POSTALE. . . . . . 10 fr. »

Le numéro : 1 fr. 50

Bibliographie de la Philosophie française . . . . 4 fr.

La **Société française de Philosophie** a été constituée au lendemain du premier Congrès international de Philosophie et comme sa consécration. Elle se propose essentiellement de remédier à la dispersion des travaux philosophiques en créant un centre de communications et d'informations ; de travailler au rapprochement des savants et des philosophes ; d'instituer entre ceux-ci des discussions pour préciser le sens et la position des différents problèmes ; de critiquer et de déterminer le langage philosophique ; de s'occuper des questions relatives à l'enseignement de la philosophie ; de préparer l'organisation des futurs Congrès ; d'instituer une *Bibliographie philosophique* de la langue française.

Elle se réunit une fois par mois à la Sorbonne, de novembre à juin ; chacune de ces séances comporte l'exposé par un des membres de la Société d'une question choisie parmi celles qui rentrent dans son objet et la discussion de cette question par les autres membres.

La *Société française de Philosophie* étant une société fermée, le public n'est pas admis à ses séances. Mais la Société estimant que ses travaux, en dehors du cercle restreint de ses membres actifs, pourraient intéresser tous les amis de la philosophie, a décidé de publier le compte rendu *in extenso* de ses séances en une série de fascicules constituant le *Bulletin* de la Société. Il paraît 8 fascicules par an. Le dernier fascicule est consacré, depuis 1910, à la *Bibliographie de la Philosophie française* pour l'année antérieure.

Ainsi pourra profiter des discussions de la Société le public philosophique tout entier, et les lecteurs du *Bulletin* deviendront, par leur réflexion, les collaborateurs d'une œuvre aussi intéressante.

Coulommiers. — Imp. PAUL BRODARD.

Revue de Métaphysique et de Morale

NUMÉROS EXCEPTIONNELS ET SUPPLÉMENTAIRES

Ier Congrès international de Philosophie, Paris, 1er-5 Août 1900 (Numéro de septembre 1900). Prix de ce numéro (214 pages). . . . . **5 fr.** »

IIe Congrès international de Philosophie, Genève, 4-8 Septembre 1904 (Numéro de novembre 1904). Prix de ce numéro (240 pages). . . . . **5 fr.** »

IIIe Congrès international de Philosophie, Heidelberg, 31 Août-5 Septembre 1908 (Numéro de novembre 1908). Prix de ce numéro (400 pages). . . . . . **8 fr.** »

IVe Congrès international de Philosophie, Bologne, 6-11 avril 1911 (Numéro de juillet 1911). Prix de ce numéro (288 pages). . . . . **7 fr. 50**

Centenaire de la mort de Kant (Numéro de mai 1904). Prix de ce numéro (370 pages), avec *un portrait de Kant* en héliogravure. . . . . **7 fr. 50**

Cournot (mai 1905). Prix de ce numéro (264 pages), avec *une héliogravure*. **5 fr.** »

Six Manuscrits inédits de Maine de Biran (Numéro *supplémentaire* de mai 1906). Prix de ce numéro. . . . . **2 fr.** »

Trois Lettres d'Epicure (Numéro *supplémentaire* de mai 1910) . . **1 fr.** »

2e Centenaire de la naissance de J.-J. Rousseau (mai 1912) . . . . **5 fr.** »

BIBLIOTHÈQUE DU CONGRÈS INTERNATIONAL DE PHILOSOPHIE

I. — Philosophie générale et Métaphysique. . . . . (*Épuisé*)

II. — Morale générale. In-8° de 430 pages, br. . . . . **12 fr. 50**

Birch Reichenwald Aars : La responsabilité morale. — Belot : La véracité. — Bouglé : Sociologie en action sociale. — Buisson : L'idée de sanction en morale. — Dr Carus : La religion de la science. — Rauh : Notes sur l'idée de justice. — Mrs Russell : L'éducation des femmes. — Ruyssen : De la méthode dans la philosophie de la paix. — Moch : L'arbitrage universel. — Baroy : Les sociétés de culture morale en Amérique. — Stanton Coit : Le mouvement éthique en Angleterre, etc., etc.

III. — Logique et Histoire des Sciences. In-8° de 690 p., br. **25 fr.** »

Cantor : Origines du calcul infinitésimal. — Milhaud : Note sur les origines du calcul infinitésimal. — Bouasse : Sur l'histoire des principes de la thermodynamique. — Mac Coll : La logique symbolique et ses applications. — Johnson : Sur la théorie des équations logiques. — Schröder : Sur une extension de l'idée d'ordre. — Burali-Forti : Sur les différentes méthodes logiques pour la définition du nombre réel. — Padoa : Essai d'une théorie algébrique des nombres entiers. — Macfarlane : Les idées et principes du calcul géométrique. — Lechalas : De la comparabilité des divers espaces. — Hadamard : Note sur l'induction et la généralisation en mathématiques. — Blondlot : Exposé des principes de la mécanique. — Poincaré : Sur les principes de la mécanique, etc.

IV. — Histoire de la Philosophie. In-8° de 530 p., br. . . **12 fr. 50**

Boutroux : De l'objet et de la méthode dans l'histoire de la philosophie. — Berthelot : L'idée de physique mathématique chez les philosophes grecs entre Pythagore et Platon. — Brochard et Dauriac : Le devenir dans la philosophie de Platon. — F. C. S. Schiller : Sur la conception de l'ἐνέργεια ἀκινησίας. — Tannery : Des principes de la science de la nature chez Aristote. — Lyon : La logique inductive dans l'école épicurienne. — Picavet : La valeur de la scolastique. — Delbos : Sur la notion de l'expérience dans la philosophie de Kant. — Belot : L'idée et la méthode de la philosophie chez Auguste Comte, etc.

LIBRAIRIE ARMAND COLIN, rue de Mézières, 5, PARIS

Bulletin
de la
Société française de Philosophie

HUIT NUMÉROS PAR AN

Administrateur : **XAVIER LÉON** | *Secrétaire général :* **ANDRÉ LALANDE**

ABONNEMENT ANNUEL (*de janvier*)

FRANCE ET COLONIES. . . . 8 fr. » | UNION POSTALE. . . . . . 10 fr. »

Le numéro : 1 fr. 50

Bibliographie de la Philosophie française . . . . 4 fr.

La **Société française de Philosophie** a été constituée au lendemain du premier Congrès international de Philosophie et comme sa consécration. Elle se propose essentiellement de remédier à la dispersion des travaux philosophiques en créant un centre de communications et d'informations; de travailler au rapprochement des savants et des philosophes; d'instituer entre ceux-ci des discussions pour préciser le sens et la position des différents problèmes; de critiquer et de déterminer le langage philosophique; de s'occuper des questions relatives à l'enseignement de la philosophie; de préparer l'organisation des futurs Congrès; d'instituer une *Bibliographie philosophique* de la langue française.

Elle se réunit une fois par mois à la Sorbonne, de novembre à juin; chacune de ces séances comporte l'exposé par un des membres de la Société d'une question choisie parmi celles qui rentrent dans son objet et la discussion de cette question par les autres membres.

La *Société française de Philosophie* étant une société fermée, le public n'est pas admis à ses séances. Mais la Société estimant que ses travaux, en dehors du cercle restreint de ses membres actifs, pourraient intéresser tous les amis de la philosophie, a décidé de publier le compte rendu *in extenso* de ses séances en une série de fascicules constituant le *Bulletin* de la Société. Il paraît 8 fascicules par an. Le dernier fascicule est consacré, depuis 1910, à la *Bibliographie de la Philosophie française* pour l'année antérieure.

Ainsi pourra profiter des discussions de la Société le public philosophique tout entier, et les lecteurs du *Bulletin* deviendront, par leur réflexion, les collaborateurs d'une œuvre aussi intéressante.

Coulommiers. — Imp. PAUL BRODARD.

— 890 —

Coulommiers. — Imp. PAUL BRODARD.

Revue de Métaphysique et de Morale

NUMÉROS EXCEPTIONNELS ET SUPPLÉMENTAIRES

Ier Congrès international de Philosophie, Paris, 1er-5 Août 1900 (Numéro de septembre 1900). Prix de ce numéro (214 pages). . . . . 5 fr. »
IIe Congrès international de Philosophie, Genève, 4-8 Septembre 1904 (Numéro de novembre 1904). Prix de ce numéro (240 pages). . . . . 5 fr. »
IIIe Congrès international de Philosophie, Heidelberg, 31 Août-5 Septembre 1908 (Numéro de novembre 1908). Prix de ce numéro (400 pages). . . . . . 8 fr. »
IVe Congrès international de Philosophie, Bologne, 6-11 avril 1911 (Numéro de juillet 1911). Prix de ce numéro (288 pages). . . . . 7 fr. 50
Centenaire de la mort de Kant (Numéro de mai 1904). Prix de ce numéro (370 pages), avec *un portrait de Kant* en héliogravure. . . . . 7 fr. 50
Cournot (mai 1905). Prix de ce numéro (264 pages), avec *une héliogravure*. 5 fr. »
Six Manuscrits inédits de Maine de Biran (Numéro *supplémentaire* de mai 1906). Prix de ce numéro. . . . . 2 fr. »
Trois Lettres d'Epicure (Numéro *supplémentaire* de mai 1910) . . 1 fr. »
2e Centenaire de la naissance de J.-J. Rousseau (mai 1912) . . . . . 5 fr. »

BIBLIOTHÈQUE DU CONGRÈS INTERNATIONAL DE PHILOSOPHIE

I. — Philosophie générale et Métaphysique. . . . . (*Épuisé*)

II. — Morale générale. In-8° de 430 pages, br. . . . . 12 fr. 50

BIRCH REICHENWALD AARS : La responsabilité morale. — BELOT : La véracité. — BOUGLÉ : Sociologie en action sociale. — BUISSON : L'idée de sanction en morale. — Dr CARUS : La religion de la science. — RAUH : Notes sur l'idée de justice. — Mrs RUSSELL : L'éducation des femmes. — RUYSSEN : De la méthode dans la philosophie de la paix. — MOCH : L'arbitrage universel. — BAROY : Les sociétés de culture morale en Amérique. — STANTON COIT : Le mouvement éthique en Angleterre, etc., etc.

III. — Logique et Histoire des Sciences. In-8° de 600 p., br. 25 fr. »

CANTOR : Origines du calcul infinitésimal. — MILHAUD : Note sur les origines du calcul infinitésimal. — BOUASSE : Sur l'histoire des principes de la thermodynamique. — MAC COLL : La logique symbolique et ses applications. — JOHNSON : Sur la théorie des équations logiques. — SCHRÖDER : Sur une extension de l'idée d'ordre. — BURALI-FORTI : Sur les différentes méthodes logiques pour la définition du nombre réel. — PADOA : Essai d'une théorie algébrique des nombres entiers. — MACFARLANE : Les idées et principes du calcul géométrique. — LECHALAS : De la comparabilité des divers espaces. — HADAMARD : Note sur l'induction et la généralisation en mathématiques. — BLONDLOT : Exposé des principes de la mécanique. — POINCARÉ : Sur les principes de la mécanique, etc.

IV. — Histoire de la Philosophie. In-8° de 530 p., br. . . 12 fr. 50

BOUTROUX : De l'objet et de la méthode dans l'histoire de la philosophie. — BERTHELOT : L'idée de physique mathématique chez les philosophes grecs entre Pythagore et Platon. — BROCHARD et DAURIAC : Le devenir dans la philosophie de Platon. — F. C. S. SCHILLER : Sur la conception de l'ἐνέργεια ἀκινησίας. — TANNERY : Des principes de la science de la nature chez Aristote. — LYON : La logique inductive dans l'école épicurienne. — PICAVET : La valeur de la scolastique. — DELBOS : Sur la notion de l'expérience dans la philosophie de Kant. — BELOT : L'idée et la méthode de la philosophie chez Auguste Comte, etc.

Coulommiers. — Imp. PAUL BRODARD.

www.ingramcontent.com/pod-product-compliance
Ingram Content Group UK Ltd.
Pitfield, Milton Keynes, MK11 3LW, UK
UKHW012020240726
13965UKWH00002B/487

9 782012 864887